漢書

漢蘭臺令史　班固　撰
唐祕書少監　顏師古　注

第七册

卷三一至卷四六（傳一）

中華書局

漢書卷三十一

陳勝項籍傳第一

服虔曰：「傳次其時之先後耳，不以賢智功之大小也。」師古曰：「雖次時之先後，亦以事類相從。如江充、息夫躬與蒯通同傳，賈山與路溫舒同傳，嚴助與賈捐之同傳之類是也。」

陳勝字涉，陽城人。〔一〕吳廣，字叔，陽夏人也。〔二〕勝少時，嘗與人傭耕。〔三〕輟耕之壟上，〔四〕悵然甚久，曰：「苟富貴，無相忘！」〔五〕傭者笑而應曰：「若爲傭耕，何富貴也？」勝太息曰：「嗟乎，燕雀安知鴻鵠之志哉！」〔六〕

〔一〕師古曰：「地理志屬汝南郡。」

〔二〕師古曰：「地理志屬淮陽。夏音工雅反。」

〔三〕師古曰：「與人，與人俱也。傭耕，謂受其雇直而爲之耕，言賣功傭也。」

〔四〕師古曰：「輟，止也。之，往也。壟上，謂田中之高處。」

〔五〕師古曰：「但一人富貴，不問彼此，皆不相忘也。」

〔六〕師古曰：「鴻，大鳥也，水居。鵠，黃鵠也，一舉千里。鵠音胡督反。」

秦二世元年秋七月，發閭左戍漁陽九百人，〔一〕勝、廣皆爲屯長。〔二〕行至蘄大澤鄉，會天大雨，道不通，度已失期。失期法斬，〔三〕勝、廣乃謀曰：「今亡亦死，舉大計亦死，等死，死國可乎？」勝曰：「天下苦秦久矣。吾聞二世，少子，不當立，當立者乃公子扶蘇。扶蘇以數諫故不得立，上使外將兵。〔四〕今或聞無罪，二世殺之。百姓多聞其賢，未知其死。〔五〕項燕爲楚將，數有功，〔六〕愛士卒，楚人憐之。或以爲在。今誠以吾衆爲天下倡，宜多應者。」〔七〕廣以爲然。乃行卜。卜者知其指意，曰：「足下事皆成，有功。然足下卜之鬼乎！」〔八〕勝、廣喜，念鬼，曰：「此教我先威衆耳。」乃丹書帛曰「陳勝王」，置人所罾魚腹中。〔九〕卒買魚亨食，得書，已怪之矣。〔一〇〕又間令廣之次所旁叢祠中，夜構火，狐鳴呼曰：「大楚興，陳勝王。」〔一一〕卒皆夜驚恐。旦日，卒中往往指目勝、廣。〔一二〕

〔一〕師古曰：「閭，里門也。發閭左之人皆遣戍也。解具在食貨志。」

〔二〕師古曰：「人所聚曰屯，爲其長帥也。」

〔三〕師古曰：「度謂量計之，音大各反。」

〔四〕師古曰：「數音所角反。下皆類此。」

〔五〕如淳曰：「扶蘇自殺，故人不知其死。或以爲不知何坐而死，故天下冤二世殺之。」師古曰：「如、或說皆非也。此言我聞二世已殺扶蘇矣，而百姓皆未知之，故勝、廣舉事詐自稱扶蘇耳。」

〔六〕師古曰：「燕音一千反。」

〔七〕師古曰：「倡讀曰唱，謂首號令也。」
〔八〕李奇曰：「卜者誠曰，所卜事雖成，當死爲鬼。惡指斥言，而勝失其指，反依鬼神起怪也。」蘇林曰：「狐鳴祠中卽是也。」如淳曰：「以鬼道威衆乎，或但用人事也。」師古曰：「李、如之說皆非也。卜者云事成有功，然須假託鬼神乃可暴起耳。故勝、廣曉此意，則爲魚書狐鳴以威衆耳。」
〔九〕師古曰：「罾，魚網也，形如仰繖蓋，四維而擧之，音曾。」
〔一〇〕師古曰：「亨音普庚反。」
〔一一〕鄭氏曰：「間謂竊令人行也。」張晏曰：「戍人所止處也。叢，鬼所憑也。」師古曰：「張說非也。此言密於廣所次舍處旁側叢祠中爲之，非戍人所止處也。叢謂草木岑蔚者也。祠，神祠也。構謂結起也。呼音火故反。」
〔一二〕師古曰：「指而私目視之。」

勝、廣素愛人，士卒多爲用。將尉醉，〔一〕廣故數言欲亡，忿尉，令辱之，以激怒其衆。尉果笞廣。尉劍挺，廣起奪而殺尉。〔二〕勝佐之，并殺兩尉。召令徒屬曰：「公等遇雨，皆已失期，當斬。藉弟令毋斬，〔三〕而戍死者固什六七。且壯士不死則已，死則舉大名耳。侯王將相，寧有種乎！」〔四〕徒屬皆曰：「敬受令。」乃詐稱公子扶蘇、項燕，從民望也。袒右，稱大楚。〔五〕爲壇而盟，祭以尉首。〔六〕勝自立爲將軍，廣爲都尉。攻大澤鄉，拔之。收兵而攻蘄，蘄下。乃令符離人葛嬰將兵徇蘄以東，〔七〕攻銍、酇、苦、柘、譙，皆下之。〔八〕行收兵，比至陳，〔九〕兵車六七百乘，騎千餘，卒數萬人。攻陳，陳守令皆不在，〔一〇〕獨守丞與戰譙門中。〔一一〕

不勝，守丞死。乃入據陳。數日，號召三老豪桀會計事。〔一二〕皆曰：「將軍身被堅執銳，〔一三〕伐無道，誅暴秦，復立楚之社稷，功宜為王。」勝乃立為王，號（為）張楚。〔一四〕

〔一〕師古曰：「將尉者，其官本尉耳。時領戍人，故為將尉。」

〔二〕師古曰：「挺，拔也。尉劍自拔出，廣因奪取之。」

〔三〕服虔曰：「藉猶借也。弟，使也。」應劭曰：「藉，吏士名藉也。弟，次也。言今失期當斬，就使藉弟幸得不斬，戍死者固十六七也。」蘇林曰：「藉，假；弟，且也。」晉灼曰：「酈食其傳『弟言之』，外戚傳『弟一見我』，蘇說是也。」師古曰：「服、應說弟義皆非也。晉氏意頗近之，而猶未得。漢書諸言弟者甚衆。弟，但也，語有緩急耳。言但令無斬也。今俗人語稱但者，急言之則音如弟矣。酈食其、外戚傳所云弟者，皆謂但耳，義非且也。」

〔四〕師古曰：「言求之而得，不必胤冑。」

〔五〕師古曰：「袒右者，脫右肩之衣。當時取異於凡衆也。」

〔六〕師古曰：「以所殺尉之首祭神也。」

〔七〕李奇曰：「徇，略也。」師古曰：「音似峻反。」

〔八〕師古曰：「五縣名也。銍音竹乙反。酇音才多反。」

〔九〕師古曰：「比音必寐反。」

〔一〇〕師古曰：「守，郡守也。令，縣令也。」

〔一一〕晉灼曰：「譙門，義闕。」師古曰：「守丞，謂郡丞之居守者。一曰郡守之丞，故曰守丞。譙門，謂門上為高樓以望者耳。樓一名譙，故謂美麗之樓為麗譙。譙亦呼為巢。所謂巢車者，亦於兵（革）〔車〕之上為樓以望敵也。譙巢聲相近，本一物也。今流俗書本譙下有城字，非也。此自陳耳，非譙之城。譙城前已下矣。」

〔三〕師古曰：「號令召呼之。」

〔三〕師古曰：「堅，堅甲也。銳，利兵也。」

〔四〕劉德曰：「若云張大楚國也。」張晏曰：「先是楚爲秦滅，已弛，今立楚，爲張也。」師古曰：「張說是也。」

於是諸郡縣苦秦吏暴，皆殺其長吏，將以應勝。乃以廣爲假王，監諸將以西擊滎陽。令陳人武臣、張耳、陳餘徇趙，汝陰人鄧宗徇九江郡。當此時，楚兵數千人爲聚者不可勝數。〔一〕

〔一〕師古曰：「聚音材喻反。」

葛嬰至東城，立襄彊爲楚王。〔一〕後聞勝已立，因殺襄彊，還報。至陳，勝殺嬰，令魏人周市北徇魏地。〔二〕廣圍滎陽。李由爲三川守守滎陽，廣不能下。勝徵國之豪桀與計，〔三〕以上蔡人房君蔡賜爲上柱國。〔四〕

〔一〕師古曰：「東城，縣名，地理志屬九江郡。」

〔二〕師古曰：「即梁地，非河東之魏也。」

〔三〕師古曰：「徵，召也。」

〔四〕鄭氏曰：「房君，官號也。姓蔡名賜。」晉灼曰：「張耳傳言相國房君是也。」師古曰：「房君者，封邑之名，非官號也。」

周文，陳賢人也，嘗爲項燕軍視日，〔一〕事春申君，〔二〕自言習兵。勝與之將軍印，西擊秦。行收兵至關，車千乘，卒十萬，至戲，軍焉。〔三〕秦令少府章邯免驪山徒、人奴產子，〔四〕悉發以擊楚軍，大敗之。周文走出關，止屯曹陽。〔五〕二月餘，章邯追敗之，復走黽池。〔六〕十餘日，章邯擊，大破之。周文自剄，軍遂不戰。

〔一〕文穎曰：「周文即周章也。」服虔曰：「視日旁氣也。」如淳曰：「視日時吉凶舉動之占。」師古曰：「視日，如說是也。」

〔二〕應劭曰：「楚相黃歇。」

〔三〕師古曰：「戲，水名，在新豐東，音許宜反。解具在高紀。」

〔四〕服虔曰：「家人之產奴也。」師古曰：「奴產子，猶今人云家生奴也。」

〔五〕晉灼曰：「亭名也，在弘農東十三里，魏武帝改爲好陽。」師古曰：「曹水之陽也。其水出陝縣西南峴頭山而北流入河，今謂之好陽澗，在陝縣西四十五里。」

〔六〕師古曰：「黽音澠。」

武臣至邯鄲，自立爲趙王，陳餘爲大將軍，張耳、召騷爲左右丞相。〔一〕勝怒，捕繫武臣等家室，欲誅之。柱國曰：「秦未亡而誅趙王將相家屬，此生一秦，〔二〕不如因立之。」勝乃遣使者賀趙，而徙繫武臣等家屬宮中。〔三〕而封張耳子敖爲成都君，趣趙兵亟入關。〔四〕趙王將相相與謀曰：「王王趙，非楚意也。楚已誅秦，必加兵於趙。計莫如毋西兵，〔五〕使使北徇燕地以自廣。趙南據大河，北有燕代，楚雖勝秦，不敢制趙，若不勝秦，必重趙。〔六〕趙承秦楚之敝，可以得志於天下。」趙王以為然，因不西兵，而遣故上谷卒史韓廣將兵北徇燕。〔七〕

〔一〕師古曰：「召讀曰邵。」
〔二〕師古曰：「言為讎敵，與秦無異。」
〔三〕師古曰：「徙居宮中，示優禮也。拘而不遣，故謂之繫。」
〔四〕師古曰：「趣讀曰促。亟，急也，音居力反。」
〔五〕師古曰：「勿令兵西出也。」
〔六〕師古曰：「重謂尊重也。」
〔七〕張晏曰：「卒史，曹史也。」

燕地貴人豪桀謂韓廣曰：「楚趙皆已立王。燕雖小，亦萬乘之國也，願將軍立為王。」韓廣曰：「廣母在趙，不可。」燕人曰：「趙方西憂秦，南憂楚，其力不能禁我。且以楚之强，不敢害趙王將相之家，今趙(又)〔獨〕安敢害將軍(之)家乎？」韓廣以為然，乃自立為燕王。居數月，趙奉燕王母家屬歸之。

是時，諸將徇地者不可勝數。周市北至狄，〔一〕狄人田儋殺狄令，自立為齊王，反擊周市。市軍散，還至魏地，立魏後故甯陵君咎為魏王。〔二〕咎在勝所，不得之魏。魏地已定，欲立周市為王，市不肯。使者五反，〔三〕勝乃立甯陵君為魏王，遣之國。周市為相。

〔一〕師古曰：「縣名也，後漢安帝時改名臨濟。」
〔二〕應劭曰：「魏諸公子，名咎。欲立六國後以樹黨也。」
〔三〕師古曰：「反謂回還也。」

將軍田臧等相與謀曰：「周章軍已破，〔一〕秦兵且至，我守滎陽城不能下，秦軍至，必大敗。不如少遺兵，足以守滎陽，〔二〕悉精兵迎秦軍。〔三〕今假王驕，不知兵權，不可與計，非誅之，事恐敗。」因相與矯陳王令以誅吳廣，〔四〕獻其首於勝。勝使賜田臧楚令尹印，使爲上將。田臧乃使諸將李歸等守滎陽城，自以精兵西迎秦軍於敖倉。與戰，田臧死，軍破。章邯進擊李歸等滎陽下，破之，李歸死。

〔一〕服虔曰：「周章即周文。」
〔二〕師古曰：「遺，留也。」
〔三〕師古曰：「悉，盡也。」
〔四〕師古曰：「矯，詐也。託言受令也。」

陽城人鄧說將兵居郯，〔一〕章邯別將擊破之，鄧說走陳。銍人五逢將兵居許，章邯擊破之。五逢亦走陳。勝誅鄧說。

〔一〕師古曰：「說讀曰悅。郯，東海縣也，音談。」

勝初立時，淩人秦嘉、銍人董緤、符離人朱雞石、取慮人鄭布、徐人丁疾等皆特起，〔一〕

將兵圍東海守於郯。勝聞，乃使武平君畔爲將軍，〔二〕監郯下軍。秦嘉自立爲大司馬，惡屬人，〔三〕告軍吏曰：「武平君年少，不知兵事，勿聽。」因矯以王命殺武平君畔。

〔一〕張晏曰：「淩，泗水縣也。銍，符離，沛縣也。取慮、徐，臨淮縣也。」師古曰：「緤音先列反。取音趨，又音秋。慮音盧。」

〔二〕張晏曰：「畔，名也。」

〔三〕師古曰：「不欲統屬於人。」

章邯已破五逢，擊陳，柱國房君死。章邯又進擊陳西張賀軍。勝出臨戰，軍破，張賀死。臘月，〔一〕勝之汝陰，還至下城父，〔二〕其御莊賈殺勝以降秦。葬碭，謚曰隱王。

〔一〕張晏曰：「秦之臘月，夏之九月。」臣瓚曰：「建丑之月也。」師古曰：「史記云胡亥二年十月誅葛嬰，十一月周文死，十二月陳涉死。瓚說是也。」

〔二〕師古曰：「下城父，地名，在城父縣東。父音甫。」

勝故涓人將軍呂臣爲蒼頭軍，〔一〕起新陽，〔二〕攻陳下之，殺莊賈，復以陳爲楚。

〔一〕應劭曰：「涓人，如謁者。將軍姓呂名臣也。時軍皆著青巾，故曰蒼頭。」服虔曰：「蒼頭謂士卒青帛巾，若赤眉之號，以相別也。」師古曰：「涓，潔也。涓人，主潔除之人。涓音蠲。」

〔二〕師古曰：「縣名也，屬汝南郡。」

初，勝令銍人宋留將兵定南陽，入武關。留已徇南陽，聞勝死，南陽復爲秦。〔一〕宋留不

能入武關，乃東至新蔡，遇秦軍，宋留以軍降秦。秦傳留至咸陽，車裂留以徇。〔三〕

〔二〕師古曰：「爲音于僞反。」

〔三〕師古曰：「徇，行示也，以示衆爲戒。徇音辭峻反。」

秦嘉等聞勝軍敗，乃立景駒爲楚王，引兵之方與，〔一〕欲擊秦軍濟陰下。使公孫慶使齊王，欲與并力俱進。齊王曰：「陳王戰敗，未知其死生，楚安得不請而立王？」公孫慶曰：「齊不請楚而立王，楚何故請齊而立王？且楚首事，當令於天下。」〔二〕田儋殺公孫慶。

〔一〕師古曰：「之，往也。方與，縣名也。方音房。與音豫。」

〔二〕師古曰：「首事，謂最先（兵起）〔起兵〕。」

秦左右校復攻陳，下之。呂將軍走，徼兵復聚，〔一〕與番盜英布相遇，〔二〕攻擊秦左右校，破之青波，〔三〕復以陳爲楚。會項梁立懷王孫心爲楚王。

〔一〕如淳曰：「徼，要也。徼（要）散卒復相聚斂也。」師古曰：「徼音工堯反。」

〔二〕師古曰：「番即番陽縣也。於番爲盜，故曰番盜。番音蒲何反。其後番字改作鄱。」

〔三〕文穎曰：「地名也。」

陳勝王凡六月。初爲王，其故人嘗與傭耕者聞之，乃之陳，叩宮門曰：「吾欲見涉。」宮門令欲縛之。自辯數，乃置，〔一〕不肯爲通。勝出，遮道而呼涉。〔二〕乃召見，載與歸。入宮，見殿屋帷帳，客曰：「夥，涉之爲王沈沈者！」〔三〕楚人謂多爲夥，故天下傳之，「夥涉爲王」，由陳涉始。客出入愈益發舒，言勝故情。或言「客愚無知，專妄言，輕威。」勝斬之。諸故人皆自引去，由是無親勝者。以朱防爲中正，胡武爲司過，主司羣臣。諸將徇地，至，令之不是者，繫而罪之。以苛察爲忠。其所不善者，不下吏，輒自治。〔四〕勝信用之，諸將以故不親附。此其所以敗也。

〔一〕師古曰：「辯數，謂自分別其姓名也，并歷道與涉故舊之事，故舍而不縛也。數音山羽反。」

〔二〕師古曰：「呼謂大喚也，音火故反。」

〔三〕應劭曰：「夥音禍。沈沈，宮室深邃之貌也。沈音長含反。」

〔四〕師古曰：「不以付吏，而防、武自治之。」

勝雖已死，其所置遣侯王將相竟亡秦。高祖時爲勝置守冢于碭，至今血食。王莽敗，乃絕。〔一〕

〔一〕師古曰：「至今血食者，司馬遷作史記本語也。莽敗乃絕者，班固之詞也。於文爲衍，蓋失不刪耳。」

項籍字羽，下相人也。〔一〕初起，年二十四。其季父梁，梁父即楚名將項燕者也。家世楚將，封於項，〔二〕故姓項氏。

〔一〕韋昭曰：「臨淮縣。」

〔三〕師古曰：「即今項城縣。」

籍少時，學書不成，去；學劍又不成，去。梁怒之。籍曰：「書足記姓名而已。劍一人敵，不足學，學萬人敵耳。」於是梁奇其意，乃教以兵法。籍大喜，略知其意，又不肯竟。梁嘗有櫟陽逮，請蘄獄掾曹咎書抵櫟陽獄史司馬欣，以故事皆已。〔一〕梁嘗殺人，與籍避仇吳中。吳中賢士大夫皆出梁下。〔二〕每有大繇役及喪，梁常主辦，陰以兵法部勒賓客子弟，以知其能。秦始皇帝東遊會稽，渡浙江，〔三〕梁與籍觀。籍曰：「彼可取而代也。」梁掩其口，曰：「無妄言，族矣！」〔四〕梁以此奇籍。籍長八尺二寸，力扛鼎，〔五〕才氣過人。吳中（弟子）〔子弟〕皆憚籍。

〔一〕應劭曰：「項梁曾坐事傳繫櫟陽獄，從蘄獄掾曹咎取書與司馬欣。抵，相歸抵也。已，止也。」
〔二〕師古曰：「言皆不及也。」
〔三〕應劭曰：「浙音折。」晉灼曰：「江水至會稽山陰爲浙江。」
〔四〕師古曰：「凡言族者，謂族誅之。」
〔五〕師古曰：「扛，舉也，音江。」

秦二世元年，陳勝起。九月，會稽假守通〔一〕素賢梁，乃召與計事。梁曰：「方今江西皆反秦，此亦天亡秦時也。先發制人，後發制於人。」守歎曰：「聞夫子楚將世家，唯足下耳！」梁曰：「吳有奇士桓楚，亡在澤中，人莫知其處，獨籍知之。」梁乃戒籍持劍居外待。梁復入，與守語曰：「請召籍，使受令召桓楚。」籍入，梁眴籍曰：「可行矣！」〔二〕籍遂拔劍擊斬守。梁持守頭，佩其印綬。門下驚擾，籍所擊殺數十百人。〔三〕府中皆讋伏，莫敢復起。〔四〕梁乃召故人所知豪吏，諭以所爲，〔五〕遂舉吳中兵。使人收下縣，〔六〕得精兵八千人，部署豪桀爲校尉、候、司馬。〔七〕有一人不得官，自言。梁曰：「某時某喪，使公主某事，不能辦，以故不任公。」衆乃皆服。梁爲會稽將，籍爲裨將，〔八〕徇下縣。

〔一〕張晏曰：「假守，兼守也。」晉灼曰：「楚漢春秋云姓殷。」

〔二〕師古曰：「眴，動目也，音舜，動目而使之也。今書本有作眄字者，流俗所改耳。」

〔三〕師古曰：「數十百人者，八九十乃至百也。他皆類此。」

〔四〕師古曰：「讋，失氣也，音章涉反。」

〔五〕師古曰：「諭，曉告之。」

〔六〕師古曰：「四面諸縣也。非郡所都，故謂之下也。」

〔七〕師古曰：「分部而署置之。」

〔八〕師古曰：「裨，助也，相副助也。裨音頻移反。他皆類此。」

秦二年，廣陵人召平爲陳勝徇廣陵，〔一〕未下。聞陳勝敗走，秦將章邯且至，乃渡江矯陳王令，拜梁爲楚上柱國，曰：「江東已定，急引兵西擊秦。」梁乃以八千人渡江而西。聞陳嬰已下東陽，使使欲與連和俱西。陳嬰者，故東陽令史，〔二〕居縣，素信，爲長者。〔三〕東陽少年殺其令，相聚數千人，欲立長，無適用，〔四〕乃請陳嬰。嬰謝不能，遂强立之，縣中從之者得二萬人。欲立嬰爲王，異軍蒼頭特起。〔五〕嬰母謂嬰曰：「自吾爲乃家婦，聞先故未曾貴。〔六〕今暴得大名，不祥。不如有所屬，事成猶得封侯，事敗易以亡，非世所指名也。」嬰乃不敢爲王，謂其軍（史）〔吏〕曰：「項氏世世將家，有名於楚，今欲舉大事，將非其人，不可。〔七〕我倚名族，亡秦必矣。」〔八〕其衆從之，乃以其兵屬梁。梁渡淮，英布、蒲將軍亦以其兵屬焉。〔九〕凡六七萬人，軍下邳。

〔一〕師古曰：「召讀曰邵。」

〔二〕蘇林曰：「曹史也。」晉灼曰：「漢儀注令（史）〔吏〕曰令史，丞（史）〔吏〕曰丞史。」師古曰：「晉說是也。」

〔三〕師古曰：「素立恩信，號爲長者。」

〔四〕師古曰：「適，主也，音與的同。」

〔五〕應劭曰：「言與衆異也。」

〔六〕師古曰：「乃，汝也。」

〔七〕師古曰：「言以不材之人爲將，不可求勝也。」

〔八〕師古曰：「倚，依也，音於綺反。」

〔九〕服虔曰：「英布起於蒲地，因以爲號也。」如淳曰：「史記項羽紀言當陽君、蒲將軍皆屬項羽，（自比）〔此自〕更有蒲將軍也。」師古曰：「此二人也，服說失之。若是一人，不當先言姓名，後乃稱將軍也。」

是時，秦嘉已立景駒爲楚王，軍彭城東，欲以距梁。梁謂軍吏曰：「陳王首事，戰不利，未聞所在。今秦嘉背陳王立景駒，大逆亡道。」乃引兵擊秦嘉。〔嘉〕軍敗走，追至胡陵。嘉還戰〔一〕一日，嘉死，軍降。景駒走死梁地。梁已并秦嘉軍，〔軍〕胡陵，將引而西。章邯至栗，〔二〕梁使別將朱雞石、餘樊君與戰。餘樊君死。朱雞石敗，亡走胡陵。梁乃引兵入薛，誅朱雞石。梁前使羽別攻襄城，襄城堅守不下。已拔，皆阬之，〔三〕還報梁。聞陳王定死，召諸別將會薛計事。時沛公亦從沛往。

〔一〕師古曰：「復來戰。」

〔二〕師古曰：「栗，縣名。地理志屬沛郡。」

〔三〕師古曰：「陷之於阬，盡殺之。」

居鄛人范增〔一〕年七十，素好奇計，往說梁曰：「陳勝敗固當。〔二〕夫秦滅六國，楚最亡罪，自懷王入秦不反，楚人憐之至今，故南公稱曰『楚雖三戶，亡秦必楚』。〔三〕今陳勝首事，不立楚後，其勢不長。今君起江東，楚蠭起之將皆爭附君者，〔四〕以君世世楚將，爲能復立楚之後也。」於是梁乃求楚懷王孫心，在民間爲人牧羊，立以爲楚懷王，從民望也。陳嬰爲上柱國，封五縣，與懷王都盱台。〔五〕梁自號武信君，引兵攻亢父。〔六〕

〔一〕晉灼曰：「鄛音鄛絕之鄛。」師古曰：「居鄛，縣名也，地理志屬廬江郡。鄛音巢，字亦作巢。本春秋時巢國。」

〔二〕師古曰：「言其計畫非是，宜應敗也。」

〔三〕服虔曰：「南公，南方之老人也。」蘇林曰：「但令有三戶在，其怨深，足以亡秦。」

〔四〕師古曰：「蠭，古蜂字也。蠭起，如蠭之起，言其衆也。一說蠭與鋒同，言鋒銳而起者。」

〔五〕師古曰：「盱音許于反。台音怡。」

〔六〕師古曰：「亢音抗。父音甫。」

初，章邯既殺齊王田儋於臨菑，〔一〕田假復自立爲齊王。儋弟榮走保東阿，章邯追圍之。梁引兵救東阿，大破秦軍東阿。田榮卽引兵歸，逐王假。假亡走楚，相田角亡走趙。角弟閒，故將，居趙不敢歸。田榮立儋子市爲齊王。梁已破東阿下軍，遂追秦軍。數使使趣齊兵俱西。〔二〕榮曰：「楚殺田假，趙殺田角、田閒，乃發兵。」梁曰：「田假與國之王，〔三〕窮來歸我，不忍殺。」趙亦不殺角、閒以市於齊。〔四〕齊遂不肯發兵助楚。梁使羽與沛公別攻城陽，屠之。西破秦軍濮陽東，秦兵收入濮陽。沛公、羽攻定陶。定陶未下，去，西略地至雍丘，大破秦軍，斬李由。還攻外黃，外黃未下。

〔一〕師古曰：「高紀及儋傳並言於臨濟，此獨言臨菑，疑此誤也。」

〔二〕師古曰：「趣讀曰促。」

〔三〕張晏曰：「與，黨與也。」

〔四〕張晏曰：「若市買相貿易以利也。梁救榮難，榮猶不用命。梁念殺假等，榮未必多出兵，不如待以(初)〔禮〕，又可以貿易他利，以除己害，遂背德，可輔假以伐齊，故曰市。市，貿易也。」晉灼曰：「欲令楚殺田假，以爲己利，而楚保全不殺，以買其計，故曰市也。」師古曰：「二說皆非也。市者，以角、閒市取齊兵也，直言趙不殺角、閒以求齊兵耳。」

梁起東阿，比至定陶，再破秦軍，〔一〕羽等又斬李由，益輕秦，有驕色。宋義諫曰：「戰勝而將驕卒惰者敗。今少惰矣，秦兵日益，臣爲君畏之。」梁不聽。乃使宋義於齊。道遇齊使者高陵君顯，〔二〕曰：「公將見武信君乎？」曰：「然。」義曰：「臣論武信君軍必敗。公徐行則免，疾行則及禍。」秦果悉起兵益章邯，夜銜枚擊楚，大破之定陶，〔三〕梁死。沛公與羽去外黃，攻陳留，陳留堅守不下。沛公、羽相與謀曰：「今梁軍敗，士卒恐。」乃與呂臣俱引兵而東。呂臣軍彭城東，羽軍彭城西，沛公軍碭。

〔一〕師古曰：「比音必寐反。」

〔二〕張晏曰：「名顯，封於高陵。」晉灼曰：「高陵，瑯邪縣也。」

〔三〕師古曰：「銜枚，解在高紀。」

章邯已破梁軍，則以爲楚地兵不足憂，乃渡河北擊趙，大破之。當此之時，趙歇爲王，陳餘爲將，張耳爲相，走入鉅鹿城。〔一〕秦將王離、涉閒圍鉅鹿，〔二〕章邯軍其南，築甬道而輸之粟。〔三〕陳餘將卒數萬人軍鉅鹿北，所謂河北軍也。

〔一〕師古曰：「趙歇、張耳共入鉅鹿也。」
〔二〕張晏曰：「秦二將也。王離，王翦孫。涉，姓；閒，名也。」
〔三〕師古曰：「章邯爲甬道而運粟，以饟王離、涉閒之軍。」

宋義所遇齊使者高陵君顯見楚懷王曰：「宋義論武信君必敗，數日果敗。軍未戰先見敗徵，〔一〕可謂知兵矣。」王召宋義與計事而說之，〔二〕因以爲上將軍；羽爲魯公，爲次將，范增爲末將。諸別將皆屬，號卿子冠軍。〔三〕北救趙，至安陽，留不進。〔四〕秦三年，羽謂宋義曰：「今秦軍圍鉅鹿，疾引兵渡河，楚擊其外，趙應其內，破秦軍必矣。」宋義曰：「不然。夫搏牛之䖟不可以破蝨。〔五〕今秦攻趙，戰勝則兵罷，我承其敝；〔六〕不勝，則我引兵鼓行而西，必舉秦矣。〔七〕故不如先鬬秦、趙。夫擊輕銳，我不如公；坐運籌策，公不如我。」因下令軍中曰：「猛如虎，很如羊，貪如狼，强不可令者，皆斬。」遣其子襄相齊，身送之無鹽，〔八〕飲酒高會。〔九〕天寒大雨，士卒凍飢。羽曰：「將勠力而攻秦，久留不行。今歲飢民貧，卒食半菽，〔一〇〕軍無見糧，〔一一〕乃飲酒高會，不引兵渡河因趙食，與并力擊秦，乃曰『承其敝』。夫以秦之强，攻新造之趙，其勢必舉趙。趙舉秦强，何敝之承！且國兵新破，王坐不安席，埽境內而屬將軍，〔一二〕國家安危，在此一舉。今不卹士卒而徇私（宴），非社稷之臣也。」羽晨朝上將軍宋義，卽其帳中斬義頭。〔一三〕出令軍中曰：「宋義與齊謀反楚，楚王陰令籍誅之。」諸將讋服，〔一四〕莫敢枝梧。〔一五〕皆曰：「首立楚者，將軍家也。今將軍誅亂。」乃相與共立羽爲假上將軍。〔一六〕使人追宋義子，及之齊，殺之。使桓楚報命於王。王因使使立羽爲上將軍。

〔一〕師古曰：「徵，證也。」

〔二〕師古曰：「說讀曰悅。」

〔三〕師古曰：「冠軍，言其在諸軍之上。」

〔四〕師古曰：「今相州安陽縣。」

〔五〕張晏曰：「搏音傅。」蘇林曰：「蝱喻秦，蝨喻章邯等，言小大不同勢，欲滅秦當寬邯等也。」如淳曰：「猶言本欲以大力伐秦，而不可以救趙也。」師古曰：「搏，擊也，言以手擊牛之背，可以殺其上蝱，而不能破蝨，喻今將兵方欲滅秦，不可盡力與章邯即戰。或未能禽，徒費力也。如說近也。」

〔六〕師古曰：「罷讀曰疲。」

〔七〕師古曰：「鼓行，謂擊鼓而行，無畏懼也。」

〔八〕師古曰：「縣名。」

〔九〕師古曰：「高會，大會也。」

〔一〇〕孟康曰：「半，五升器名也。」臣瓚曰：「士卒食蔬菜以菽雜半之。」師古曰：「瓚說是也。菽謂豆也。」

〔一一〕師古曰：「無見在之糧。」

〔一二〕師古曰：「屬，委也，音之欲反。」

〔一三〕師古曰：「即，就也。」

〔四〕師古曰：「讋，失氣也，音之涉反。」

〔五〕如淳曰：「梧音悟。枝梧猶枝扞也。」臣瓚曰：「小柱爲枝，邪柱爲梧，今屋梧邪柱是也。」

〔六〕師古曰：「未得懷王之命，故且爲假也。」

羽已殺卿子冠軍，威震楚國，名聞諸侯。乃遣當陽君、蒲將軍將卒二萬人渡河救鉅鹿。戰少利，陳餘復請兵。羽乃悉引兵渡河。已渡，皆湛舡，〔一〕破釜甑，燒廬舍，持三日糧，視士必死，無還心。〔二〕於是至則圍王離，與秦軍遇，九戰，絕甬道，大破之，殺蘇角，〔三〕虜王離。涉閒不降，自燒殺。當是時，楚兵冠諸侯。〔四〕諸侯軍救鉅鹿者十餘壁，莫敢縱兵。及楚擊秦，諸侯皆從壁上觀。楚戰士無不一當十，呼聲動天地。〔五〕諸侯軍人人惴恐。〔六〕於是楚已破秦軍，羽見諸侯將，入轅門，〔七〕膝行而前，莫敢仰視。羽繇是始爲諸侯上將軍，〔八〕兵皆屬焉。

〔一〕師古曰：「湛讀曰沈，謂沈沒其舡於水中。」

〔二〕師古曰：「視讀曰示。」

〔三〕文穎曰：「秦將。」

〔四〕師古曰：「言最爲上也。」

〔五〕師古曰：「呼音火故反。」

〔六〕服虔曰：「惴音章瑞反。」

〔七〕張晏曰：「軍行以車爲陳，轅相向爲門，故曰轅門。」師古曰：「周禮掌舍，王行則『設車宮轅門』也。」
〔八〕師古曰：「繇讀與由同。」

章邯軍棘原，〔一〕羽軍漳南，相持未戰。秦軍數卻，〔二〕二世使人讓章邯。〔三〕章邯恐，使長史欣請事。至咸陽，留司馬門三日，〔四〕趙高不見，有不信之心。長史欣恐，還走，不敢出故道。趙高果使人追之，不及。欣至軍，報曰：「事亡可爲者。〔五〕相國趙高顓國主斷。〔六〕今戰而勝，高嫉吾功；不勝，不免於死。願將軍熟計之。」陳餘亦遺章邯書曰：「白起爲秦將，南并鄢郢，北阬馬服，〔七〕攻城略地，不可勝計，而卒賜死。〔八〕蒙恬爲秦將，北逐戎人，開榆中地數〔十〕〔千〕里，〔九〕竟斬陽周。〔一〇〕何者？功多，秦不能封，因以法誅之。今將軍爲秦將三歲矣，所亡失已十萬數，而諸侯並起茲益多。彼趙高素諛日久，〔一一〕今事急，亦恐二世誅之，故欲以法誅將軍以塞責，〔一二〕使人更代以脫其禍。〔一三〕將軍居外久，多內隙，有功亦誅，亡功亦誅。且天之亡秦，無愚智皆知之。今將軍內不能直諫，外爲亡國將，孤立而欲長存，豈不哀哉！將軍何不還兵與諸侯爲從，〔一四〕南面稱孤，孰與身伏斧質，妻子爲戮乎？」〔一五〕章邯狐疑，陰使候始成使羽，欲約。〔一六〕約未成，羽使蒲將軍引兵渡三戶，〔一七〕軍漳南，與秦戰，再破之。羽悉引兵擊秦軍汙水上，〔一八〕大破之。

〔一〕晉灼曰：「地名，在鉅鹿南。」

〔二〕師古曰：「卻，退也，音丘略反。」

〔三〕師古曰：「讓謂責也。」

〔四〕師古曰：「凡言司馬門者，宮垣之內兵衞所在，四面皆有司馬。司馬主武事，故總謂宮之外門爲司馬門。」

〔五〕師古曰：「言不可復爲軍旅之事。」

〔六〕師古曰：「顓與專同也。」

〔七〕服虔曰：「馬服，趙括也。父奢爲趙將，有功，賜號馬服。馬服猶服馬也，故世稱之。」師古曰：「鄢郢，皆楚邑也。鄢音偃。郢音弋井反。」

〔八〕師古曰：「卒，終也。」

〔九〕服虔曰：「金城縣所治也。」蘇林曰：「在上郡。」師古曰：「卽今之楡林，古者上郡界。蘇說是也。」

〔一〇〕孟康曰：「縣名也，屬上郡。」晉灼曰：「恬賜死，死於此縣。」

〔一一〕師古曰：「諛，諂也。」

〔一二〕師古曰：「塞，當也。」

〔一三〕師古曰：「脫，免也。」

〔一四〕文穎曰：「關東爲從，關西爲橫。」孟康曰：「南北爲從，東西爲橫。」師古曰：「言欲如六國時共敵秦。二說皆是也。還兵謂迴兵內嚮以攻秦也。從音子容反。」

〔一五〕師古曰：「質謂鍖也。古者斬人，加於鍖上而斫之也。鍖音竹林反。」

〔一六〕鄭氏曰：「候，軍候也。始，姓；成，名也。」

〔七〕服虔曰：「漳水津也。」孟康曰：「在鄴西三十里。」

〔八〕師古曰：「汙水在鄴西南，音于。」

邯使使見羽，欲約。羽召軍吏謀曰：「糧少，欲聽其約。」軍吏皆曰：「善。」羽乃與盟洹水南殷虛上。〔一〕已盟，章邯見羽流涕，爲言趙高。羽乃立章邯爲雍王，置軍中。使長史欣爲上將，將秦軍行前。〔二〕

〔一〕應劭曰：「洹水在湯陰界。殷虛，故殷都也。」師古曰：「洹水出林慮縣東北，至于長樂入淸水。洹音桓，俗音袁，非也。虛讀曰墟。」

〔二〕師古曰：「行前，謂居前而行。」

漢元年，羽將諸侯兵三十餘萬，行略地至河南，遂西到新安。〔一〕異時諸侯吏卒徭役屯戍過秦中，〔二〕秦中遇之多亡狀，〔三〕及秦軍降諸侯，諸侯吏卒乘勝奴虜使之，輕（重）折辱秦吏卒。吏卒多竊言（曰）：「章將軍（等）詐吾屬降諸侯，今能入關破秦，大善；即不能，諸侯虜吾屬而東，秦又盡誅吾父母妻子。」諸將微聞其計，以告羽。羽乃召英布、蒲將軍計曰：「秦吏卒尙衆，其心不服，至關不聽，事必危，不如擊之，獨與章邯、長史欣、都尉翳入秦。」於是夜擊阬秦軍二十餘萬人。

〔一〕師古曰：「今穀州新安城是。」

〔二〕師古曰：「異時猶言先時也。秦中，關中秦地也。」

〔三〕師古曰：「無善形狀也。」

至函谷關，有兵守，不得入。聞沛公已屠咸陽，羽大怒，使當陽君擊關。羽遂入，至戲西鴻門，聞沛公欲王關中，獨有秦府庫珍寶。亞父范增亦大怒，勸羽擊沛公。饗士，旦日合戰。羽季父項伯素善張良。良時從沛公，項伯夜以語良。良與俱見沛公，因伯自解於羽。〔一〕明日，沛公從百餘騎至鴻門謝羽，自陳「封秦府庫，還軍霸上以待大王，閉關以備他盜，不敢背德。」羽意既解，范增欲害沛公，賴張良、樊噲得免。語在高紀。

〔一〕師古曰：「自解，猶今言分疏也。」

後數日，羽乃屠咸陽，殺秦降王子嬰，燒其宮室，火三月不滅；收其寶貨，略婦女而東。秦民失望。〔一〕於是韓生說羽曰：「關中阻山帶河，四塞之地，肥饒，可都以伯。」〔二〕羽見秦宮室皆已燒殘，又懷思東歸，曰：「富貴不歸故鄉，如衣錦夜行。」〔三〕韓生曰：「人謂楚人沐猴而冠，果然。」〔四〕羽聞之，斬韓生。

〔一〕師古曰：「沛公入關，儉節自處，約法三章，反秦之政。而項羽屠殺焚燒，恣其殘酷，故關中之人失所望也。」

〔二〕師古曰：「伯讀曰霸。」

〔三〕師古曰：「言無人見之，不榮顯矣。」

〔四〕張晏曰：「沐猴，獮猴也。」師古曰：「言雖著人衣冠，其心不類人也。果然，果如人之言也。」

初，懷王與諸將約，先入關者王其地。羽既背約，使人致命於懷王。懷王曰：「如約。」羽乃曰：「懷王者，吾家武信君所立耳，非有功伐，〔一〕何以得顓主約？〔二〕天下初發難，〔三〕假立諸侯後以伐秦。然身被堅執銳首事，暴露於野三年，滅秦定天下者，皆將相諸君與籍力也。懷王亡功，固當分其地王之。」諸將皆曰：「善。」羽乃陽尊懷王爲義帝，曰：「古之王者，地方千里，必居上游。」〔四〕徙之長沙，都郴。〔五〕乃分天下以王諸侯。

〔一〕張晏曰：「積功曰伐。」

〔二〕師古曰：「顓與專同。」

〔三〕服虔曰：「兵初起時也。」

〔四〕文穎曰：「居水之上流也。游或作流。」師古曰：「游即流也。」

〔五〕師古曰：「郴音丑林反。」

羽與范增疑沛公，業已講解，〔一〕又惡背約恐諸侯叛之，陰謀曰：「巴、蜀道險，秦之遷民皆居之。」乃曰：「巴、蜀亦關中地。」故立沛公爲漢王，王巴、蜀、漢中。而參分關中，王秦降將以距塞漢道。乃立章邯爲雍王，王咸陽以西。長史司馬欣，故櫟陽獄吏，嘗有德於梁；都尉董翳，本勸章邯降。故立欣爲塞王，王咸陽以東至河；立翳爲翟王，王上郡。徙魏王豹爲西魏王，王河東。瑕丘公申陽者，〔二〕張耳嬖臣也，〔三〕先下河南，迎楚河上。立陽爲河南王。趙將司馬卬定河內，數有功。立卬爲殷王，王河內。徙趙王歇王代。趙相張耳素賢，又從入關，立爲常山王，王趙地。當陽君英布爲楚將，常冠軍。立布爲九江王。番君吳芮〔四〕帥百粵佐諸侯從入關。立芮爲衡山王。義帝柱國共敖〔五〕將兵擊南郡，功多，因立爲臨江王。徙燕王韓廣爲遼東王。燕將臧荼〔六〕從楚救趙，因從入關。立荼爲燕王。徙齊王田市爲膠東王。齊將田都從共救趙，入關。立都爲齊王。故秦所滅齊王建孫田安，羽方渡河救趙，安下濟北數城，引兵降羽。立安爲濟北王。田榮者，背梁不肯助楚擊秦，以故不得封。陳餘棄將印去，不從入關，然素聞其賢，有功於趙，聞其在南皮，故因環封之三縣。〔七〕番君將梅鋗〔八〕功多，故封十萬戶侯。羽自立爲西楚伯王，〔九〕王梁楚地九郡，都彭城。

〔一〕蘇林曰：「講，和也。」

〔二〕孟康曰：「瑕丘縣之老人也，姓申名陽。」

〔三〕師古曰：「嬖謂愛幸也。」

〔四〕師古曰：「番音蒲河反。」

〔五〕師古曰：「共讀曰龔。」

〔六〕師古曰：「荼音塗。」

〔七〕孟康曰：「繞南皮三縣以封之。」師古曰：「環音宦。」

〔八〕師古曰：「銷音火玄反。」

〔九〕師古曰：「伯讀曰霸。」

諸侯各就國。田榮聞羽徙齊王市膠東，而立田都爲齊王，大怒，不肯遣市之膠東，因以齊反，迎擊都。都走楚。市畏羽，乃亡之膠東就國。榮怒，追殺之卽墨，自立爲齊王。予彭越將軍印，令反梁地。越乃擊殺濟北王田安。田榮遂幷王三齊之地。時漢王還定三秦。羽聞漢幷關中，且東，〔一〕齊、梁畔之，大怒，乃以故吳令鄭昌爲韓王以距漢，令蕭公角等擊彭越。越敗蕭公角等。時，張良徇韓，遺項王書曰：「漢王失職，欲得關中，如約卽止，不敢東。」〔二〕又以齊、梁反書遺羽，羽以此故無西意，而北擊齊。徵兵九江王布。布稱疾不行，使將將數千人往。二年，羽陰使九江王布殺義帝。陳餘使張同、夏說說齊王榮，〔三〕曰：「項王爲天下宰不平，今盡王故王於醜地，〔四〕而王羣臣諸將善地，逐其故主趙王，乃北居代，餘以爲不可。〔五〕聞大王起兵，且不聽不義，〔六〕願大王資餘兵，〔七〕使擊常山，以復趙王，請以國爲扞蔽。」〔八〕齊王許之，因遣兵往。陳餘悉三縣兵，〔九〕與齊併力擊常山，大破之。張耳走歸漢。陳餘迎故趙王歇反之趙。趙王因立餘爲代王。羽至城陽，田榮亦將兵會戰。榮不勝，走至平原，平原民殺之。羽遂北燒夷齊城郭室屋，〔一〇〕皆阬降卒，係虜老弱婦女。徇齊至北海，所過殘滅。齊人相聚而畔之。於是田榮弟橫收得亡卒數萬人，反城陽。羽因留，連戰未能下。

〔一〕師古曰：「言方欲出關而擊楚也。」
〔二〕師古曰：「如本要約也。」
〔三〕師古曰：「夏說讀曰悅，下說齊王，說音式芮反。」
〔四〕師古曰：「醜，惡也。」
〔五〕師古曰：「於義不當然。」
〔六〕師古曰：「凡不義之事，皆不聽順。」
〔七〕師古曰：「資，給也。」
〔八〕師古曰：「猶爲齊之藩屏。」
〔九〕師古曰：「悉，盡也。」
〔一〇〕師古曰：「夷，平也。」

漢王劫五諸侯兵，〔一〕凡五十六萬人，東伐楚。羽聞之，卽令諸將擊齊，而自以精兵三萬人南從魯出胡陵。漢王皆已破彭城，收其貨賂美人，日置酒高會。羽乃從蕭晨擊漢軍而東，至彭城，日中，大破漢軍。〔二〕漢軍皆走，迫之穀、泗水。〔三〕漢軍皆南走山，〔四〕楚又追擊至靈辟東睢水上。〔五〕漢軍卻，爲楚所擠，〔六〕多殺。漢卒十餘萬皆入睢水，睢水爲不流。〔七〕漢王乃與數十騎遁去。語在高紀。太公、呂后間求漢王，〔八〕反遇楚軍。楚軍與歸，羽常置軍中。

〔一〕服虔曰：「時有十八諸侯，漢得其五。」師古曰：「常山、河南、魏、韓、殷也。解在高紀。十八諸侯，漢時又先已得塞、翟矣。服說非也。」

〔二〕張晏曰：「一日之中。或曰早擊之，至日中大破。」師古曰：「或說是也。」

〔三〕臣瓚曰：「二水皆在沛郡彭城。」

〔四〕師古曰：「走，趣也，音奏。」

〔五〕師古曰：「睢音雖。」

〔六〕臣瓚曰：「擠，排也。」師古曰：「音子詣反，又音子奚反。」

〔七〕師古曰：「言殺人多，塡於水中。」

〔八〕師古曰：「間行而求之。」

漢王稍收散卒，蕭何亦發關中卒悉詣滎陽，戰京、索間，〔一〕敗楚。楚以故不能過滎陽而西。漢軍滎陽，築甬道，取敖倉食。三年，羽數擊絕漢甬道，漢王食乏，請和，割滎陽以西爲漢。羽欲聽之。歷陽侯范增曰：「漢易與耳，今不取，後必悔之。」羽乃急圍滎陽。漢王患之，乃與陳平金四萬斤以間楚君臣。〔二〕語在陳平傳。項羽以故疑范增，稍奪之權。范增怒曰：「天下事大定矣，君王自爲之！願賜骸骨歸。」行未至彭城，疽發背死。〔三〕於是漢將紀信詐爲漢王出降，以誑楚軍，故漢王得與數十騎從西門出。令周苛、樅公、魏豹守滎陽。〔四〕漢王西入關收兵，還出宛、葉閒，〔五〕與九江王黥布行收兵。羽聞之，卽引兵南。漢王堅壁不與戰。

〔一〕師古曰：「索音山各反。」
〔二〕師古曰：「閒音居莧反。」
〔三〕師古曰：「疽，癰創也，音千餘反。」
〔四〕師古曰：「苛音何。樅音千容反。」
〔五〕師古曰：「葉音式涉反。」

是時，彭越渡睢，與項聲、薛公戰下邳，殺薛公。羽乃東擊彭越。漢王亦引兵北軍成皋。羽已破走彭越，〔一〕引兵西下滎陽城，亨周苛，殺樅公，虜韓王信，進圍成皋。漢王跳，〔二〕獨與滕公得出。北渡河，至修武，從張耳、韓信。楚遂拔成皋。漢王得韓信軍，留止，使盧綰、劉賈渡白馬津入楚地，佐彭越共擊破楚軍燕郭西，〔三〕燒其積聚，攻下梁地十餘城。羽聞之，謂海春侯大司馬曹咎曰：「謹守成皋。卽漢欲挑戰，愼毋與戰，勿令得東而已。我十五日必定梁地，復從將軍。」於是引兵東。

〔一〕師古曰：「擊破之令其走。」
〔二〕師古曰：「輕身而急出也。跳音徒彫反。」
〔三〕師古曰：「燕縣，故南燕國也，屬東郡。」

四年，羽擊陳留、外黃，外黃不下。數日降，羽悉令男子年十五以上詣城東，欲阬之。外黃令舍人兒年十三，〔一〕往說羽曰：「彭越强劫外黃，〔二〕外黃恐，故且降，待大王。大王至，又皆阬之，百姓豈有所歸心哉！從此以東，梁地十餘城皆恐，莫肯下矣。」羽然其言，乃赦外黃當阬者。而東至睢陽，聞之皆爭下。

〔一〕蘇林曰：「令之舍人兒也。」臣瓚曰：「稱兒者，以其幼弱，故係其父。」

〔二〕師古曰：「强音其兩反。」

漢果數挑楚軍戰，楚軍不出。使人辱之，五六日，大司馬怒，渡兵汜水。〔一〕卒半渡，漢擊，大破之，盡得楚國金玉貨賂。大司馬咎、長史欣皆自剄汜水上。咎故蘄獄掾，欣故塞王，羽信任之。羽至睢陽，聞咎等破，則引兵還。漢軍方圍鍾離(昧)〔眛〕於滎陽東，〔二〕羽軍至，漢軍畏楚，盡走險阻。〔三〕羽亦軍廣武相守，乃爲高俎，置太公其上，〔四〕告漢王曰：「今不急下，吾亨太公。」漢王曰：「吾與若俱北面受命懷王，〔五〕約爲兄弟，吾翁卽汝翁。〔六〕必欲亨乃翁，幸分我一桮羹。」〔七〕羽怒，欲殺之。項伯曰：「天下事未可知。且爲天下者不顧家，雖殺之無益，但益怨耳。」羽從之。乃使人謂漢王曰：「天下匈匈，徒以吾兩人，〔八〕願與王挑戰，決雌雄，毋徒罷天下父子爲也。」〔九〕漢王笑謝曰：「吾寧鬭智，不能鬭力。」羽令壯士出挑戰。漢有善騎射曰樓煩，〔一〇〕楚挑戰，三合，樓煩輒射殺之。羽大怒，自被甲持戟挑戰。樓煩欲射，羽瞋目叱之。〔一二〕樓煩目不能視，手不能發，走還入壁，不敢復出。漢王使間問之，乃羽也。〔一三〕漢王大驚。於是羽與漢王相與臨廣武間而語。漢王數羽十罪。〔一四〕語在高紀。羽怒，伏弩射傷漢王。漢王入成皋。

〔一〕師古曰：「氾音凡。解在高紀。」

〔二〕師古曰：「(昧)〔眛〕音莫葛反。」

〔三〕師古曰：「走音奏。」

〔四〕如淳曰：「高俎，几之上也。」李奇曰：「軍中巢櫓謂之俎。」師古曰：「俎者，所以薦肉。示欲亨之，故置俎上。如說是也。」

〔五〕師古曰：「若，汝也。」

〔六〕師古曰：「翁謂父也。」

〔七〕師古曰：「乃亦汝也。古者以杯盛羹，今之側杯有兩耳者是也。」

〔八〕師古曰：「匈匈，讙擾之意也。他皆類此。」

〔九〕師古曰：「罷讀曰疲。」

〔一〇〕應劭曰：「樓煩，胡人也。」李奇曰：「後為縣，屬雁門。此縣人善騎射，謂士為樓煩。取其稱耳，未必樓煩人也。」師古曰：「李說是也。」

〔一一〕師古曰：「瞋目，張目也，音充人反。」

〔二〕師古曰：「閒，微問之也。」

〔三〕師古曰：「數，責也，音所具反。」

時彭越數反梁地，絕楚糧食，又韓信破齊，且欲擊楚。羽使從兄子項它爲大將，龍且爲裨將，〔一〕救齊。韓信破殺龍且，追至成陽，虜齊王廣。信遂自立爲齊王。羽聞之，恐，使武涉往說信。語在信傳。

〔一〕師古曰：「它音徒何反。且音子余反。高紀云項聲，此傳云項它，紀傳不同，未知孰是。」

時，漢關中兵益出，食多，羽兵食少。漢王使侯公說羽，羽乃與漢王約，中分天下，割鴻溝而西者爲漢，東者爲楚，歸漢王父母妻子。已約，羽解而東。五年，漢王進兵追羽，至(故)〔固〕陵，復爲羽所敗。漢王用張良計，致齊王信、建成侯彭越兵，及劉賈入楚地，圍壽春。大司馬周殷叛楚，舉九江兵隨劉賈，迎黥布，與齊梁諸侯皆大會。

羽壁垓下，軍少食盡。漢帥諸侯兵圍之數重。羽夜聞漢軍四面皆楚歌，乃驚曰：「漢皆已得楚乎？是何楚人多也！」起飲帳中。有美人姓虞氏，常幸從；駿馬名騅，常騎。〔一〕乃悲歌忼慨，自爲歌詩曰：「力拔山兮氣蓋世，時不利兮騅不逝。騅不逝兮可柰何！虞兮虞兮柰若何！」〔二〕歌數曲，美人和之。羽泣下數行，左右皆泣，莫能仰視。

〔一〕師古曰：「蒼白雜毛曰騅，蓋以其色名之。」

〔三〕師古曰：「若，汝也。」

於是羽遂上馬，戲下騎從者八百餘人，〔一〕夜直潰圍南出馳。平明，漢軍乃覺之，令騎將灌嬰以五千騎追羽。羽渡淮，騎能屬者百餘人。〔二〕羽至陰陵，迷失道，〔三〕問一田父，田父紿曰「左」。〔四〕左，乃陷大澤中，以故漢追及之。羽復引而東，至東城，乃有二十八騎。追者數千，羽自度不得脫，〔五〕謂其騎曰：「吾起兵至今八歲矣，身七十餘戰，所當者破，所擊者服，未嘗敗北，遂伯有天下。〔六〕然今卒困於此，〔七〕此天亡我，非戰之罪也。今日固決死，願爲諸軍快戰，必三勝，斬將，艾旗，乃後死，〔八〕使諸君知我非用兵罪，天亡我也。」於是引其騎因四隤山〔九〕而爲圜陳外嚮。〔一〇〕漢騎圍之數重。羽謂其騎曰：「吾爲公取彼一將。」令四面騎馳下，期山東爲三處。於是羽大呼馳下，〔一一〕漢軍皆披靡。〔一二〕遂殺漢一將。是時，楊喜爲郎騎，追羽，羽還叱之，〔一三〕喜人馬俱驚，辟易數里。〔一四〕與其騎會三處。漢軍不知羽所居，分軍爲三，復圍之。羽乃馳，復斬漢一都尉，殺數十百人。復聚其騎，亡兩騎。乃謂騎曰：「何如？」騎皆服曰：「如大王言。」

〔一〕師古曰：「戲，大將之旗也，音許宜反，又音許爲反。漢書通以戲爲旌麾及指麾字。」

〔二〕師古曰：「屬，聯及也，音之欲反。」

〔三〕孟康曰：「縣名，屬九江郡。」

〔四〕文穎曰：「紿，欺也；欺令左也。」

〔五〕師古曰：「脫，免也，音土活反。」

〔六〕師古曰：「伯讀曰霸。」

〔七〕師古曰：「卒，終也。」

〔八〕師古曰：「艾音刈。」

〔九〕孟康曰：「四下隤陁也。」師古曰：「隤音徒回反。」

〔一〇〕師古曰：「圜陳，四周爲之也。外嚮，謂兵刃皆在外也。」

〔一一〕師古曰：「呼，叫也，音火故反。」

〔一二〕師古曰：「披音普彼反。」

〔一三〕師古曰：「還謂迴面也。」

〔一四〕師古曰：「辟易，謂開張而易其本處。辟音頻亦反。」

於是羽遂引東，欲渡烏江。〔一〕烏江亭長檥船待，〔二〕謂羽曰：「江東雖小，地方千里，衆數十萬，亦足王也。願大王急渡。今獨臣有船，漢軍至，亡以渡。」羽笑曰：「乃天亡我，何渡爲！且籍與江東子弟八千人渡而西，今亡一人還，縱江東父兄憐而王我，我何面目見之哉？縱彼不言，籍獨不愧於心乎！」謂亭長曰：「吾知公長者也，吾騎此馬五歲，所當亡敵，嘗一日千里，吾不忍殺，以賜公。」乃令騎皆去馬，步持短兵接戰。羽獨所殺漢軍數百人。羽亦被十餘創。顧見漢騎司馬呂馬童曰：「若非吾故人乎？」〔三〕馬童面之，〔四〕指王翳曰：〔五〕「此項王也。」羽乃曰：「吾聞漢購我頭千金，邑萬戶，〔六〕吾爲公得。」〔七〕乃自剄。王翳取其頭，亂相輮蹈〔八〕爭羽相殺者數十人。最後楊喜、呂馬童、郎中呂勝、楊武各得其一體。故分其地以封五人，皆爲列侯。

〔一〕臣瓚曰：「在牛渚。」
〔二〕服虔曰：「檥音蟻。」如淳曰：「南方人謂整船向岸曰檥。」
〔三〕師古曰：「若，汝也。」
〔四〕張晏曰：「以故人難親斫之，故背之也。」如淳曰：「面謂不正視也。」師古曰：「如說非也。面謂背之，不面向也。面縛亦謂反偝而縛之。杜元凱以爲但見其面，非也。」
〔五〕如淳曰：「指示王翳。」
〔六〕師古曰：「購，以財設賞，音工豆反。」
〔七〕鄧展曰：「令公得我爲功也。」晉灼曰：「字或作德。」
〔八〕師古曰：「輮，踐也，音人九反。」

漢王乃以魯公號葬羽於穀城。諸項支屬皆不誅。封項伯等四人爲列侯，賜姓劉氏。

贊曰：昔賈生之過秦曰：〔一〕

〔一〕應劭曰：「賈生書有過秦二篇，言秦之過。此第一篇也。司馬遷取以爲贊，班固因之。」

秦孝公據殽函之固，擁雍州之地，〔一〕君臣固守而闚周室，有席卷天下，包舉宇內，囊括四海，并吞八荒之心。〔二〕當是時也，商君佐之，〔三〕內立法度，務耕織，修守戰之備，外連衡而鬭諸侯。於是秦人拱手而取西河之外。〔四〕

〔一〕師古曰：「殽謂殽山，今陝縣東二殽是也。函謂函谷，今桃林縣南洪溜澗是也。」

〔二〕張晏曰：「括，結囊也，言其能包含天下。」師古曰：「八荒，八方荒忽極遠之地也。」

〔三〕師古曰：「衞鞅也，封於商。」

〔四〕師古曰：「言其不費功力也。」

孝公既沒，惠文、武、昭襄〔一〕蒙故業，因遺策，南取漢中，西舉巴蜀，東割膏腴之地，收要害之郡。諸侯恐懼，會盟而謀弱秦，不愛珍器重寶肥饒之地，以致天下之士。合從締交，〔二〕相與爲一。當此之時，齊有孟嘗，〔三〕趙有平原，〔四〕楚有春申，〔五〕魏有信陵。〔六〕此四賢者，皆明智而忠信，寬厚而愛人，尊賢重士，約從離橫，〔七〕兼韓、魏、燕、趙、宋、衞、中山之衆。於是六國之士有甯越、徐尙、蘇秦、杜赫之屬爲之謀，齊明、周最、陳軫、召滑、樓緩、翟景、蘇厲、樂毅之徒通其意，〔八〕吳起、孫臏、帶他、兒良、王廖、田忌、廉頗、趙奢之朋制其兵。〔九〕常以十倍之地，百萬之軍，仰關而攻秦。〔一〇〕秦人開關延敵，九國之師遁巡而不敢進。〔一一〕秦無亡矢遺鏃之費，而天下已困矣。〔一二〕於是從散約敗，爭割地而賂秦。秦有餘力而制其弊，追亡逐北，伏尸百萬，流血漂鹵，〔一三〕因利乘便，宰割天下，分裂山河；強國請服，弱國入朝。

〔一〕師古曰：「惠文王，孝公之子。武王，惠文王之子。昭襄王，武王之弟。」

〔二〕師古曰：「締，結也。從音子容反。締音大系反。」

〔三〕師古曰：「孟嘗君田文。」

〔四〕師古曰：「平原君趙勝。」

〔五〕師古曰：「春申君黃歇。」

〔六〕師古曰：「公子無忌爲信陵君。」

〔七〕師古曰：「約誓爲從，欲以分離爲橫。橫謂秦也。從音子容反。其下亦同。」

〔八〕師古曰：「召讀曰邵。」

〔九〕師古曰：「臏音頻忍反。他音徒何反。兒音五奚反。廖音聊。」

〔一〇〕師古曰：「秦之地形高，而諸侯之兵欲攻關中者皆仰嚮，故云仰關也。今流俗書本仰字作叩，非也。」

〔一一〕師古曰：「遁巡，謂疑懼而卻退也。遁音千旬反。流俗書本巡字誤作逃，讀者因之而爲遁逃之義。潘岳西征賦云『逃遁以奔竄』，斯亦誤矣。」

〔一二〕師古曰：「鏃，矢鋒也，音子木反。」

〔一三〕師古曰：「漂，浮也。鹵，盾也。其血可以浮盾，言殺人多也。漂音匹遙反。」

施及孝文、莊襄王，〔一〕享國之日淺，國家亡事。

〔一〕師古曰：「施，延也。孝文王，昭襄王之子也。莊襄王，孝文王之子，即始皇父也。施音弋豉反。」

及至始皇，奮六世之餘烈，〔一〕振長策而馭宇內，〔二〕吞二周而亡諸侯，履至尊而制六合，執敲扑以鞭笞天下，〔三〕威震四海。南取百粵之地，以爲桂林、象郡。百粵之君頫首係頸，〔四〕委命下吏。乃使蒙恬北築長城而守藩籬，〔五〕卻匈奴七百餘里，〔六〕胡人不敢南下而牧馬，士不敢彎弓而報怨。於是廢先王之道，焚百家之言，以愚黔首。隳名城，殺豪俊，〔七〕收天下之兵聚之咸陽，銷鋒鍉〔八〕鑄以爲金人十二，〔九〕以弱天下之民。然後踐華爲城，〔一〇〕因河爲池，據億丈之城，臨不測之川，以爲固。良將勁弩，守要害之處，信臣精卒，陳利兵而誰何。〔一一〕天下已定，始皇之心，自以爲關中之固，金城千里，子孫帝王萬世之業也。

〔一〕師古曰：「孝公、惠文王、武王、昭襄王、孝文王、莊襄王，凡六君也。烈，業也。」

〔二〕師古曰：「以乘馬爲喻也。策，所以撾馬也。」

〔三〕鄧展曰：「敲，短杖也。扑，捶也。」師古曰：「敲音苦交反。扑音普木反。」

〔四〕鄧展曰：「頫音俯。」師古曰：「古俯字。」

〔五〕師古曰：「言以長城扞蔽胡寇，如人家之有藩籬。」

〔六〕師古曰：「卻音丘略反。」

〔七〕師古曰：「墮，毀也，音火規反。」

〔八〕如淳曰：「鍉音嫡，箭鏃也。」師古曰：「鋒，戈戟刃也。鍉與鏑同，即箭鏃也。如音是也。」

〔九〕師古曰：「所謂公仲者也。三輔黃圖云坐高三丈。其銘曰『皇帝二十六年，初兼天下，改諸侯為郡縣，一法律，同度量。大人來見臨洮，其長五丈，足跡六尺。』」

〔一〇〕服虔曰：「斷華山為城。」晉灼曰：「踐，登也。」師古曰：「晉說是。」

〔一一〕師古曰：「問之為誰，又云何人，其義一也。」

始皇既沒，餘威震于殊俗。然而陳涉，甕牖繩樞之子，〔一〕甿隸之人，〔二〕遷徙之徒也，材能不及中庸，非有仲尼、墨翟之知，〔三〕陶朱、猗頓之富。〔四〕躡足行伍之間，〔五〕而免起阡陌之中，〔六〕帥罷散之卒，將數百之衆，〔七〕轉而攻秦。斬木為兵，揭竿為旗，〔八〕天下雲合嚮應，〔九〕贏糧而景從，〔一〇〕山東豪俊遂並起而亡秦族矣。

〔一〕服虔曰：「以繩係戶樞。」孟康曰：「瓦甕為（樞）〔窗〕也。」

〔二〕如淳曰：「甿，古文萌字。甿，民也。」

〔三〕文穎曰：「墨翟，宋人為墨家者也。」

〔四〕師古曰：「越人范蠡逃越，止於陶，自謂陶朱公。猗頓本魯人，大畜牛羊於猗氏之南，貲（擬）〔擬〕王公，馳名天下。」

〔五〕如淳曰：「躡音疊。」師古曰：「躡音女涉反。」

〔六〕如淳曰：「時皆僻屈在阡陌之中也。」師古曰：「免者，言免脫傜役也。免字或作俛，讀與俯同。」

〔七〕師古曰：「罷讀曰疲。」

〔八〕師古曰：「揭音竭，謂豎之也。今讀之者爲負揭之揭，非也。」

〔九〕師古曰：「嚮讀曰響，言如響之應聲。」

〔一〇〕師古曰：「贏，擔也。景從，言如影之隨形也。」

且天下非小弱也；雍州之地，殽函之固，自若也。〔一〕陳涉之位，不齒於齊、楚、燕、趙、韓、魏、宋、衞、中山之君；〔二〕鉏櫌棘矜，不敵於鉤戟長鎩；〔三〕適戍之衆，不亢於九國之師；〔四〕深謀遠慮，行軍用兵之道，非及曩時之士也。〔五〕然而成敗異變，功業相反，何也？試使山東之國與陳涉度長絜大，〔六〕比權量力，不可同年而語矣。然秦以區區之地，致萬乘之權，〔七〕招八州而朝同列，〔八〕百有餘年，然后以六合爲家，〔九〕殽函爲宮。一夫作難而七廟墮，〔一〇〕身死人手，爲天下笑者，何也？仁誼不施，而攻守之勢異也。

〔一〕師古曰：「自若，猶言如故也。」

〔二〕師古曰：「齒謂齊列如齒。」

〔三〕服虔曰：「櫌，鉏柄也；以鉏柄及棘作矛䂎也。」晉灼曰：「櫌椎，塊椎也。」師古曰：「服說非也。櫌，摩田器也。棘，戟也。矜與䂎同，䂎謂矛鋋之杷也。鉤戟，戟刃鉤曲者也。鎩，鈹也。言往者秦銷兵刃，陳涉起時但用鉏櫌及戈戟之䂎以相攻戰也。櫌音憂。矜音其巾反。鎩音〔其〕〔山〕列反。」

〔四〕師古曰：「適讀曰讁，謂罪罰而行也。亢，當也，讀與抗同。」
〔五〕師古曰：「曩，昔也，音乃朗反。」
〔六〕師古曰：「絜謂圍束之也。度音徒各反。絜音下結反。」
〔七〕師古曰：「區區，小貌也。」
〔八〕鄧展曰：「招，舉也。」蘇林曰：「招音翹。」
〔九〕師古曰：「后與後同，古通用字也。」
〔一〇〕師古曰：「墮，毀也，音火規反。」

周生亦有言，〔一〕「舜蓋重童子」，項羽又重童子，〔二〕豈其苗裔邪？何其興之暴也！夫秦失其政，陳涉首難，豪桀蜂起，相與並爭，不可勝數。然羽非有尺寸，乘勢拔起隴畝之中，〔三〕三年，遂將五諸侯兵滅秦，分裂天下而威海內，封立王侯，政繇羽出，〔四〕號為「伯王」，〔五〕位雖不終，近古以來未嘗有也。〔六〕及羽背關懷楚，放逐義帝，〔七〕而怨王侯畔己，難矣。自矜功伐，奮其私智而不師古，始霸王之國，欲以力征經營天下，五年卒亡其國，身死東城，尚不覺寤，不自責過失，乃引「天亡我，非用兵之罪」，豈不謬哉！

〔一〕鄭氏曰：「周時賢(大夫)〔人也〕。」師古曰：「史記稱太史公曰『余聞之周生』則知非周時人，蓋姓周耳。」
〔二〕師古曰：「童子，目之眸子。」
〔三〕晉灼曰：「拔音卒拔之拔。」鄧展曰：「疾起也。」師古曰：「音步末反。」

〔四〕師古曰：「繇與由同。」

〔五〕師古曰：「伯讀曰霸。」

〔六〕師古曰：「近古猶末代。」

〔七〕師古曰：「背關，謂背約不王高祖於關中。懷楚，謂思東歸而都彭城。」

校勘記

一七八八頁二行　號（爲）張楚。　景祐、殿本都無「爲」字。

一七八八頁一七行　亦於兵（革）〔車〕之上爲樓以望敵也。　景祐、殿、局本都作「車」。王先謙說作「車」是。

一七九一頁一三行　今趙（又）〔獨〕安敢害將軍（之）家乎？　景祐、殿本「又」作「獨」，無「之」字。

一七九四頁八行　首事，謂最先（兵起）〔起兵〕。　景祐、殿本都作「起兵」。

一七九四頁一二行　徼（要）散卒復相聚斂也。　景祐、殿本都無「要」字。

一七九六頁七行　吳中（弟子）〔子弟〕皆憚籍。　景祐、殿本都作「子弟」。王先謙說此誤倒。

一七九八頁四行　謂其軍〔吏〕曰：　景祐、殿本都有「吏」字。王先謙說此脫。

一七九八頁八行　漢儀注令（史）〔吏〕曰令史，丞（史）〔吏〕曰丞史。　據史記集解改。

一七九八頁一五行　（自比）〔此自〕更有蒲將軍也。　景祐、殿本都作「自此」，「比」字誤。王先謙說史記集解引作「此自」，是。

一七九九頁二行　乃引兵擊秦嘉，〔嘉〕軍敗走。　王先謙說「軍」上當更有「嘉」字，按史記有，此脫。

一七九九頁三行　梁已并秦嘉軍，〔軍〕胡陵，　景祐、殿本都有下「軍」字。王先謙說史記同，此脫。

一八〇〇頁一六行　不如待以（初）〔禮〕，　景祐、殿本都作「禮」。王先謙說作「禮」是。

一八〇二頁一四行　今不卹士卒而徇私（宴），　景祐、殿本都無「宴」字。

一八〇四頁九行　羽繇是始爲諸侯上將軍，〔六〕　注〔六〕原在「上」字下，劉攽說「上將軍」當連文。

一八〇五頁八行　開榆中地數（十）〔千〕里，　景祐、殿、局本都作「千」，史記同。

一八〇七頁一〇行　輕（重）折辱秦吏卒。　吏卒多竊言〔曰〕：「章將軍〔等〕詐吾屬降諸侯，　宋祁說一本無「重」字。王先謙說史記亦無，一本是。　景祐、殿本「言」下有「曰」字，「章將軍」下有「等」字，史記同。

一八一五頁九行　漢軍方圍鍾離（昧）〔眛〕於滎陽東，　景祐、殿本都作「眛」，注同。王先謙說作「眛」是。

一八一七頁八行　漢王進兵追羽，至（故）〔固〕陵，　殿本作「固」。王先謙說作「固」是。

一八二四頁一一行　瓦甕爲（樞）〔窗〕也。　景祐、殿本都作「窗」。王先謙說作「窗」是。

一八二四頁一四行　貲（擬）〔擬〕王公，　景祐、殿本都作「擬」。王先謙說作「擬」是。

一八二五頁一六行　鎩音（其）〔山〕列反。　景祐、殿本都作「山」。

一八二六頁一四行　周時賢（大夫）〔人也〕。　景祐、殿本都作「賢人也」，王先謙說此「大夫」二字有誤。

漢書卷三十二

張耳陳餘傳第二

張耳，大梁人也，〔一〕少時及魏公子毋忌爲客。〔二〕嘗亡命遊外黃，〔三〕外黃富人女甚美，庸奴其夫，〔四〕亡邸父客。〔五〕父客謂曰：「必欲求賢夫，從張耳。」女聽，爲請決，嫁之。〔六〕女家厚奉給耳，耳以故致千里客，宦爲外黃令。

〔一〕臣瓚曰：「今陳留大梁城也。」

〔二〕師古曰：「毋忌，六國時信陵君也。言其尙及見毋忌，爲之賓客。」

〔三〕師古曰：「命者，名也。凡言亡命，謂脫其名籍而逃亡。」

〔四〕師古曰：「言不恃賴其夫，視之若庸奴。」

〔五〕如淳曰：「父時故賓客也。」師古曰：「邸，歸也，音丁禮反。」

〔六〕師古曰：「請決絕於前夫而嫁於耳。」

陳餘，亦大梁人，好儒術。遊趙苦陘，〔一〕富人公乘氏以其女妻之。餘年少，父事耳，相與爲刎頸交。〔二〕

〔一〕張晏曰：「苦陘，章帝醜其名，改曰漢昌。」師古曰：「陘音刑。」

〔二〕師古曰：「刎，斷也。刎頸交者，言托契深重，雖斷頸絕頭，無所顧也。刎音舞粉反。」

高祖爲布衣時，嘗從耳游。秦滅魏，購求耳千金，餘五百金。兩人變名姓，俱之陳，爲里監門。〔一〕吏嘗以過笞餘，餘欲起，耳攝使受笞。〔二〕吏去，耳數之曰：〔三〕「始吾與公言何如？今見小辱而欲死一吏乎？」餘謝罪。

〔一〕師古曰：「監門，卒之賤者，故爲卑職以自隱。」

〔二〕師古曰：「攝謂引持之。」

〔三〕師古曰：「數，責也，音所具反。」

陳涉起蘄至陳，耳、餘上謁涉。〔一〕涉及左右生平數聞耳、餘賢，見，大喜。

〔一〕師古曰：「上其謁而見也。上謁，若今之通名。」

陳豪桀說涉曰：「將軍被堅執銳，帥士卒以誅暴秦，復立楚社稷，功德宜爲王。」陳涉問兩人，兩人對曰：「將軍瞋目張膽，〔一〕出萬死不顧之計，爲天下除殘。今始至陳而王之，視天下私。〔二〕願將軍毋王，急引兵而西，遣人立六國後，自爲樹黨。〔三〕如此，野無交兵，誅暴秦，據咸陽以令諸侯，則帝業成矣。今獨王陳，恐天下解(矣)〔也〕。」〔四〕涉不聽，遂立爲王。

〔一〕師古曰：「張膽，言勇之甚。」

〔二〕師古曰：「視讀曰示。」

〔三〕師古曰：「樹，立也。」

〔四〕師古曰：「解謂離散其心也。」

耳、餘復說陳王曰：「大王興梁、楚，務在入關，未及收河北也。臣嘗遊趙，知其豪桀，〔一〕願請奇兵略趙地。」於是陳王許之，以所善陳人武臣爲將軍，耳、餘爲左右校尉，與卒三千人，從白馬渡河。〔二〕至諸縣，說其豪桀〔三〕曰：「秦爲亂政虐刑，殘滅天下，北爲長城之役，南有五領之戍，〔四〕外內騷動，百姓罷敝，〔五〕頭會箕斂〔六〕以供軍費，財匱力盡，〔七〕重以苛法，〔八〕使天下父子不相聊。〔九〕今陳王奮臂爲天下倡始，莫不嚮應，〔一〇〕家自爲怒，各報其怨，〔一一〕縣殺其令丞，郡殺其守尉。今以張大楚，王陳，〔一二〕使吳廣、周文將卒百萬西擊秦。於此時而不成封侯之業者，非人豪也。夫因天下之力而攻無道之君，報父兄之怨而成割地之業，此一時也。」豪桀皆然其言。乃行收兵，得數萬人，號武信君。〔一三〕下趙十餘城，餘皆城守莫肯下。乃引兵東北擊范陽。范陽人蒯通說其令徐公降武信君，又說武信君以侯印封范陽令。語在通傳。趙地聞之，不戰下者三十餘城。

〔一〕師古曰：「與相知也。」

〔二〕師古曰：「津名，即今滑州白馬縣界也。」

〔三〕鄧展曰：「至河北縣說之。」

〔四〕服虔曰：「山領有五，因以爲名。交趾、合浦界有此領。」師古曰：「服說非也。領者，西自衡山之南，東窮於海，一山之限耳。而別標名，則有五焉。裴氏廣州記云『大庾、始安、臨賀、桂陽、揭陽，是爲五領。』鄧德明南康記曰『大庾領一也，桂陽騎田領二也，九眞都龐領三也，臨賀萌渚領四也，始安越城領五也。』裴說是也。」

〔五〕師古曰：「罷讀曰疲。」

〔六〕服虔曰：「吏到其家，人人頭數出穀，以箕斂之。」

〔七〕師古曰：「匱，竭也。」

〔八〕師古曰：「重音直用反。」

〔九〕師古曰：「言無聊賴，以相保養。」

〔10〕師古曰：「倡讀曰唱。嚮讀曰響。」

〔11〕師古曰：「爲音于僞反。」

〔12〕師古曰：「言張建大楚之國，而王於陳也。」

〔13〕師古曰：「武臣自號也。」

至邯鄲，耳、餘聞周章軍入關，至戲卻；〔一〕又聞諸將爲陳王徇地，多以讒毀得罪誅。怨陳王不以爲將軍而以爲校尉，乃說武臣曰：「陳王非必立六國後。〔二〕今將軍下趙數十城，獨介居河北，〔三〕不王無以塡之。〔四〕且陳王聽讒，還報，恐不得脫於禍。〔五〕願將軍毋失時。」武臣乃聽，遂立爲趙王。以餘爲大將軍，耳爲丞相。

〔一〕蘇林曰：「至戲地而卻兵。」

〔二〕師古曰：「非，不也。」

〔三〕晉灼曰：「介音戛。」臣瓚曰：「介，特也。」師古曰：「二說並非也。介，隔也，讀如本字。」

〔四〕師古曰：「塡音竹刃反。」

〔五〕師古曰：「脫，免也，音土活反。」

使人報陳王，陳王大怒，欲盡族武臣等家，而發兵擊趙。相國房君諫曰：「秦未亡，今又誅武臣等家，此生一秦也。不如因而賀之，使急引兵西擊秦。」陳王從其計，徙繫武臣等家宮中，封耳子敖爲成都君。使使者賀趙，趣兵西入關。〔一〕耳、餘說武臣曰：「王王趙，非楚意，特以計賀王。〔二〕楚已滅秦，必加兵於趙。願王毋西兵，北徇燕、代，南收河內以自廣。趙南據大河，北有燕、代，楚雖勝秦，必不敢制趙。」趙王以爲然，因不西兵，而使韓廣略燕，李良略常山，張黶略上黨。〔三〕

〔一〕師古曰：「趣讀曰促。」

〔二〕師古曰：「言力不能制，且事安撫爲權宜之計耳。」

〔三〕師古曰：「黶音烏黠反。」

韓廣至燕，燕人因立廣爲燕王。趙王乃與（陳）〔耳〕、餘北略地燕界。趙王間出，爲燕軍所得。〔一〕燕囚之，欲與分地。〔二〕使者往，燕輒殺之，以固求地。耳、餘患之。有廝養卒謝其舍曰：〔三〕「吾爲二公說燕，與趙王載歸。」〔四〕舍中人皆笑曰：「使者往十輩皆死，若何以能得王？」〔五〕乃走燕壁。〔六〕燕將見之，問曰：「知臣何欲？」燕將曰：「若欲得王耳。」曰：「君知張耳、陳餘何如人也？」燕將曰：「賢人也。」曰：「其志何欲？」燕將曰：「欲得其王耳。」趙卒笑曰：「君未知兩人所欲也。夫武臣、張耳、陳餘，杖馬箠下趙數十城，〔七〕亦各欲南面而王。夫臣之與主，豈可同日道哉！顧其勢初定，〔八〕且以長少先立武臣，以持趙心。今趙地已服，兩人亦欲分趙而王，時未可耳。今君囚趙王，念此兩人名爲求王，實欲燕殺之，此兩人分趙而王。夫以一趙尙易燕，〔九〕況以兩賢王左提右挈，而責殺王，滅燕易矣。」〔一〇〕燕以爲然，乃歸趙王。養卒爲御而歸。

〔一〕師古曰：「間出，謂投間隙而微出也。」

〔二〕師古曰：「要劫之，令割趙地輸燕以和解也。」

〔三〕蘇林曰：「廝，取薪者也。養，養人者也。舍謂所舍宿主人也。」晉灼曰：「以辭相告曰謝。」師古曰：「謝其舍，謂告其舍中人也。故下言舍中人皆笑。今流俗書本於此舍下輒加人字，非也。廝音斯。」

〔四〕師古曰：「二公，張耳、陳餘。」

〔五〕師古曰：「若，汝也。次下亦同。」

〔六〕師古曰：「走，趣也，音奏。」

〔七〕張晏曰：「言其不用兵革也。」師古曰：「箠謂馬撾也，音止蘂反。」

〔八〕師古曰：「顧，思念也。」

〔九〕師古曰：「易，輕也，音弋豉反。」

〔一〇〕師古曰：「提挈，言相扶持也。」

李良已定常山，還報趙王，趙王復使良略太原。至石邑，秦兵塞井陘，未能前。秦將詐稱二世使使遺良書，不封，〔一〕曰：「良嘗事我，得顯幸，誠能反趙爲秦，赦良罪，貴良。」良得書，疑不信。之邯鄲益請兵。〔二〕未至，道逢趙王姊，從百餘騎。良望見，以爲王，伏謁道旁。王姊醉，不知其將，使騎謝良。良素貴，起，慙其從官。從官有一人曰：「天下叛秦，能者先立。且趙王素出將軍下，今女兒乃不爲將軍下車，請追殺之。」良以得秦書，欲反趙，未決，因此怒，遣人追殺王姊，遂襲邯鄲。邯鄲不知，竟殺武臣。趙人多爲耳、餘耳目者，故得脫出。收兵得數萬人。客有說耳、餘曰：「兩君羈旅，〔三〕而欲附趙，難可獨立；〔立〕趙後，輔以誼，〔四〕可就功。」〔五〕乃求得趙歇，立爲趙王，居信都。〔六〕

〔一〕張晏曰：「欲其漏泄，君臣相疑也。」

〔二〕師古曰：「之，往也。」

〔三〕張晏曰：「羈，寄。旅，客也。」

〔四〕師古曰：「謂求取六國時趙王後而立之，以名義自輔助也。」

〔五〕師古曰：「就，成也。」

〔六〕張晏曰：「歇，趙之苗裔也。信都，襄國也。」

李良進兵擊餘，餘敗良。良走歸章邯。章邯引兵至邯鄲，皆徙其民河內，夷其城郭。〔一〕耳與趙王歇走入鉅鹿城，王離圍之。餘北收常山兵，得數萬人，軍鉅鹿北。章邯軍鉅鹿南棘原，築甬道屬河，〔二〕饟王離。〔三〕王離兵食多，急攻鉅鹿。鉅鹿城中食盡，耳數使人召餘，餘自度兵少，不能敵秦，不敢前。數月，耳大怒，怨餘，使張黶、陳釋往讓餘〔四〕曰：「始吾與公爲刎頸交，今王與耳旦暮死，而公擁兵數萬，不肯相救，胡不赴秦俱死？〔五〕且什〔有〕一二相全。」〔六〕餘曰：「所以不俱死，欲爲趙王、張君報秦。今俱死，如以肉餧虎，何益？」〔七〕張黶、陳釋曰：「事已急，要以俱死立信，安知後慮！」餘曰：「吾顧以無益。」〔八〕乃使五千人令張黶、陳釋先嘗秦軍，〔九〕至皆沒。

〔一〕師古曰：「夷，平也。」

〔二〕師古曰：「屬，聯及也，音之欲反。」

〔三〕師古曰：「饟，古餉字，謂饋運其軍糧也。」

〔四〕師古曰：「讓，責也。」

〔五〕師古曰：「胡，何也。」

〔六〕師古曰：「十中尙冀得一二勝秦。」

〔七〕師古曰：「餧，飤也，音於僞反。」

〔八〕師古曰：「顧，思念也。」

〔九〕師古曰：「嘗，試也，言若嘗食云。」

當是時，燕、齊、楚聞趙急，皆來救。張敖亦北收代，得萬餘人來，皆壁餘旁。項羽兵數絕章邯甬道，王離軍乏食。項羽悉引兵渡河，破章邯軍。諸侯軍乃敢擊秦軍，遂虜王離。於是趙王歇、張耳得出鉅鹿，與餘相見，責讓餘，問張黶、陳釋所在。餘曰：「黶、釋以必死責臣，臣使將五千人先嘗秦軍，皆沒。」耳不信，以爲殺之，數問餘。餘怒曰：「不意君之望臣深也！〔一〕豈以臣重去將哉？」〔二〕乃脫解印綬與耳，耳不敢受。餘起如廁，客有說耳曰：「天予不取，反受其咎。今陳將軍與君印綬，不受，反天不祥。急取之。」耳乃佩其印，收其麾下。餘還，亦望耳不讓，趨出。耳遂收其兵。餘獨與麾下數百人之河上澤中漁獵。由此有隙。

〔一〕師古曰：「望，怨望也。次下亦同。」

〔二〕師古曰：「重，難也。」

趙王歇復居信都。耳從項羽入關。項羽立諸侯，耳雅遊，多爲人所稱。〔一〕項羽素亦聞耳賢，乃分趙立耳爲常山王，治信都。〔二〕信都更名襄國。

〔一〕師古曰：「雅，故也。言其久故倦遊，交結英傑，是以多爲人所稱譽也。」

〔二〕師古曰：「治，爲治處也，音丈吏反。」

餘客多說項羽：「陳餘、張耳一體有功於趙。」羽以餘不從入關，聞其在南皮，即以南皮旁三縣封之。而徙趙王歇王代。

耳之國，餘愈怒曰：「耳與餘功等也，今耳王，餘獨侯。」及齊王田榮叛楚，餘乃使夏說說田榮〔一〕曰：「項羽爲天下宰不平，盡王諸將善地，徙故王王惡地，今趙王乃居代！願王假臣兵，請以南皮爲扞蔽。」〔二〕田榮欲樹黨，乃遣兵從餘。餘悉三縣兵，〔三〕襲常山王耳。耳敗走，曰：「漢王與我有故，〔四〕而項王彊，立我，我欲之楚。」〔五〕甘公曰：〔六〕「漢王之入關，五星聚東井。東井者，秦分也。〔七〕先至必王。楚雖彊，後必屬漢。」耳走漢。漢亦還定三秦，方圍章邯廢丘。耳謁漢王，漢王厚遇之。〔八〕

〔一〕師古曰：「夏說讀曰悅。說田榮，音式銳反。」
〔二〕師古曰：「扞蔽，猶言藩屏也。」
〔三〕師古曰：「悉，盡也。」
〔四〕張晏曰：「漢王布衣時常從耳遊也。」
〔五〕師古曰：「羽既強盛，又爲所立，是以狐疑，莫知所往。」
〔六〕文穎曰：「善說星者甘氏也。」晉灼曰：「齊人。」
〔七〕師古曰：「分音扶問反。」
〔八〕師古曰：「高紀云元年五月漢王定雍地，東如咸陽，引兵圍雍王廢丘，而遣諸將略地。八月，塞王欣、翟王翳皆降漢。二年十月，陳餘擊常山王張耳，耳敗走，降漢。而此傳乃言方圍廢丘時耳謁漢王，隔以他事，於後始云漢二年東擊楚，則與帝紀前後參錯不同，疑傳誤也。」

餘已敗耳，皆收趙地，迎趙王於代，復爲趙王。趙王德餘，〔一〕立以爲代王。餘爲趙王弱，國初定，留傅趙王，而使夏說以相國守代。〔二〕

〔一〕師古曰：「懷其德。」

〔二〕師古曰：「爲代相國而居守。」

漢二年，東擊楚，使告趙，欲與俱。餘曰：「漢殺張耳乃從。」於是漢求人類耳者，斬其頭遺餘，餘乃遣兵助漢。漢敗於彭城西，餘亦聞耳詐死，卽背漢。漢遣耳與韓信擊破趙井陘，斬餘泜水上，〔一〕追殺趙王歇襄國。

〔一〕蘇林曰：「泜音祗也。」晉灼曰：「問其方人音柢。」師古曰：「蘇、晉二說皆是也。蘇音祗敬之祗，音執夷反，古音如是。晉音根柢之柢，音丁計反，今其土俗呼水則然。」

四年夏，立耳爲趙王。五年秋，耳薨，諡曰景王。子敖嗣立爲王，尙高祖長女魯元公主，爲王后。

七年，高祖從平城過趙，趙王旦暮自上食，體甚卑，有子壻禮。高祖箕踞罵詈，甚慢之。〔一〕趙相貫高、趙午年六十餘，故耳客也，怒曰：「吾王孱王也！」〔二〕說敖曰：「天下豪桀並起，能者先立，今王事皇帝甚恭，皇帝遇王無禮，請爲王殺之。」敖齧其指出血，〔三〕曰：「君何言之誤！且先王亡國，賴皇帝得復國，〔四〕德流子孫，秋豪皆帝力也。願君無復出口。」貫高等十餘人相謂曰：「吾等非也。吾王長者，不背德。且吾等義不辱，今帝辱我王，故欲殺之，何乃汙王爲？〔五〕事成歸王，事敗獨身坐耳。」

〔一〕師古曰：「箕踞者，謂申兩腳其形如箕。」

〔二〕孟康曰：「冀州人謂懦弱爲孱。」師古曰：「音士連反。」

〔三〕師古曰：「自齧其指出血，以表至誠，而爲誓約，不背漢也。」

〔四〕師古曰：「復音房目反。」

〔五〕師古曰：「言何爲乃汙染王。」

八年，上從東垣過。〔一〕貫高等乃壁人柏人，要之置廁。〔二〕上過欲宿，心動，問曰：「縣名爲何？」曰：「柏人。」「柏人者，迫於人！」不宿去。

〔一〕師古曰：「擊韓王信餘寇於東垣，還而過趙。」

〔二〕文穎曰：「置人廁壁中以伺高祖。」

九年，貫高怨家知其謀，告之。於是上逮捕趙王諸反者。趙午等十餘人皆爭自剄，貫高獨怒罵曰：「誰令公等爲之？今王實無謀，而并捕王；公等死，誰當白王不反者？」〔一〕乃檻車與王詣長安。〔二〕高對獄曰：「獨吾屬爲之，王不知也。」吏榜笞數千，〔三〕刺爇，身無完者，〔四〕終不復言。呂后數言張王以魯元故，不宜有此。上怒曰：「使張敖據天下，豈少乃女虖！」〔五〕廷尉以貫高辭聞，上曰：「壯士！誰知者，以私問之。」〔六〕中大夫泄公曰：「臣素知之，〔七〕此固趙國立名義不侵爲然諾者也。」〔八〕上使泄公持節問之箯輿前。卬視泄公，〔九〕勞苦如平生歡。〔10〕與語，問張王果有謀不。〔11〕高曰：「人情豈不各愛其父母妻子哉？今吾三族皆以論死，豈以王易吾親哉！〔12〕顧爲王實不反，〔13〕獨吾等爲之。」具道本根所以、王不知狀。於是泄公具以報上，上乃赦趙王。

〔一〕師古曰：「白，明也。」

〔二〕師古曰：「檻車者，車而爲檻形，謂以板四周之，無所通見。」

〔三〕師古曰：「榜謂捶擊之也，音彭。他皆類此。」

〔四〕應劭曰：「以鐵刺之，又燒灼之。」師古曰：「爇音而說反。」

〔五〕師古曰：「乃，汝也。」

〔六〕張晏曰：「以和悅問之。」臣瓚曰：「字多作私，謂以私情相問也。」師古曰：「瓚說是也。」

〔七〕師古曰：「泄音薛。」

〔八〕師古曰：「侵猶犯負也。」

〔九〕師古曰：「箯輿者，編竹木以爲輿形，如今之食輿矣。高時榜笞刺爇委困，故以箯輿處之也。箯音鞭。卬讀曰仰。」

〔10〕師古曰：「勞苦，相勞問其勤苦也。」

〔一〕師古曰：「果猶決也。」

〔二〕師古曰：「易，代也。」

〔三〕師古曰：「顧，思念也。」

上賢高能自立然諾，使泄公赦之，告曰：「張王已出，上多足下，〔一〕故赦足下。」高曰：「所以不死，白張王不反耳。今王已出，吾責塞矣。〔二〕且人臣有篡弒之名，豈有面目復事上哉！」乃仰絕亢而死。〔三〕

〔一〕師古曰：「多猶重也。」

〔二〕師古曰：「塞，當也，滿也。」

〔三〕蘇林曰：「亢，頸大脈也，俗所謂胡脈也。」師古曰：「亢者，總謂頸耳。爾雅云『亢，鳥嚨』，即喉嚨也，音下郎反，又音工郎反。」

敖已出，尚魯元公主如故，〔一〕封爲宣平侯。於是上賢張王諸客，皆以爲諸侯相、郡守。語在田叔傳。及孝惠、高后、文、景時，張王客子孫皆爲二千石。

〔一〕師古曰：「尚猶配也。易泰卦九二爻辭曰『得尚于中行』，王弼亦以爲配也。諸言尚公主者其義皆然。而說者乃云尚公主，與尚書尚食同意，訓尚爲主，言主掌之，失其理矣。公主既尊，又非物類，不得以主掌爲辭，貢禹又云『諸侯則國人承公主』，益知主不得言主掌也。」

初，孝惠時，齊悼惠王獻城陽郡，尊魯元公主爲太后。〔一〕高后元年，魯元太后薨。後六年，宣平侯敖復薨。呂太后立敖子偃爲魯王，以母爲太后故也。〔一〕又憐其年少孤弱，乃封敖前婦子二人：壽爲樂昌侯，侈爲信都侯。高后崩，大臣誅諸呂，廢魯王及二侯。孝文卽位，復封故魯王偃爲南宮侯。薨，子生嗣。武帝時，生有罪免，國除。元光中，復封偃孫廣國爲睢陵侯。〔二〕薨，子昌嗣。太初中，昌坐不敬免，國除。孝平元始二年，繼絕世，封敖玄孫慶忌爲宣平侯，食千戶。

〔一〕師古曰：「爲齊太后，以母禮事之。」
〔二〕師古曰：「以公主爲齊王太后，故立其子爲王。」
〔三〕師古曰：「睢音雖。」

贊曰：張耳、陳餘，世所稱賢，其賓客廝役皆天下俊桀，所居國無不取卿相者。然耳、餘始居約時，〔一〕相然信死，豈顧問哉！及據國爭權，卒相滅亡，何鄉者慕用之誠，〔二〕後相背之盭也！〔三〕勢利之交，古人羞之，蓋謂是矣。

〔一〕晉灼曰：「始在貧賤儉約之時。」
〔二〕師古曰：「鄉讀曰嚮。嚮謂曩昔也。」
〔三〕師古曰：「盭，古戾字。戾，違也。」

校勘記

一八三〇頁一四行　恐天下解〔矣〕〔也〕。景祐、殿本都作「也」。

一八三三頁一四行　趙王乃與〔陳〕〔耳〕、餘北略地燕界。景祐、殿本都作「耳」。王先謙說「陳」爲「耳」之誤。

一八三五頁九行　難可獨立；〔立〕趙後，景祐、殿本都重「立」字。王先謙說重「立」字是。

一八三六頁一五行　且什〔有〕一二相全。景祐、殿本都有「有」字。王先謙說有「有」字是。

漢書卷三十三

魏豹田儋韓（王）信傳第三

魏豹，故魏諸公子也。〔一〕其兄魏咎，故魏時封爲甯陵君，秦滅魏，〔二〕爲庶人。陳勝之王也，咎往從之。勝使魏人周市徇魏地，〔三〕魏地已下，欲立周市爲魏王。市曰：「天下昏亂，忠臣乃見。〔四〕今天下共畔秦，其誼必立魏王後乃可。」齊、趙使車各五十乘，立市爲王。市不受，迎魏咎於陳，五反，〔五〕陳王乃遣立咎爲魏王。

〔一〕師古曰：「六國時魏也。」
〔二〕文穎曰：「魏，大梁也。」
〔三〕師古曰：「徇，略也，音辭峻反。」
〔四〕師古曰：「言當昏亂之時，忠臣乃得顯其節義也。老子道經曰『國家昏亂有忠臣』。」
〔五〕師古曰：「反謂回還也。」

章邯已破陳王，進兵擊魏王於臨濟。魏王使周市請救齊、楚。齊、楚遣項它、田巴將兵，

隨市救魏。〔一〕章邯遂擊破殺周市等軍，圍臨濟。咎為其民約降。〔二〕約降定，咎自殺。〔三〕

〔一〕師古曰：「楚遣項它，齊遣田巴。」
〔二〕師古曰：「與章邯為誓而約降。」
〔三〕師古曰：「但欲全其人，而身自不降。」

魏豹亡走楚。楚懷王予豹數千人，復徇魏地。項羽已破秦兵，降章邯，豹下魏二十餘城，立為魏王。〔一〕豹引精兵從項羽入關。羽封諸侯，欲有梁地，〔二〕乃徙豹於河東，都平陽，為西魏王。

〔一〕師古曰：「項羽立之。」
〔二〕師古曰：「羽欲自取梁地。」

漢王還定三秦，渡臨晉，豹以國屬焉，遂從擊楚於彭城。漢王敗，還至滎陽，豹請視親病，〔一〕至國，則絕河津畔漢。漢王謂酈生曰：「緩頰往說之。」酈生（至）〔往〕，豹謝曰：「人生一世間，如白駒過隙。〔二〕今漢王嫚侮人，罵詈諸侯羣臣如奴耳，非有上下禮節，吾不忍復見也。」漢王遣韓信擊豹，遂虜之，傳豹詣滎陽，以其地為河東、太原、上黨郡。漢王令豹守滎陽。楚圍之急，周苛曰：「反國之王，難與共守。」遂殺豹。〔三〕

〔一〕師古曰：「親謂母也。」
〔二〕師古曰：「言其速疾也。白駒謂日景也。隙，壁際也。」

〔三〕師古曰：「反國，言其嘗叛也。」

田儋，狄人也，〔一〕故齊王田氏之族也。〔二〕儋從弟榮，榮弟橫，皆豪桀，宗彊，能得人。陳涉使周市略地，北至狄，狄城守。儋陽爲縛其奴，從少年之廷，欲謁殺奴。〔三〕見狄令，因擊殺令，而召豪吏子弟曰：「諸侯皆反秦自立，齊，古之建國，儋，田氏，當王。」遂自立爲齊王，發兵擊周市。市軍還去，儋因率兵東略定齊地。

〔一〕師古曰：「狄，縣名也，地理志屬千乘。」

〔二〕師古曰：「亦六國時齊也。」

〔三〕服虔曰：「古殺奴婢，皆當告官，儋欲殺令，故詐縛奴以謁也。」師古曰：「陽縛其奴，爲殺奴之狀。廷，縣廷之中也，音定。今流俗書本爲字作僞，非也。陽即僞耳，不當重言之。」

秦將章邯圍魏王咎於臨濟，急。魏王請救於齊，儋將兵救魏。章邯夜銜枚擊，大破齊、楚軍，殺儋於臨濟下。儋從弟榮收儋餘兵東走東阿。

齊人聞儋死，乃立故齊王建之弟田假爲王，田角爲相，田閒爲將，以距諸侯。

榮之走東阿，章邯追圍之。項梁聞榮急，乃引兵擊破章邯東阿下。章邯走而西，項梁因追之。而榮怒齊之立假，乃引兵歸，擊逐假。假亡走楚。相角亡走趙。角弟閒前救趙，因不敢歸。榮乃立儋子市爲王，榮相之，橫爲將，平齊地。

項梁既追章邯，章邯兵益盛，項梁使使趣齊兵共擊章邯。〔一〕榮曰：「楚殺田假，趙殺角、閒，乃出兵。」楚懷王曰：「田假與國之王，窮而歸我，殺之不誼。」趙亦不殺田角、田閒以市於齊。齊王曰：「蝮蠚手則斬手，蠚足則斬足。〔二〕何者？爲害於身也。田假、田角、田閒於楚、趙，非手足戚，〔三〕何故不殺？且秦復得志於天下，則齮齕首用事者墳墓矣。」〔四〕楚、趙不聽齊，齊亦怒，終不肯出兵。章邯果敗殺項梁，〔五〕破楚兵。楚兵東走，而章邯渡河圍趙於鉅鹿。項羽由此怨榮。

〔一〕師古曰：「趣讀曰促。」

〔二〕應劭曰：「蝮一名虺。蠚，螫也。螫人手足則割去其肉，不然則死。」師古曰：「爾雅及說文皆以爲蝮即虺也，博三寸，首大如擘，而郭璞云各自一種蛇。其蝮蛇，細頸大頭焦尾，色如綬文，文閒有毛，似豬鬣，鼻上有針，大者長七八尺，一名反鼻，非虺之類也。以今俗名證之，郭說得矣。虺若土色，所在有之，俗呼土虺。其蝮唯出南方。蝮音芳六反。蠚音火各反。螫音式亦反。虺音許偉反。擘者，人手大指也，音步歷反。」

〔三〕文穎曰：「言將亡身，非手足憂也。」臣瓚曰：「田假於楚，非手足之親也。」師古曰：「瓚說是也。」

〔四〕如淳曰：「齮，側齧也。齕，齩也。」師古曰：「首用事，謂起兵而立號者也。齮音螘。齕音紇。齩音五絞反。」

〔五〕師古曰：「擊敗而殺之。」

羽既存趙，降章邯，西滅秦，立諸侯王，乃徙齊王市更王膠東，治卽墨。〔一〕齊將田都從共救趙，因入關，故立都爲齊王，治臨菑。故齊王建孫田安，項羽方渡河救趙，安下濟北數城，引兵降項羽，羽立安爲濟北王，治博陽。榮以負項梁，不肯助楚攻秦，故不得王。趙將陳餘亦失職，不得王。二人俱怨項羽。

〔一〕師古曰：「治謂都之也，音丈吏反。下皆類此。」

榮使人將兵助陳餘，令反趙地，而榮亦發兵以距擊田都，都亡走楚。榮留齊王市毋之膠東。市左右曰：「項王强暴，王不就國，必危。」市懼，乃亡就國。榮怒，追擊殺市於卽墨，還攻殺濟北王安，自立爲王，盡幷三齊之地。〔一〕

〔一〕師古曰：「三齊，齊及濟北、膠東。」

項王聞之，大怒，乃北伐齊。榮發兵距之城陽。榮兵敗，走平原，平原民殺榮。項羽遂燒夷齊城郭，〔一〕所過盡屠破。齊人相聚畔之。榮弟橫收齊散兵，得數萬人，反擊項羽於城陽。而漢王帥諸侯敗楚，入彭城。項羽聞之，乃釋齊〔二〕而歸擊漢於彭城，因連與漢戰，相距滎陽。以故橫復收齊城邑，立榮子廣爲王，而橫相之，政事無巨細皆斷於橫。

〔一〕師古曰：「夷，平也。」

〔二〕師古曰：「釋，解也。」

定齊三年，聞漢將韓信引兵且東擊齊，齊使華毋傷、田解〔一〕軍歷下以距漢。〔二〕會漢使酈食其往說王廣及相橫，與連和。橫然之，乃罷歷下守備，縱酒，〔三〕且遣使與漢平。〔四〕韓信乃渡平原，襲破齊歷下軍，因入臨菑。王廣、相橫以酈生爲賣己而亨之。〔五〕廣東走高密，橫走博，〔六〕守相田光走城陽，〔七〕將軍田既軍於膠東。楚使龍且救齊，〔八〕齊王與合軍高密。漢將韓信、曹參破殺龍且，虜齊王廣。漢將灌嬰追得守相光，至博。而橫聞王死，自立爲王，還擊嬰，嬰敗橫軍於嬴下。〔九〕橫亡走梁，歸彭越。越時居梁地，中立，且爲漢，且爲楚。〔一〇〕韓信已殺龍且，因進兵破殺田既於膠東，灌嬰破殺齊將田吸於千乘，〔一一〕遂平齊地。

〔一〕師古曰：「二人也。華音戶化反。」

〔二〕張晏曰：「濟南歷山之下。」

〔三〕師古曰：「縱，放也。放意而飲酒。」

〔四〕師古曰：「方欲遣使。」

〔五〕師古曰：「謂其與韓信合謀。」

〔六〕蘇林曰：「泰山博縣。」

〔七〕師古曰：「守相者，言爲相而專主居守之事。」

〔八〕師古曰：「且音子閭反。」

〔九〕晉灼曰：「泰山嬴縣也。」師古曰：「音弋成反。」

〔一〇〕師古曰：「言在楚、漢之間，居中自立而兩助之也。中音竹仲反。」

〔三〕師古曰：「吸音許及反。」

漢滅項籍，漢王立爲皇帝，彭越爲梁王。橫懼誅，而與其徒屬五百餘人入海，居隖中。〔一〕高帝聞之，以橫兄弟本定齊，齊人賢者多附焉，今在海中不收，後恐有亂，乃使使赦橫罪而召之。橫謝曰：「臣亨陛下之使酈食其，今聞其弟商爲漢將而賢，臣恐懼，不敢奉詔，請爲庶人，守海隖中。」使還報，高帝乃詔衞尉酈商曰：「齊王橫卽至，人馬從者敢動搖者致族夷！」〔二〕乃復使使持節具告以詔意，曰：「橫來，大者王，小者乃侯耳；〔三〕不來，且發兵加誅。」橫乃與其客二人乘傳詣雒陽。〔四〕

〔一〕韋昭曰：「海中山曰隖。」師古曰：「音丁老反。」
〔二〕師古曰：「族夷，言平除其族。」
〔三〕師古曰：「大者謂橫身，小者其徒屬。」
〔四〕師古曰：「傳音張戀反。」

至尸鄉廄置，〔一〕橫謝使者曰：「人臣見天子，當洗沐。」止留。謂其客曰：「橫始與漢王俱南面稱孤，〔二〕今漢王爲天子，而橫乃爲亡虜，北面事之，其媿固已甚矣。又吾亨人之兄，與其弟併肩而事主，〔三〕縱彼畏天子之詔，不敢動搖，我獨不媿於心乎？且陛下所以欲見我，不過欲壹見我面貌耳。陛下在雒陽，今斬吾頭，馳三十里閒，形容尚未能敗，猶可知也。」

遂自剄，令客奉其頭，從使者馳奏之高帝。高帝曰：「嗟乎，有以！起布衣，兄弟三人更王，〔四〕豈非賢哉！」爲之流涕，而拜其二客爲都尉，發卒二千，以王者禮葬横。

〔一〕（師古）〔應劭〕曰：「尸鄉在偃師城西。」臣瓚曰：「案廄置謂置馬以傳驛者。」

〔二〕師古曰：「王者自稱曰孤，蓋爲謙也。老子德經曰貴以賤爲本，高以下爲基，是以侯王自謂孤寡不穀。」

〔三〕師古曰：「併音步鼎反。」

〔四〕師古曰：「更音工衡反。」

既葬，二客穿其冢旁，皆自剄從之。高帝聞而大驚，以横之客皆賢者，「吾聞其餘尚五百人在海中」，使使召至，聞横死，亦皆自殺。於是乃知田横兄弟能得士也。

韓王信，故韓襄王孽孫也，〔一〕長八尺五寸。項梁立楚懷王，燕、齊、趙、魏皆已前王，唯韓無有後，故立韓公子横陽（城君）〔君成〕爲韓王，欲以撫定韓地。項梁死定陶，成犇懷王。〔二〕沛公引兵擊陽城，使張良以韓司徒徇韓地，得信，以爲韓將，將其兵從入武關。

〔一〕張晏曰：「孺子爲孽。」師古曰：「孽謂庶耳。張說非也。」

〔二〕師古曰：「犇，古奔字。」

沛公爲漢王，信從入漢中，乃說漢王曰：「項王王諸將，王獨居此，遷也。士卒皆山東人，竦而望歸，及其蠭東鄉，可以爭天下。」〔一〕漢王還定三秦，乃許王信，先拜爲韓太尉，將兵略韓地。

〔一〕鄭氏曰：「及軍中將士氣鋒也。」師古曰：「高紀及韓彭英盧傳皆稱斯說是楚王韓信之辭，而此傳復云韓王信之語，豈史家謬錯乎？將二人所勸大指實同也？竦謂引領舉足也。鑫與鋒同。鄉讀曰嚮。」

項籍之封諸王皆就國，韓王成以不從無功，不遣之國，更封爲穰侯，〔一〕後又殺之。聞漢遣信略韓地，乃令故籍游吳時令鄭昌爲韓王〔二〕距漢。漢二年，信略定韓地十餘城。漢王至河南，信急擊韓王昌，昌降漢。乃立信爲韓王，常將韓兵從。漢王使信與周苛等守滎陽，楚拔之，信降楚。已得亡歸漢，〔三〕漢復以爲韓王，竟從擊破項籍。五年春，與信剖符，王潁川。〔四〕

〔一〕文穎曰：「穰，南陽縣也。」臣瓚曰：「穰縣屬江夏。」師古曰：「文說是也。」

〔二〕孟康曰：「項籍在吳時，昌爲吳縣令。」

〔三〕師古曰：「降楚之後復得歸漢。」

〔四〕師古曰：「剖，分也。爲合符而分之。」

六年春，上以爲信壯武，北近鞏、雒，〔一〕南迫宛、葉，〔二〕東有淮陽，皆天下勁兵處也，乃更以太原郡爲韓國，徙信以備胡，都晉陽。信上書曰：「國被邊，〔三〕匈奴數入，晉陽去塞遠，請治馬邑。」上許之。秋，匈奴冒頓大入圍信，信數使使胡求和解。漢發兵救之，疑信數間使，有二心。〔四〕上賜信書責讓之曰：「專死不勇，專生不任，〔五〕寇攻馬邑，君王力不足以堅守乎？安危存亡之地，此二者朕所以責於君王。」〔六〕信得書，恐誅，因與匈奴約共攻漢，以馬邑降胡，擊太原。

〔一〕師古曰：「鞏即今鞏縣。」
〔二〕師古曰：「南陽之二縣也。宛音於元反。葉音式涉反。」
〔三〕李奇曰：「被音被馬之被。」師古曰：「被猶帶也。」
〔四〕師古曰：「間，私也。」
〔五〕李奇曰：「言爲將軍，竇必死之意不得爲勇，竇必生之心不任軍事。傳曰『期死非勇也，必生非任也』。」
〔六〕師古曰：「言雖處危亡之地，執忠履信，可以安存，責其有二心。」

七年冬，上自往擊破信軍銅鞮，〔一〕斬其將王喜。信亡走匈奴，(與)其將白土人曼丘臣、王黃〔二〕立趙苗裔趙利爲王，〔三〕復收信散兵，而與信及冒頓謀攻漢。匈奴使左右賢王將萬餘騎與王黃等屯廣武以南，至晉陽，〔四〕與漢兵戰，漢兵大破之，追至于離石，復破之。〔五〕匈奴復聚兵樓煩西北。漢令車騎擊匈奴，常敗走，漢乘勝追北。聞冒頓居代谷，上居晉陽，使人視冒頓，還報曰「可擊」。上遂至平城，上白登。〔六〕匈奴騎圍上，上乃使人厚遺閼氏。〔七〕閼氏說冒頓曰：「今得漢地，猶不能居，且兩主不相戹。」居七日，胡騎稍稍引去。天霧，漢使人往來，胡不覺。護軍中尉陳平言上曰：「胡者全兵，〔八〕請令彊弩傅兩矢外鄉，〔九〕徐行出圍。」入平城，漢救兵亦至。胡騎遂解去，漢亦罷兵歸。信爲匈奴將兵往來擊邊，令王黃等說誤陳豨。

〔一〕師古曰：「上黨之縣也。鞮音丁奚反。」

〔二〕張晏曰：「白土，縣名也，屬上郡。」

〔三〕師古曰：「六國時趙後。」

〔四〕師古曰：「廣武亦太原之縣。」

〔五〕師古曰：「離石，西河之縣。」

〔六〕服虔曰：「臺名，去平城七里。」如淳曰：「平城旁之高地，若丘陵也。」師古曰：「在平城東山上，去平城十餘里，今其處猶存。服說非也。」

〔七〕師古曰：「閼氏，匈奴單于之妻也。閼音於連反。氏音支。」

〔八〕李奇曰：「言唯弓矛無雜仗也。」

〔九〕師古曰：「傅讀曰附。每一弩而加兩矢外鄉者，以禦敵也。鄉讀曰嚮。」

十一年春，信復與胡騎入居參合。〔一〕漢使柴將軍擊之，〔二〕遺信書曰：「陛下寬仁，諸侯雖有叛亡，而後歸，輒復故位號，不誅也。〔三〕大王所知。今王以敗亡走胡，非有大罪，急自歸。」信報曰：「陛下擢僕閭巷，南面稱孤，此僕之幸也。滎陽之事，僕不能死，囚於項籍，此一罪也。寇攻馬邑，僕不能堅守，以城降之，此二罪也。今爲反寇，將兵與將軍爭一旦之命，此三罪也。夫種、蠡無一罪，身死亡；〔四〕僕有三罪，而欲求活，此伍子胥所以僨於吳世也。〔五〕今僕亡匿山谷間，旦暮乞貣蠻夷，〔六〕僕之思歸，如痿人不忘起，盲者不忘視，〔七〕勢不可耳。」遂戰。柴將軍屠參合，斬信。

〔一〕師古曰：「代郡之縣。」

〔二〕鄧展曰：「柴奇也。」應劭曰：「柴武也。」晉灼曰：「奇，武之子。」師古曰：「應說是也。」

〔三〕師古曰：「復音扶目反。」

〔四〕文穎曰：「大夫種、范蠡也。」師古曰：「二人皆越王句踐之臣也。大夫種位爲大夫，名種也，有功於越，而句踐逼令自死。范蠡即陶朱公也，浮海而逃之齊，又居陶，自號朱公，竟以壽終。信引之以自喻者，蓋言種不去則見殺，蠡逃亡則獲免。蠡音禮。」

〔五〕蘇林曰：「僨音奮。」孟康曰：「僨猶斃也。言子胥得罪於夫差而不知去，所以斃於世也。」師古曰：「僨謂僵仆而倒也，音方問反。」

〔六〕師古曰：「貣音吐得反。」

〔七〕師古曰：「痿，風痹病也，音人佳反。」

信之入匈奴，與太子俱，及至頹當城，生子，因名曰頹當。韓太子亦生子嬰。至孝文時，頹當及嬰率其衆降。漢封頹當爲弓高侯，〔一〕嬰爲襄城侯。〔二〕吳楚反時，弓高侯功冠諸將。

傳子至孫，孫無子，國絕。嬰孫以不敬失侯。穨當孽孫嫣，〔三〕貴幸，名顯當世。嫣弟說，〔四〕以校尉擊匈奴，封龍頟侯。〔五〕後坐酎金失侯，復以待詔爲橫海將軍，擊破東越，封按道侯。〔六〕太初中，爲游擊將軍屯五原外列城，還爲光祿勳，掘蠱太子宮，爲太子所殺。〔七〕子興嗣，坐巫蠱誅。上曰：「游擊將軍死事，無論坐者。」〔八〕乃復封興弟增爲龍頟侯。增少爲郎，諸曹侍中光祿大夫，昭帝時至前將軍，與大將軍霍光定策立宣帝，益封千戶。本始二年，五將征匈奴，增將三萬騎出雲中，斬首百餘級，至期而還。神爵元年，代張安世爲大司馬車騎將軍，領尚書事。增世貴，幼爲忠臣，事三主，重於朝廷。爲人寬和自守，以溫顏遜辭承上接下，無所失意，保身固寵，不能有所建明。五鳳二年薨，謚曰安侯。子寶嗣，亡子，國除。成帝時，繼功臣後，封增兄子岑爲龍頟侯。薨，子持弓嗣。王莽敗，乃絕。

〔一〕晉灼曰：「功臣表屬營陵。」

〔二〕晉灼曰：「功臣表屬魏郡。」

〔三〕鄭氏曰：「音隝陵之隝。」師古曰：「鄭音是也，音偃。」

〔四〕師古曰：「說讀曰悅。」

〔五〕師古曰：「字或作雒。」

〔六〕師古曰：「史記年表幷衞青傳載韓說初封龍雒侯，後爲按道侯，皆與此傳同。而漢書功臣侯表乃云龍頟侯名譊，按道侯名說，列爲二人，與此不同，疑表誤。」

〔七〕師古曰：「掘音其勿反。」

〔八〕服虔曰：「時無故見殺，而無爲之論坐伏辜者也。」臣瓚曰：「按說無故見殺，而子復爲巫蠱見誅，皆爲怨枉，故上曰毋有應論坐者也。」師古曰：「二說皆非。言韓說以掘蠱爲太子所殺，死於國事，忠誠可閔。今興雖以巫蠱見誅，其昆弟宗族應從坐者，可勿論之，所以追寵說也。」

贊曰：周室既壞，至春秋末，諸侯秏盡，〔一〕而炎黃唐虞之苗裔尚猶頗有存者。〔二〕秦滅六國，而上古遺烈埽地盡矣。〔三〕楚漢之際，豪桀相王，唯魏豹、韓信、田儋兄弟爲舊國之後，然皆及身而絕。橫之志節，賓客慕義，猶不能自立，豈非天虖！韓氏自弓高後貴顯，蓋周烈近與！〔四〕

〔一〕師古曰：「秏，減也，言漸少而盡也，音呼到反。」

〔二〕師古曰：「謂神農、黃帝、堯、舜之後。」

〔三〕師古曰：「烈，業也。」

〔四〕晉灼曰：「韓先與周同姓，其後苗裔事晉，封於韓原，姓韓氏，韓厥其後也，故曰周烈。」臣瓚曰：「案武王之子，方於三代，世爲最近也。」師古曰：「左氏傳云『邘、晉、應、韓，武之穆也』。據如此贊所云，則韓萬先祖，武王之裔。而杜預等以爲出自曲沃成師，未詳其說。與讀曰歟。」

校勘記

〔一八四五頁二行〕「王」字據殿本補。王先謙說有「王」字是。

〔一八四六頁一一行〕酈生(至)〔往〕，豹謝曰：景祐、殿本都作「往」。

〔一八五三頁三行〕(師古)〔應劭〕曰：景祐、殿本都作「應劭」。王先謙說作「應劭」是。

〔一八五三頁一〇行〕故立韓公子橫陽(城君)〔君成〕爲韓王，景祐、殿本都作「君成」。王先謙說作「君成」是，史記同。

〔一八五四頁一〇行〕(與)其將白土人曼丘臣、劉攽說「與」字不當有。王先謙亦說「與」字誤衍。

漢書卷三十四

韓彭英盧吳傳第四

韓信，淮陰人也。家貧無行，不得推擇爲吏，〔一〕又不能治生爲商賈，〔二〕常從人寄食。其母死無以葬，乃行營高燥地，令傍可置萬家者。〔三〕信從下鄉南昌亭長食，〔四〕亭長妻苦之，〔五〕乃晨炊蓐食。〔六〕食時信往，不爲具食。信亦知其意，自絕去。至城下釣，有一漂母哀之，飯信，〔七〕竟漂數十日。信謂漂母曰：「吾必重報母。」母怒曰：「大丈夫不能自食，吾哀王孫而進食，〔八〕豈望報乎！」淮陰少年又侮信曰：「雖長大，好帶刀劍，怯耳。」衆辱信曰：「能死，刺我；不能，出跨下。」〔九〕於是信孰視，俛出跨下。〔一〇〕一市皆笑信，以爲怯。

〔一〕李奇曰：「無善行可推舉選擇也。」

〔二〕師古曰：「行賣曰商，坐販曰賈。」

〔三〕師古曰：「言其有大志也。行音下更反。燥音先老反。」

〔四〕張晏曰：「下鄉，屬淮陰。」

〔五〕師古曰：「苦，厭也。」

〔六〕張晏曰：「未起而牀蓐中食。」

〔七〕韋昭曰：「以水擊絮曰漂。」師古曰：「哀憐而飯之。漂音匹妙反。飯音扶晚反。」

〔八〕蘇林曰：「王孫，如言公子也。」

〔九〕師古曰：「衆辱，於衆中辱之。跨下，兩股之間也。」

〔一〇〕師古曰：「俛亦俯字。」

及項梁度淮，信乃杖劍從之，〔一〕居戲下，無所知名。〔二〕梁敗，又屬項羽，爲郎中。信數以策干項羽，羽弗用。漢王之入蜀，信亡楚歸漢，未得知名，爲連敖。〔三〕坐法當斬，其疇十三人皆已斬，〔四〕至信，信乃仰視，適見滕公，〔五〕曰：「上不欲就天(子)〔下〕乎？而斬壯士！」滕公奇其言，壯其貌，釋弗斬。〔六〕與語，大說之，言於漢王。漢王以爲治粟都尉，上未奇之也。

〔一〕師古曰：「言直帶一劍，更無餘資。」

〔二〕師古曰：「汎在旌戲之下也。戲讀曰麾，又音許宜反。」

〔三〕李奇曰：「楚官名。」

〔四〕師古曰：「疇，類也。」

〔五〕師古曰：「夏侯嬰。」

〔六〕師古曰：「釋，放也，置也。」

數與蕭何語，何奇之。至南鄭，諸將道亡者數十人。信度何等已數言上，〔一〕不我用，卽亡。何聞信亡，不及以聞，自追之。人有言上曰：「丞相何亡。」上怒，如失左右手。居一二日，何來謁。上且怒且喜，罵何曰：「若亡，何也？」〔二〕何曰：「臣非敢亡，追亡者耳。」上曰：「所追者誰也？」曰：「韓信。」上復罵曰：「諸將亡者已數十，公無所追；追信，詐也。」何曰：「諸將易得，至如信，國士無雙。〔三〕王必欲長王漢中，無所事信；〔四〕必欲爭天下，非信無可與計事者。顧王策安決。」〔五〕王曰：「吾亦欲東耳，安能鬱鬱久居此乎？」何曰：「王計必東，能用信，信卽留；不能用信，信終亡耳。」王曰：「吾爲公以爲將。」何曰：「雖爲將，信不留。」王曰：「以爲大將。」何曰：「幸甚。」於是王欲召信拜之。何曰：「王素嫚無禮，〔六〕今拜大將如召小兒，此乃信所以去也。〔王〕必欲拜之，擇日齋戒，設壇場具禮，乃可。」王許之。諸將皆喜，人人各自以爲得大將。至拜，乃韓信也，一軍皆驚。

〔一〕師古曰：「度，計量也，音大各反。」
〔二〕師古曰：「若，汝也。」
〔三〕師古曰：「爲國家之奇士。」
〔四〕張晏曰：「無事用信。」
〔五〕師古曰：「顧，思念也。」

〔六〕師古曰：「嫚與慢同。」

信（以）〔已〕拜，上坐。王曰：「丞相數言將軍，將軍何以教寡人計策？」信謝，因問王曰：「今東鄉爭權天下，豈非項王邪？」〔一〕上曰：「然。」信曰：「大王自料勇悍仁彊孰與項王？」〔二〕漢王默然良久，曰：「弗如也。」信再拜賀曰：「唯〔三〕信亦以爲大王弗如也。然臣嘗事項王，請言項王爲人也。項王意烏猝嗟，千人皆廢，〔四〕然不能任屬賢將，〔五〕此特匹夫之勇也。〔六〕項王見人恭謹，言語姁姁，〔七〕人有病疾，涕泣分食飲，至使人有功，當封爵，刻印刓，忍不能予，〔八〕此所謂婦人之仁也。項王雖霸天下而臣諸侯，不居關中而都彭城；又背義帝約，而以親愛王，諸侯不平。諸侯之見項王逐義帝江南，亦皆歸逐其主，自王善地。項王所過亡不殘滅，多怨百姓，〔九〕百姓不附，特劫於威，彊服耳。〔一〇〕名雖爲霸，實失天下心，〔一一〕故曰其彊易弱。〔一二〕今大王誠能反其道，任天下武勇，何不誅！〔一三〕以天下城邑封功臣，何不服！以義兵從思東歸之士，何不散！〔一四〕且三秦王爲秦將，〔一五〕將秦子弟數歲，而所殺亡不可勝計，又欺其衆降諸侯。至新安，項王詐阬秦降卒二十餘萬人，唯獨邯、欣、翳脫。〔一六〕秦父兄怨此三人，痛於骨髓。今楚彊以威王此三人，秦民莫愛也。大王之入武關，秋豪亡所害，〔一七〕除秦苛法，與民約，法三章耳，秦民亡不欲得大王王秦者。於諸侯之約，大王當王關中，關中民戶知之。〔一八〕王失職之蜀，民亡不恨者。〔一九〕今王舉而東，三秦可傳檄而

定也。」〔一六〕於是漢王大喜，自以爲得信晚。遂聽信計，部署諸將所擊。〔一七〕

〔一〕師古曰：「鄉讀曰嚮。」

〔二〕師古曰：「料，量也。與，如也。」

〔三〕師古曰：「唯，應辭，音弋癸反。」

〔四〕李奇曰：「猝嗟猶咄嗟也。言羽一咄嗟，千人皆失氣也。」晉灼曰：「意烏，恚怒聲也。猝嗟，形發動也。廢，不收也。」師古曰：「意烏，晉說是也。猝嗟，暴猝嗟歎也。猝音千忽反。」

〔五〕師古曰：「屬，委也，音之欲反。」

〔六〕師古曰：「特，但也。」

〔七〕師古曰：「姁姁，和好貌也，音許于反。」

〔八〕蘇林曰：「刓音刓角之刓，刓與摶同。手弄角訛，不忍授也。」師古曰：「刓音五丸反。摶音大官反。又音專。」

〔九〕師古曰：「結怨於百姓。」

〔一〇〕師古曰：「彊音其兩反。其下『强以威王』亦同。」

〔一一〕師古曰：「羽自號西楚霸王，故云名爲霸也。」

〔一二〕師古曰：「易使弱也。」

〔一三〕師古曰：「言何所不誅也。下皆類此。」

〔一四〕師古曰：「散謂四散而立功。」

〔一五〕師古曰：「章邯、司馬欣、董翳。」

〔六〕師古曰：「脫，免也，音土活反。」

〔七〕師古曰：「秋豪，喻細微之物。」

〔八〕師古曰：「言家家皆知。」

〔九〕師古曰：「之，往也。」

〔一〇〕師古曰：「檄謂檄書也。傳檄可定，言不足用兵也。檄，解在高紀。」

〔一一〕師古曰：「部分而署置之。」

漢王舉兵東出陳倉，定三秦。二年，出關，收魏、河南，韓、殷王皆降。令齊、趙共擊楚彭城，漢兵敗散而還。信復發兵與漢王會滎陽，復擊破楚京、索間，〔一〕以故楚兵不能西。

〔一〕師古曰：「索音山客反。」

漢之敗卻彭城，〔一〕塞王欣、翟王翳亡漢降楚，齊、趙、魏亦皆反，與楚和。漢王使酈生往說魏王豹，豹不聽，乃以信爲左丞相擊魏。信問酈生：「魏得毋用周叔爲大將乎？」曰：「柏直也。」信曰：「豎子耳。」遂進兵擊魏。魏盛兵蒲坂，塞臨晉。信乃益爲疑兵，〔二〕陳船欲度臨晉，而伏兵從夏陽以木罌缶度軍，襲安邑。〔三〕魏王豹驚，引兵迎信。信遂虜豹，定河東，使人請漢王：「願益兵三萬人，臣請以北舉燕、趙，東擊齊，南絕楚之糧道，西與大王會於滎陽。」漢王與兵三萬人，遣張耳與俱，進擊趙、代。破代，禽夏說閼與。〔四〕信之下魏、代，漢輒使人收其精兵，詣滎陽以距楚。

〔一〕師古曰：「兵敗於彭城而卻退也。卻音丘略反。」
〔二〕師古曰：「多張兵形，令敵人疑也。」
〔三〕服虔曰：「以木柙縛罌缶以度也。」韋昭曰：「以木爲器，如罌缶也。」師古曰：「服說是也。罌缶謂瓶之大腹小口者也，音一政反。臨晉在今同州朝邑縣界。夏陽在韓城縣界。」
〔四〕李奇曰：「夏說，代相也。」孟康曰：「閼與是邑名也，在上黨涅縣。」師古曰：「說讀曰悅。閼音一曷反。與音豫。」

信、耳以兵數萬，欲東下井陘擊趙。趙王、成安君陳餘聞漢且襲之，聚兵井陘口，號稱二十萬。廣武君李左車說成安君曰：「聞漢將韓信涉西河，虜魏王，禽夏說，新喋血閼與。〔一〕今乃輔以張耳，議欲以下趙，〔二〕此乘勝而去國遠鬬，其鋒不可當。臣聞『千里餽糧，士有飢色；〔三〕樵蘇後爨，師不宿飽。』〔四〕今井陘之道，車不得方軌，騎不得成列，〔五〕行數百里，其勢糧食必在後。願足下假臣奇兵三萬人，從間(道)〔路〕絕其輜重；〔六〕足下深溝高壘勿與戰。彼前不得鬬，退不得還，吾奇兵絕其後，野無所掠鹵，不至十日，兩將之頭可致戲下。〔七〕願君留意臣之計，必不爲二子所禽矣。」成安君，儒者，常稱義兵不用詐謀奇計，謂曰：「吾聞兵法『什則圍之，倍則戰。』〔八〕今韓信兵號數萬，其實不能，千里襲我，亦以罷矣。〔九〕今如此避弗擊，後有大者，何以距之？諸侯謂吾怯，而輕來伐我。」不聽廣武君策。

〔一〕師古曰：「喋音牒。喋血，解在文紀。」
〔二〕師古曰：「言其立計議如此。」

〔三〕師古曰：「言難繼也。餽字與饋同。」
〔四〕師古曰：「樵，取薪也。蘇，取草也。小雅白華之詩曰『樵彼桑薪』。樵音在消反。」
〔五〕師古曰：「方軌，謂併行也。列，行列。」
〔六〕師古曰：「間路，微路也。重音直用反。」
〔七〕師古曰：「戲讀曰麾，又音許宜反。」
〔八〕師古曰：「言多十倍者可以圍城，多一倍者戰則可勝。」
〔九〕師古曰：「罷讀曰疲。」

信使間人窺知其不用，〔一〕還報，則大喜，乃敢引兵遂下。未至井陘口三十里，止舍。〔二〕夜半傳發，選輕騎二千人，〔三〕人持一赤幟，〔四〕從間道萆山而望趙軍，〔五〕戒曰：「趙見我走，必空壁逐我，若疾入，拔趙幟，立漢幟。」〔六〕令其裨將傳餐，〔七〕曰：「今日破趙會食。」諸將皆嘸然，陽應曰：「諾。」〔八〕信謂軍吏曰：「趙已先據便地壁，且彼未見大將旗鼓，未肯擊前行，〔九〕恐吾阻險而還。」乃使萬人先行，出，背水陳。趙兵望見大笑。平旦，信建大將旗鼓，鼓行出井陘口，〔一〇〕趙開壁擊之，大戰良久。於是信、張耳棄鼓旗，走水上軍，〔一一〕復疾戰。趙空壁爭漢鼓旗，逐信、耳。信、耳已入水上軍，軍皆殊死戰，不可敗。〔一二〕信所出奇兵二千騎者，候趙空壁逐利，卽馳入趙壁，皆拔趙旗幟，立漢赤幟二千。趙軍已不能得信、耳等，欲還歸壁，壁皆漢赤幟，大驚，以漢爲皆已破趙王將矣，遂亂，遁走。趙將雖斬之，弗能禁。於是漢兵夾擊，破虜趙軍，斬成安君泜水上，〔一三〕禽趙王歇。

〔一〕師古曰：「間人，微伺之也。」

〔二〕師古曰：「舍，息也。」

〔三〕孟康曰：「傳令軍中使發也。」

〔四〕師古曰：「幟，旌旗之屬也，音式志反。」

〔五〕如淳曰：「萆音蔽，依山自覆蔽也。」師古曰：「蔽隱於山閒使敵不見。」

〔六〕師古曰：「若，汝也。」

〔七〕服虔曰：「立（騎）〔駐〕傳餐食也。」如淳曰：「小飯曰餐，破趙後乃當共飽食也。」師古曰：「餐，古湌字，音千安反。」

〔八〕孟康曰：「嘸音撫，不精明也。」劉德曰：「音憮。」師古曰：「劉音是也。音文府反。」

〔九〕師古曰：「行音胡郎反。」

〔一〇〕師古曰：「鼙鼓而行。」

〔一一〕師古曰：「走，趣也，音奏。」

〔一二〕師古曰：「殊，絕也。謂決意必死。」

〔一三〕師古曰：「泜音祗，又音丁計反。」

信乃令軍毋斬廣武君，有生得之者，購千金。頃之，有縛而至戲下者，信解其縛，東鄉坐，西鄉對，而師事之。〔一〕

〔一〕師古曰：「鄉皆讀曰嚮。」

諸校(効)〔效〕首虜休，皆賀，〔一〕因問信曰：「兵法有『右背山陵，前左水澤』，今者將軍令臣等反背水陳，曰破趙會食，臣等不服。然竟以勝，此何術也？」信曰：「此在兵法，顧諸君弗察耳。〔二〕兵法不曰『陷之死地而後生，投之亡地而後存』乎？且信非得素拊循士大夫，經所謂『敺市人而戰之』也，〔三〕其勢非置死地，人人自爲戰；今卽予生地，皆走，寧尚得而用之乎！」諸將皆服曰：「非所及也。」

〔一〕師古曰：「諸校，諸部也，猶今言諸營也。(効)〔效〕，致也。謂各致其所獲。」

〔二〕師古曰：「顧，念也。」

〔三〕師古曰：「經亦謂兵法也。敺與驅同也。忽入市鄽而敺取其人令戰，言非素所練習。」

於是問廣武君曰：「僕欲北攻燕，東伐齊，何若有功？」〔一〕廣武君辭曰：「臣聞『亡國之大夫不可以圖存，〔二〕敗軍之將不可以語勇。』若臣者，何足以權大事乎！」信曰：「僕聞之，百里奚居虞而虞亡，之秦而秦伯，〔三〕非愚於虞而智於秦也，用與不用，聽與不聽耳。向使成安君聽子計，僕亦禽矣。僕委心歸計，願子勿辭。」廣武君曰：「臣聞『智者千慮，必有一失；愚者千慮，亦有一得。』故曰『狂夫之言，聖人擇焉。』(故)〔顧〕恐臣計未足用，〔四〕願效愚忠。故成安君有百戰百勝之計，一日而失之，軍敗鄗下，〔五〕身死泜水上。今足下虜魏王，禽夏說，不旬朝破趙二十萬衆，誅成安君。名聞海內，威震諸侯，衆庶莫不輟作怠惰，靡衣媮食，傾耳以待（禽）〔命〕者。〔六〕然而衆勞卒罷，〔七〕其實難用也。今足下舉勌敝之兵，頓之燕堅城之下，情見力屈，〔八〕欲戰不拔，曠日持久，糧食單竭。〔九〕若燕不破，齊必距境而以自彊。二國相持，則劉項之權未有所分也。臣愚，竊以為亦過矣。」信曰：「然則何由？」〔一〇〕廣武君對曰：「當今之計，不如按甲休兵，百里之內，牛酒日至，以饗士大夫，北首燕路，〔一一〕然後發一乘之使，奉咫尺之書，〔一二〕以使燕，燕必不敢不聽。從燕而東臨齊，雖有智者，亦不知為齊計矣。如是，則天下事可圖也。兵故有先聲而後實者，此之謂也。」信曰：「善。敬奉教。」於是用廣武君策，發使燕，燕從風而靡。乃遣使報漢，因請立張耳王趙以撫其國。漢王許之。

〔一〕師古曰：「何若，猶言何如也。」

〔二〕師古曰：「圖，謀也。」

〔三〕師古曰：「百里奚，本虞臣也。後事於秦，遂為大夫，穆公用其言，以取霸。伯讀曰霸。」

〔四〕師古曰：「顧，念也。」

〔五〕李奇曰：「鄗音虋臛之臛，常山縣也。光武即位於此，故改曰高邑。」

〔六〕師古曰：「輟，止也。靡，輕麗也。媮與偷字同。偷，苟且也。言為靡麗之衣，苟且而食，恐懼之甚，不為久計也。」

〔七〕師古曰：「罷讀曰疲。」

〔八〕師古曰：「見，顯露也。屈，盡也。見音胡電反。屈音其勿反。」
〔九〕師古曰：「單亦盡。」
〔一〇〕師古曰：「由，從也，言當從何計也。」
〔一一〕師古曰：「首謂趣向也，音式究反。」
〔一二〕師古曰：「八寸曰咫。咫尺者，言其簡牘或長咫，或長尺，喻輕率也。今俗言尺書，或言尺牘，蓋其遺語耳。」

楚數使奇兵度河擊趙，王耳、信往來救趙，因行定趙城邑，發卒佐漢。楚方急圍漢王滎陽，漢王出，南之宛、葉，〔一〕得九江王布，入成皋，楚復急圍之。四年，漢王出成皋，度河，獨與滕公從張耳軍修武。至，宿傳舍。晨自稱漢使，馳入壁。張耳、韓信未起，即其臥，奪其印符，〔二〕麾召諸將易置之。信、耳起，乃知獨漢王來，大驚。漢王奪兩人軍，即令張耳備守趙地，拜信爲相國，發趙兵未發者擊齊。〔三〕

〔一〕師古曰：「之，往也。宛、葉，二縣名。宛音於元反。葉音式涉反。」
〔二〕師古曰：「就其臥處。」
〔三〕文穎曰：「謂趙人未嘗見發者。」

信引兵東，未度平原，聞漢王使酈食其已說下齊。信欲止，蒯通說信令擊齊。語在通傳。信然其計，遂渡河，襲歷下軍，至臨菑。齊王走高密，使使於楚請救。信已定臨菑，東追至高密西。楚使龍且將，號稱二十萬，〔一〕救齊。

〔一〕師古曰：「且音子余反。」

齊王、龍且并軍與信戰，未合。〔一〕或說龍且曰：「漢兵遠鬭，窮寇〔久〕戰，鋒不可當也。齊、楚自居其地戰，兵易敗散。〔二〕不如深壁，令齊王使其信臣招所亡城，〔三〕城聞王在，楚來救，必反漢。漢二千里客居齊，齊城皆反之，其勢無所得食，可毋戰而降也。」龍且曰：「吾平生知韓信爲人，易與耳。寄食於漂母，無資身之策；受辱於跨下，無兼人之勇，不足畏也。且救齊而降之，吾何功？今戰而勝之，齊半可得，〔四〕何爲而止！」遂戰，與信夾濰水陳。〔五〕信乃夜令人爲萬餘囊，〔盛〕沙以壅水上流，引兵半度，擊龍且。陽不勝，還走。龍且果喜曰：「固知信怯。」遂追度水。信使人決壅囊，水大至。龍且軍太半不得度，卽急擊，殺龍且。龍且水東軍散走，齊王廣亡去。信追北至城陽，虜廣。楚卒皆降，遂平齊。

〔一〕師古曰：「欲戰而未交兵也。」

〔二〕師古曰：「近其室家，懷顧望也。」

〔三〕師古曰：「信臣，常所親信之臣。」

〔四〕師古曰：「自謂當得封齊之半地。」

〔五〕師古曰：「濰音維。濰水出琅邪北箕縣，東北經臺昌入海，卽禹貢所云『濰淄其道』者也。」

使人言漢王曰：「齊夸詐多變，反覆之國，南邊〔荒〕〔楚〕，〔一〕不爲假王以塡之，其勢不定。〔二〕今權輕，不足以安之，臣請自立爲假王。」當是時，楚方急圍漢王於滎陽，使者至，發書，〔三〕漢王大怒，罵曰：「吾困於此，旦暮望而來佐我，〔四〕乃欲自立爲王！」張良、陳平伏後躡漢王足，因附耳語曰：「漢方不利，寧能禁信之自王乎？不如因立，善遇之，使自爲守。不然，變生。」漢王亦寤，因復罵曰：「大丈夫定諸侯，卽爲眞王耳，何以假爲！」遣張良立信爲齊王，徵其兵使擊楚。

〔一〕師古曰：「邊，近也。」
〔二〕師古曰：「填音竹刃反。」
〔三〕張晏曰：「發信使者所齎書也。」
〔四〕師古曰：「而，汝也。」

楚以亡龍且，項王恐，使盱台人武涉往說信曰：「足下何不反漢與楚？楚王與足下有舊故。且漢王不可必，〔一〕身居項王掌握中數矣，〔二〕然得脫，背約，復擊項王，其不可親信如此。今足下雖自以爲與漢王爲金石交，〔三〕然終爲漢王所禽矣。足下所以得須臾至今者，以項王在。項王卽亡，次取足下。何不與楚連和，三分天下而王齊？今釋此時，自必於漢王以擊楚，且爲智者固若此邪！」信謝曰：「臣得事項王數年，官不過郎中，位不過執戟，〔四〕言不聽，畫策不用，故背楚歸漢。漢王授我上將軍印，數萬之衆，解衣衣我，推食食我，〔五〕言聽計用，吾得至於此。夫人深親信我，背之不祥。幸爲信謝項王。」武涉已去，蒯通知天下權在於信，深說以三分天下，（之計）〔鼎足而王〕。語在通傳。信不忍背漢，又自以功大，漢王不奪我齊，遂不聽。

〔一〕師古曰：「必謂必信之。」
〔二〕師古曰：「數音山角反。」
〔三〕師古曰：「稱金石者，取其堅固。」
〔四〕張晏曰：「郎中宿衞執戟。」
〔五〕師古曰：「下衣音於記反。下食讀曰飤也。」

漢王之敗固陵，用張良計，徵信將兵會垓下。項羽死，高祖襲奪信軍，徙信爲楚王，都下邳。

信至國，召所從食漂母，賜千金。及下鄉亭長，錢百，〔一〕曰：「公，小人，爲德不竟。」〔二〕召辱己少年令出跨下者，以爲中尉，告諸將相曰：「此壯士也。方辱我時，寧不能死？死之無名，故忍而就此。」〔三〕

〔一〕師古曰：「以恥辱之。」
〔二〕師古曰：「言晨炊蓐食。」
〔三〕師古曰：「就，成也。成今日之功。」

項王亡將鍾離眛〔一〕家在伊廬，〔二〕素與信善。項王敗，眛亡歸信。漢怨眛，聞在楚，詔楚捕之。信初之國，行縣邑，陳兵出入。〔三〕有變告信欲反，〔四〕書聞，〔五〕上患之。用陳平謀，僞游於雲夢者，實欲襲信，信弗知。高祖且至楚，信欲發兵，自度無罪；〔六〕欲謁上，恐見禽。人或說信曰：「斬眜謁上，上必喜，亡患。」信見眜計事，眜曰：「漢所以不擊取楚，以眜在。公若欲捕我自媚漢，吾今死，公隨手亡矣。」乃罵信曰：「公非長者！」卒自剄。信持其首謁於陳。高祖令武士縛信，載後車。信曰：「果若人言，『狡兔死，良狗亨。』」〔七〕上曰：「人告公反。」遂械信。至雒陽，赦以爲淮陰侯。

〔一〕師古曰：「眜音莫曷反。」
〔二〕劉德曰：「東海朐南有此邑。」韋昭曰：「今中盧縣也。」師古曰：「韋說非也。中盧在襄陽之南。」
〔三〕師古曰：「行音下更反。」
〔四〕師古曰：「凡言變告者，謂告非常之事。」
〔五〕師古曰：「聞於天子。」
〔六〕師古曰：「度音大各反。」
〔七〕張晏曰：「狡猶猾也。」師古曰：「此黄石公三略之言。」

信知漢王畏惡其能，稱疾不朝從。〔一〕由此日怨望，居常鞅鞅，〔二〕羞與絳、灌等列。嘗過樊將軍噲，噲趨拜送迎，言稱臣，曰：「大王乃肯臨臣。」信出門，笑曰：「生乃與噲等爲伍！」〔三〕

〔一〕師古曰：「朝，朝見也。從，從行也。」
〔二〕師古曰：「鞅鞅，志不滿也，音於兩反。」
〔三〕師古曰：「言俱爲列侯。」

上嘗從容與信言諸將〔一〕能各有差。上問曰：「如我，能將幾何？」信曰：「陛下不過能將十萬。」上曰：「如公何如？」曰：「如臣，多多益辦耳。」上笑曰：「多多益辦，何爲爲我禽？」信曰：「陛下不能將兵，而善將將，此乃信之爲陛下禽也。且陛下所謂天授，非人力也。」

〔一〕師古曰：「從音千容反。」

後陳豨爲代相監邊，辭信，信挈其手，〔一〕與步於庭數匝，仰天而嘆曰：「子可與言乎？吾欲與子有言。」豨因曰：「唯將軍命。」信曰：「公之所居，天下精兵處也，而公，陛下之信幸臣也。人言公反，陛下必不信；再至，陛下乃疑；三至，必怒而自將。吾爲公從中起，天下可圖也。」陳豨素知其能，信之，曰：「謹奉教！」

〔一〕師古曰：「挈謂執提之。」

漢十年，豨果反，高帝自將而往，信〔稱〕病不從。陰使人之豨所，而與家臣謀，夜詐赦諸官徒奴，欲發兵襲呂后、太子。部署已定，待豨報。其舍人得罪信，信囚，欲殺之。〔一〕舍人弟上書變告信欲反狀於呂后。呂后欲召，恐其黨不(亂)〔就〕，〔二〕乃與蕭相國謀，詐令人從帝所來，稱豨已死，羣臣皆賀。相國紿信曰：「雖病，强入賀。」〔三〕信入，呂后使武士縛信，斬之長樂鍾室。〔四〕信方斬，曰：「吾不用蒯通計，反爲女子所詐，豈非天哉！」遂夷信三族。

〔一〕晉灼曰：「楚漢春秋云謝公也。」

〔二〕師古曰：「黨音他朗反。」

〔三〕師古曰：「紿，詐也。」

〔四〕師古曰：「鍾室，謂懸鍾之室。」

高祖已破豨歸，至，聞信死，且喜且哀之，問曰：「信死亦何言？」呂后道其語。高祖曰：「此齊辯士蒯通也。」召欲亨之。通至自說，釋弗誅。〔一〕語在通傳。

〔一〕師古曰：「自說，謂自解說也。釋，放也，置也。」

彭越字仲，昌邑人也。常漁鉅野澤中，爲盜。〔一〕陳勝起，或謂越曰：「豪桀相立畔秦，仲可效之。」越曰：「兩龍方鬬，且待之。」〔二〕

〔一〕師古曰：「漁，捕魚也。鉅野，即今鄆州鉅野(中)〔縣〕。」

〔二〕師古曰：「兩龍，謂秦與陳勝。」

居歲餘，澤間少年相聚百餘人，往從越，「請仲爲長」，越謝不願也。少年强請，乃許。與期旦日日出時，後會者斬。旦日日出，十餘人後，後者至日中。於是越謝曰：「臣老，諸君彊以爲長。今期而多後，不可盡誅，誅最後者一人。」令校長斬之。〔一〕皆笑曰：「何至是！請後不敢。」於是越乃引一人斬之，設壇祭，令徒屬。徒屬皆驚，畏越，不敢仰視。乃行略地，收諸侯散卒，得千餘人。

〔一〕師古曰：「一校之長也。校音下教反。」

沛公之從碭北擊昌邑，越助之。昌邑未下，沛公引兵西。越亦將其衆居鉅野澤中，收魏敗散卒。項籍入關，王諸侯，還歸，越衆萬餘人無所屬。齊王田榮叛項王，漢乃使人賜越將軍印，使下濟陰以擊楚。楚令蕭公角將兵擊越，越大破楚軍。漢二年春，與魏豹及諸侯東擊楚，越將其兵三萬餘人，歸漢外黃。〔一〕漢王曰：「彭將軍收魏地，得十餘城，欲急立魏後。今西魏王豹，魏咎從弟，眞魏後也。」〔二〕乃拜越爲魏相國，擅將兵，略定梁地。〔三〕

〔一〕師古曰：「於外黃來歸漢。」

〔二〕鄭氏曰：「豹，眞魏後也。」

〔三〕師古曰：「擅，專也，使專爲此事。」

漢王之敗彭城解而西也，越皆亡其所下城，獨將其兵北居河上。漢三年，越常往來爲漢游兵擊楚，絕其糧於梁地。項王與漢王相距滎陽，越攻下睢陽、外黃十七城。項王聞之，乃使曹咎守成皋，自東收越所下城邑，皆復爲楚。越將其兵北走穀城。項王南走陽夏，〔一〕越復下昌邑旁二十餘城，得粟十餘萬斛，以給漢食。

〔一〕師古曰：「走並音奏。夏音攻雅反。」

漢王敗，使使召越并力擊楚，越曰：「魏地初定，尚畏楚，未可去。」漢王追楚，爲項籍所敗固陵。乃謂留侯曰：「諸侯兵不從，爲之奈何？」留侯曰：「彭越本定梁地，功多，始君王以魏豹故，拜越爲相國。今豹死亡後，且越亦欲王，而君王不蚤定。〔一〕今取睢陽以北至穀城，皆許以王彭越。」又言所以許韓信。語在高紀。於是漢王發使使越，如留侯策。使者至，越乃引兵會垓下。項籍死，立越爲梁王，都定陶。

〔一〕師古曰：「蚤，古早字。」

六年，朝陳。九年，十年，皆來朝長安。

陳豨反代地，高帝自往擊之，至邯鄲，徵兵梁。梁王稱病，使使將兵詣邯鄲。高帝怒，使人讓梁王。〔一〕梁王恐，欲自往謝。其將扈輒曰：「王始不往，見讓而往，往卽爲禽，不如遂發兵反。」梁王不聽，稱病。梁太僕有罪，亡走漢，告梁王與扈輒謀反。於是上使使掩捕梁王，囚之雒陽。有司治反形已具，〔二〕請論如法。上赦以爲庶人，徙蜀青衣。〔三〕西至鄭，〔四〕逢呂后從長安東，欲之雒陽，道見越。越爲呂后泣涕，自言亡罪，願處故昌邑。呂后許諾，詔與俱東。至雒陽，呂后言上曰：「彭越壯士也，今徙之蜀，此自遺患，不如遂誅之。妾謹與俱來。」於是呂后令其舍人告越復謀反。廷尉奏請，遂夷越宗族。

〔一〕師古曰：「讓，責也。」
〔二〕張晏曰：「扈輒勸越反，越不聽，而云反形已具，有司非也。」臣瓚曰：「扈輒勸越反，而越不誅輒，是反形已具也。」師古曰：「瓚說是也。」
〔三〕文穎曰：「青衣，縣名。」
〔四〕師古曰：「即今華州鄭縣是也。」

黥布，六人也，〔一〕姓英氏。少時客相之，當刑而王。及壯，坐法黥，布欣然笑曰：「人相我當刑而王，幾是乎？」〔二〕人有聞者，共戲笑之。布以論輸驪山，〔三〕驪山之徒數十萬人，布皆與其徒長豪桀交通，乃率其曹耦，亡之江中爲羣盜。〔四〕

〔一〕師古曰：「六，縣名也。解在高紀。」
〔二〕臣瓚曰：「幾，近也。」師古曰：「幾音鉅依反。」
〔三〕師古曰：「有罪論決，而輸作於驪山。」
〔四〕師古曰：「曹，輩也。」

陳勝之起也，布乃見番君，〔一〕其衆數千人。番君以女妻之。章邯之滅陳勝，破呂臣軍，布引兵北擊秦左右校，破之青波，〔二〕引兵而東。聞項梁定會稽，西度淮，布以兵屬梁。梁西擊景駒、秦嘉等，布常冠軍。〔三〕項梁聞陳涉死，立楚懷王，以布爲當陽君。項梁敗死，懷王與布及諸侯將皆聚彭城。當是時，秦急圍趙，趙數使人請救懷王。懷王使宋義爲上將〔軍〕，項籍與布皆屬之，北救趙。及籍殺宋義河上，自立爲上將軍，使布先涉河，〔四〕擊秦軍，數有利。籍乃悉引兵從之，遂破秦軍，降章邯等。楚兵常勝，功冠諸侯。諸侯兵皆服屬楚者，以布數以少敗衆也。

〔一〕師古曰：「番音蒲何反。」
〔二〕師古曰：「地名也。」
〔三〕師古曰：「言其驍勇爲衆軍之最。」
〔四〕師古曰：「涉謂無舟楫而渡也。」

項籍之引兵西至新安，又使布等夜擊阬章邯秦卒二十餘萬人。至關，不得入，又使布等先從間道破關下軍，〔一〕遂得入。至咸陽，布爲前鋒。項王封諸將，立布爲九江王，都六。尊懷王爲義帝，徙都長沙，乃陰令布擊之。布使將追殺之郴。

〔一〕師古曰：「間道，微道也。」

齊王田榮叛楚，項王往擊齊，徵兵九江，布稱病不往，遣將將數千人行。漢之敗楚彭城，布又稱病不佐楚。項王由此怨布，數使使者誚讓召布，〔一〕布愈恐，不敢往。項王方北憂齊、趙，西患漢，所與者獨布，又多其材，〔二〕欲親用之，以故未擊。

〔一〕師古曰：「誚讓，責之也。誚音在笑反。」

〔二〕師古曰：「多猶重也。」

漢王與楚大戰彭城，不利，出梁地，至虞，〔一〕謂左右曰：「如彼等者，無足與計天下事者。」謁者隨何進曰：「不審陛下所謂。」漢王曰：「孰能爲我使淮南，〔二〕使之發兵背楚，留項王於齊數月，我之取天下可以萬全。」隨何曰：「臣請使之。」乃與二十人俱使淮南。至，太宰主之，〔三〕三日不得見。隨何因說太宰曰：「王之不見何，必以楚爲彊，以漢爲弱，此臣之所爲使。〔四〕使何得見，言之而是邪，是大王所欲聞也；言之而非邪，使何等二十人伏斧質淮南市，〔五〕以明背漢而與楚也。」太宰乃言之王，王見之。隨何曰：「漢王使臣敬進書大王御者，竊怪大王與楚何親也。」淮南王曰：「寡人北鄉而臣事之。」〔六〕隨何曰：「大王與項王俱列爲諸侯，北鄉而臣事之，必以楚爲彊，可以託國也。項王伐齊，身負版築，〔七〕以爲士卒先。大王宜悉淮南之衆，〔八〕身自將，爲楚軍前鋒，今乃發四千人以助楚。夫北面而臣事人者，固若是乎？夫漢王戰於彭城，項王未出齊也，大王宜埽淮南之衆，日夜會戰彭城下。〔九〕今撫萬人之衆，無一人渡淮者，陰拱而觀其孰勝。〔一〇〕夫託國於人者，固若是乎？大王提空名以鄉楚，〔六〕而欲厚自託，臣竊爲大王不取也。然大王不背楚者，以漢爲弱也。夫楚兵雖彊，天下負之以不義之名，〔七〕以其背明約而殺義帝也。然而楚王恃以戰勝自彊。漢王收諸侯，還守成皋、滎陽，下蜀、漢之粟，深溝壁壘，分卒守徼乘塞。楚人還兵，間以梁地，〔八〕深入敵國八九百里，〔九〕欲戰則不得，攻城則力不能，老弱轉糧千里之外。楚兵至滎陽、成皋，漢堅守而不動，進則不得攻，退則不能解，故楚兵不足罷也。〔一〇〕使楚兵勝漢，則諸侯自危懼而相救。夫楚之彊，適足以致天下之兵耳。故楚不如漢，其勢易見也。今大王不與萬全之漢，而自託於危亡之楚，臣竊爲大王惑之。臣非以淮南之兵足以亡楚也。夫大王發兵而背楚，項王必留；留數月，漢之取天下可以萬全。臣請與大王杖劍而歸漢王，漢王必裂地而分大王，又況淮南，必大王有也。故漢王敬使使臣進愚計，願大王之留意也。」淮南王曰：「請奉命。」陰許叛楚與漢，未敢泄。

〔一〕師古曰：「即今宋州虞城縣是也。」
〔二〕師古曰：「孰，誰也。」
〔三〕服虔曰：「淮南太宰作內主。」
〔四〕師古曰：「此事正是臣所爲來欲言之。」
〔五〕師古曰：「質，鑕也。言伏於鑕上而斧斬之。鑕音竹林反。」
〔六〕師古曰：「鄉讀曰嚮。次下亦同。」

〔七〕李奇曰：「版，牆版也。築，杵也。」
〔八〕師古曰：「悉，盡也。」
〔九〕師古曰：「埽者，謂盡舉之，如埽地之爲。」
〔一〇〕師古曰：「斂手曰拱。孰，誰也。言不動搖，坐觀成敗也。」
〔一一〕師古曰：「提，舉也。鄉讀曰嚮。」
〔一二〕師古曰：「負，加也。加於身上，若言被也。」
〔一三〕服虔曰：「梁在楚、漢之中央。」師古曰：「閒音居莧反。」
〔一四〕張晏曰：「羽從齊還，當經梁地八九百里，乃得羽地也。」
〔一五〕師古曰：「不足者，言易也。罷讀曰疲。」

楚使者在，〔一〕方急責布發兵，隨何直入曰：「九江王已歸漢，楚何以得發兵！」布愕然。楚使者起，何因說布曰：「事已搆，〔二〕獨可遂殺楚使，毋使歸，而疾走漢并力。」〔三〕布曰：「如使者教。」因起兵而攻楚。楚使項聲、龍且攻淮南，項王留而攻下邑。〔四〕數月，龍且攻淮南，破布軍。布欲引兵走漢，恐項王擊之，故閒行與隨何俱歸漢。

〔一〕文穎曰：「在淮南王所也。」
〔二〕師古曰：「搆，結也。言背楚之事以結成也。」
〔三〕師古曰：「走音奏。次下亦同。」

〔四〕師古曰：「縣名也，在梁地。」

至，漢王方踞牀洗，〔一〕而召布入見。布大怒，悔來，欲自殺。出就舍，張御食飲從官如漢王居，布又大喜過望。〔二〕於是乃使人之九江。楚已使項伯收九江兵，盡殺布妻子。布使者頗得故人幸臣，將衆數千人歸漢。漢益分布兵而與俱北，收兵至成皋。四年秋七月，立布爲淮南王，與擊項籍。布使人之九江，得數縣。五年，布與劉賈入九江，誘大司馬周殷，殷反楚。遂舉九江兵與漢擊楚，破垓下。

〔一〕師古曰：「洗，濯足也，音先典反。」

〔二〕師古曰：「高祖以布先久爲王，恐其意自尊大，故峻其禮，令布折服。已而美其帷帳，厚其飲食，多其從官，以悅其心，此權道也。張音竹亮反，若今言張設。」

項籍死，上置酒對衆折隨何曰腐儒，〔一〕「爲天下安用腐儒哉！」〔二〕隨何跪曰：「夫陛下引兵攻彭城，楚王未去齊也，陛下發步卒五萬人，騎五千，能以取淮南乎？」曰：「不能。」隨何曰：「陛下使何與二十人使淮南，如陛下之意，是何之功賢於步卒數萬，騎五千也。然陛下謂何腐儒，『爲天下安用腐儒』，何也？」上曰：「吾方圖子之功。」〔三〕乃以隨何爲護軍中尉。布遂剖符爲淮南王，都六，九江、廬江、衡山、豫章郡皆屬焉。

〔一〕師古曰：「腐者，爛敗。言無所堪任。」

〔二〕師古曰：「高祖意欲褒賞隨何，恐羣臣不服，故對衆折辱，令其自數功勞也。」

〔三〕師古曰：「圖，謀也。」

六年，朝陳。七年，朝雒陽。九年，朝長安。

十一年，高后誅淮陰侯，布因心恐。夏，漢誅梁王彭越，盛其醢以徧賜諸侯。〔一〕至淮南，淮南王方獵，見醢，因大恐，陰令人部聚兵，候伺旁郡警急。〔二〕

〔一〕師古曰：「反者被誅，皆以爲醢，即刑法志所云『葅其骨肉』是也。」

〔二〕師古曰：「恐被收捕，即欲發兵反。」

布有所幸姬病，就醫。醫家與中大夫賁赫對門，〔一〕赫乃厚餽遺，從姬飲醫家。姬侍王，從容語次，譽赫長者也。〔二〕王怒曰：「女安從知之？」〔三〕具道，王疑與亂。赫恐，稱病。王愈怒，欲捕赫。赫上變事，乘傳詣長安。〔四〕布使人追，不及。赫至，上變，言布謀反有端，可先未發誅也。〔五〕上以其書語蕭相國，蕭相國曰：「布不宜有此，〔六〕恐仇怨妄誣之。〔七〕請繫赫，使人微驗淮南王。」〔八〕布見赫以罪亡上變，已疑其言國陰事，漢使又來，頗有所驗，遂族赫家，發兵反。

〔一〕師古曰：「賁音肥。姓賁，名赫。」

〔二〕師古曰：「從音千容反。」

〔三〕師古曰：「安從，何由者也。」

〔四〕師古曰：「傳音張戀反。」
〔五〕師古曰：「及其未發兵，先誅伐之。」
〔六〕師古曰：「不應有反謀。」
〔七〕師古曰：「怨音於元反。」
〔八〕師古曰：「微驗，不顯言其事。」

反書聞，上乃赦赫，以為將軍。召諸侯問：「布反，為之柰何？」皆曰：「發兵阬豎子耳，何能為！」汝陰侯滕公以問其客薛公，薛公曰：「是固當反。」滕公曰：「上裂地而封之，疏爵而貴之，〔一〕南面而立萬乘之主，其反何也？」薛公曰：「前年殺彭越，往年殺韓信，〔二〕三人皆同功一體之人也。自疑禍及身，故反耳。」滕公言之上曰：「臣客故楚令尹薛公，其人有籌策，可問。」上乃見問薛公，對曰：「布反不足怪也。使布出於上計，山東非漢之有也；出於中計，勝負之數未可知也；出於下計，陛下安枕而臥矣。」上曰：「何謂上計？」薛公對曰：「東取吳，西取楚，并齊取魯，傳檄燕、趙，固守其所，山東非漢之有也。」「何謂中計？」「東取吳，西取楚，并韓取魏，據敖倉之粟，塞成皋之險，勝敗之數未可知也。」「何謂下計？」「東取吳，西取下蔡，歸重於越，身歸長沙，〔三〕陛下安枕而臥，漢無事矣。」上曰：「是計將安出？」〔四〕薛公曰：「出下計。」上曰：「胡為廢上計而出下計？」〔五〕薛公曰：「布故酈山之徒也，致萬乘之主，此皆爲身，不顧後爲百姓萬世慮者也，故出下計。」上曰：「善。」封薛公千戶。遂發兵自將東擊布。

〔一〕張晏曰：「疏，分也。」

〔二〕張晏曰：「往年與前年同耳，文相避也。」

〔三〕師古曰：「重，輜重也，音直用反。」

〔四〕師古曰：「是者，謂布也。」

〔五〕師古曰：「胡，何也。」

布之初反，謂其將曰：「上老矣，厭兵，必不能來。使諸將，諸將獨患淮陰、彭越，今已死，餘不足畏。」故遂反。果如薛公揣之，〔一〕東擊荆，荆王劉賈走死富陵。〔二〕盡劫其兵，度淮擊楚。楚發兵與戰徐、僮間，〔三〕爲三軍，欲以相救爲奇。〔四〕或說楚將曰：「布善用兵，民素畏之。且兵法，諸侯自戰其地爲散地。〔五〕今別爲三，彼敗吾一，餘皆走，安能相救！」不聽。布果破其一軍，二軍散走。

〔一〕文穎曰：「揣，度也，音初委反。」

〔二〕師古曰：「縣名，屬臨淮郡。」

〔三〕師古曰：「二縣之間也。」

〔四〕師古曰：「不聚一處，分而爲三，欲互相救，出奇兵。」

〔三〕師古曰：「謂在其本地戀土懷安，故易逃散。」

遂西，與上兵遇蘄西，會甀。〔一〕布兵精甚，上乃壁庸城，〔二〕望布軍置陳如項籍軍。上惡之，與布相望見，隃謂布「何苦而反？」〔三〕布曰：「欲爲帝耳。」上怒罵之，遂戰，破布軍。布走度淮，數止戰，不利，與百餘人走江南。布舊與番君婚，故長沙哀王使人誘布，〔四〕僞與俱亡走越，〔五〕布信而隨至番陽。番陽人殺布兹鄉，〔六〕遂滅之。封賁赫爲列侯，將率封者六人。

〔一〕師古曰：「會音工外反。甀音丈瑞反，解在高紀。」

〔二〕鄧展曰：「地名也。」

〔三〕師古曰：「隃讀曰遙。」

〔四〕晉灼曰：「芮之孫回也。」師古曰：「據表云惠帝二年哀王回始立，今此是芮之子成王臣耳。傳既不同，晉說亦誤也。」

〔五〕師古曰：「僞謂詐爲此計。」

〔六〕師古曰：「鄡陽縣之鄉也。鄡音口堯反。」

盧綰，豐人也，與高祖同里。綰親與高祖太上皇相愛，〔一〕及生男，高祖、綰同日生，里中持羊酒賀兩家。及高祖、綰壯，學書，又相愛也。里中嘉兩家親相愛，生子同日，壯又相愛，復賀羊酒。高祖爲布衣時，有吏事避宅，綰常隨上下。〔二〕及高祖初起沛，綰以客從，入漢爲將軍，常侍中。從東擊項籍，以太尉常從，出入臥內，衣被食飲賞賜，羣臣莫敢望。雖蕭、曹等，特以事見禮，至其親幸，莫及綰者。封爲長安侯。長安，故咸陽也。

〔一〕晉灼曰：「親，父也。綰之父與高祖父太上皇相愛。」

〔二〕師古曰：「避宅，謂不居其家，潛匿東西。」

項籍死，使綰別將，與劉賈擊臨江王共尉，〔一〕還，從擊燕王臧荼，皆破平。時諸侯非劉氏而王者七人。上欲王綰，爲羣臣觖望。〔二〕及虜臧荼，乃下詔，詔諸將相列侯擇羣臣有功者以爲燕王。羣臣知上欲王綰，皆曰：「太尉長安侯盧綰常從平定天下，功最多，可王。」上乃立綰爲燕王。諸侯得幸莫如燕王者。綰立六年，以陳豨事見疑而敗。

〔一〕李奇曰：「共敖子也。」師古曰：「共讀曰龔。」

〔二〕師古曰：「觖謂相觖也。望，怨望也。觖音決。」

豨者，宛句人也，〔一〕不知始所以得從。及韓王信反入匈奴，上至平城還，豨以郎中封爲列侯，以趙相國將監趙、代邊，邊兵皆屬焉。豨少時，常稱慕魏公子，〔二〕及將守邊，招致賓客。常告過趙，〔三〕賓客隨之者千餘乘，邯鄲官舍皆滿。豨所以待客，如布衣交，皆出客下。〔四〕趙相周昌乃求入見上，具言豨賓客盛，擅兵於外，恐有變。上令人覆案豨客居代者諸爲不法事，多連引豨。豨恐，陰令客通使王黃、曼丘臣所。〔五〕漢十年秋，太上皇崩，上因是召豨。豨稱病，遂與王黃等反，自立爲代王，劫略趙、代。上聞，乃赦吏民爲豨所詿誤劫略者。上自擊豨，破之。語在高紀。

〔一〕師古曰：「宛句，縣名也，地理志屬濟陰。宛音於元反。句音劬。」

〔二〕師古曰：「謂信陵君無忌。」

〔三〕師古曰：「因休告之假而過趙。」

〔四〕師古曰：「言屈己禮之，不以富貴自尊大。」

〔五〕師古曰：「二人皆韓王信將。」

初，上如邯鄲擊豨，〔一〕燕王綰亦擊其東北。豨使王黃求救匈奴，綰亦使其臣張勝使匈奴，言豨等軍破。勝至胡，故燕王臧荼子衍亡在胡，見勝曰：「公所以重於燕者，以習胡事也。燕所以久存者，以諸侯數反，兵連不決也。今公爲燕欲急滅豨等，豨等已盡，次亦至燕，公等亦且爲虜矣。公何不令燕且緩豨，而與胡連和？事寬，得長王燕，即有漢急，可以安國。」勝以爲然，乃私令匈奴兵擊燕。綰疑勝與胡反，上書請族勝。勝還報，具道所以爲者。綰寤，乃詐論他人，以脫勝家屬，使得爲匈奴間。〔二〕而陰使范齊之豨所，欲令久連兵毋決。〔三〕

〔一〕師古曰：「如，往也。」

〔三〕師古曰：「閒音居莧反。」

〔三〕晉灼曰：「使豨久亡畔。」

漢既斬豨，其裨將降，言燕王綰使范齊通計謀豨所。上使使召綰，綰稱病。又使辟陽侯審食其、御史大夫趙堯往迎綰，因驗問其左右。綰愈恐，閟匿，〔一〕謂其幸臣曰：「非劉氏而王者，獨我與長沙耳。往年漢族淮陰，誅彭越，皆呂后計。今上病，屬任呂后。〔二〕呂后婦人，專欲以事誅異姓王者及大功臣。」乃稱病不行。其左右皆亡匿。語頗泄，辟陽侯聞之，歸具報，上益怒。又得匈奴降者，言張勝亡在匈奴，爲燕使。於是上曰：「綰果反矣！」使樊噲擊綰。綰悉將其宮人家屬，騎數千，居長城下候伺，幸上病瘉，自入謝。〔三〕高祖崩，綰遂將其衆亡入匈奴，匈奴以爲東胡盧王。爲蠻夷所侵奪，常思復歸。居歲餘，死胡中。

〔一〕師古曰：「閟，閉也，閉其蹤蹟，藏匿其人也。閟音祕。」

〔二〕師古曰：「屬音之欲反。」

〔三〕師古曰：「瘉與愈同。」

高后時，綰妻與其子亡降，會高后病，不能見，舍燕邸，〔一〕爲欲置酒見之。高后竟崩，綰妻亦病死。

〔一〕師古曰：「舍，止也。諸侯王及諸郡朝宿之館，在京師者謂之邸。」

孝景帝時，緍孫它人以東胡王降，〔一〕封爲惡谷侯。傳至曾孫，有罪，國除。

〔一〕如淳曰：「爲東胡王而來降也。東胡，烏丸也。」

吳芮，秦時番陽令也，〔一〕甚得江湖間民心，號曰番君。天下之初叛秦也，黥布歸芮，芮妻之，〔二〕因率越人舉兵以應諸侯。沛公攻南陽，乃遇芮之將梅鋗，〔三〕與偕攻析、酈，〔四〕降之。及項羽相王，〔五〕以芮率百越佐諸侯，從入關，故立芮爲衡山王，都邾。〔六〕其將梅鋗功多，封十萬戶，爲列侯。項籍死，上以鋗有功，從入武關，故德芮，徙爲長沙王，都臨湘，一年薨，諡曰文王，子成王臣嗣。薨，子哀王回嗣。薨，子共王右嗣。〔七〕薨，子靖王差嗣。孝文後七年薨，無子，國除。初，文王芮，高祖賢之，制詔御史：「長沙王忠，其定著令。」〔八〕至孝惠、高后時，封芮庶子二人爲列侯，傳國數世絕。

〔一〕師古曰：「番音蒲何反。」

〔二〕師古曰：「嫁女與之也。妻音千計反。他皆類此。」

〔三〕師古曰：「鋗音呼玄反。」

〔四〕師古曰：「二縣也，並屬南陽。酈音郎益反。」

〔五〕李奇曰：「自相尊王也。」

〔六〕師古曰：「邾音朱，又音姝。」

〔七〕師古曰：「共讀曰恭。」

〔八〕鄧展曰：「漢約非劉氏不王，而芮王，故著令中，使特王也。或曰，以芮至忠，故著令也。」師古曰：「尋後贊文，或說是也。」

贊曰：昔高祖定天下，功臣異姓而王者八國。張耳、吳芮、彭越、黥布、臧荼、盧綰與兩韓信，皆徼一時之權變，以詐力成功，〔一〕咸得裂土，南面稱孤。見疑彊大，懷不自安，事窮勢迫，卒謀叛逆，終於滅亡。張耳以智全，至子亦失國。唯吳芮之起，不失正道，故能傳號五世，以無嗣絕，慶流支庶，有以矣夫，〔二〕著于甲令而稱忠也！〔三〕

〔一〕師古曰：「徼，要也，音工堯反。」

〔二〕師古曰：「以其不用詐力也。」

〔三〕師古曰：「甲者，令篇之次也。」

校勘記

一八六二頁九行　上不欲就天(子)〔下〕乎？　景祐、殿、局本都作「下」，史記同。

一八六三頁二行　信度何等已數言上，〔一〕不我用，卽亡。　注〔一〕原在「言」字下。楊樹達說「上」字當屬上讀，顏於「言」字下斷句，非是。

一八六三頁一〇行　〔王〕必欲拜之，　景祐、殿本都有「王」字，史記同。

一八六四頁二行　信〔以〕〔已〕拜，上坐。　景祐、殿本都作「已」。

一八六四頁四行　唯〔二〕信亦以爲大王弗如也。　王念孫說當作一句讀，「唯」讀爲「雖」。史記淮陰侯傳作「惟信亦爲大王不如也」，則不得斷「惟」字爲句而讀爲唯諾之唯矣。

一八六七頁一〇行　從間〔道〕〔路〕絕其輜重。　景祐、殿本都作「路」。　王先謙說作「路」是。

一八六九頁八行　立〔騎〕〔駐〕傳餐食也。　景祐、殿本都作「駐」。

一八七〇頁二行　諸校〔効〕〔劾〕首虜休，　沈欽韓說「劾」當作「效」。　按景祐、殿本都作「劾」，注同。

一八七〇頁一四行　〔故〕〔顧〕恐臣計未足用，　景祐、殿、局本都作「顧」。

一八七一頁二行　傾耳以待〔禽〕〔命〕者。　景祐、汲古、殿、局本都作「命」。

一八七三頁二行　漢兵遠鬭，窮寇〔久〕戰，鋒不可當也。　宋祁說一本「戰」字上有「久」字。按景祐本有。

一八七三頁七行　〔盛〕沙以壅水上流，　景祐、殿本都有「盛」字。　王先謙說有「盛」字是。

一八七三頁一五行　南邊〔荒〕〔楚〕，　景祐、殿本都作「楚」，史記同。

一八七五頁一行　深說以三分天下，〔之計〕〔鼎足而王〕。　景祐本無「之計」二字，有「鼎足而王」四字。

一八七七頁一四行　信〔稱〕病不從。　宋祁說浙本「病」字上有「稱」字。　錢大昭說南監本、閩本有「稱」字。
按景祐本有。

一八七八頁一行　恐其黨不〔亂〕〔就〕，　景祐、殿本都作「就」。　王先謙說作「就」是。

〔一八七八頁一三行〕即今鄆州鉅野（中）〔縣〕。景祐、殿本都作「縣」。王先謙說作「縣」是。

〔一八八二頁三行〕懷王使宋義爲上將〔軍〕，景祐本有「軍」字。

漢書卷三十五

荆燕吴傳第五

荆王劉賈，高帝從父兄也，〔一〕不知其初起時。漢元年，還定三秦，賈爲將軍，定塞地，〔二〕從東擊項籍。

〔一〕師古曰：「父之兄弟之子，爲從父兄弟也。言本同祖，從父而別。」

〔二〕師古曰：「司馬欣之國也。塞音先代反。」

漢王敗成皋，北度河，得張耳、韓信軍，軍脩武，深溝高壘，使賈將二萬人，騎數百，擊楚，度白馬津〔一〕入楚地，燒其積聚，〔二〕以破其業，無以給項王軍食。已而楚兵擊之，賈輒避不肯與戰，而與彭越相保。〔三〕

〔一〕師古曰：「即今滑州白馬縣河津也。」

〔二〕師古曰：「倉廩芻稾之屬。」

〔三〕師古曰：「保謂依恃，以自安固。」

漢王追項籍至固陵，使賈南度淮圍壽春。還至，使人間招楚大司馬周殷。〔一〕周殷反楚，佐賈舉九江，迎英布兵，皆會垓下，誅項籍。漢王因使賈將九江兵，與太尉盧綰西南擊臨江王共尉，〔二〕尉死，以臨江爲南郡。

〔一〕師古曰：「間謂私求間隙而招之。」

〔二〕師古曰：「共敖之子也。共讀曰龔。」

賈既有功，而高祖子弱，昆弟少，又不賢，欲王同姓以塡天下，〔一〕乃下詔曰：「將軍劉賈有功，及擇子弟可以爲王者。」羣臣皆曰：「立劉賈爲荆王，王淮東。」立六年而淮南王黥布反，東擊荆。賈與戰，弗勝，走富陵，〔二〕爲布軍所殺。

〔一〕師古曰：「塡音竹刃反。」

〔二〕師古曰：「縣名，地理志屬臨淮郡。」

燕王劉澤，高祖從祖昆弟也。〔一〕高祖三年，澤爲郎中。十一年，以將軍擊陳豨將王黃，封爲營陵侯。

〔一〕師古曰：「言同曾祖，從祖而別也。」

高后時，齊人田生〔一〕游乏資，以畫奸澤。〔二〕澤大說之，〔三〕用金二百斤爲田生壽。〔四〕

田生已得金，卽歸齊。二歲，澤使人謂田生曰：「弗與矣。」〔五〕田生如長安，不見澤，而假大宅，令其子求事呂后所幸大謁者張卿。〔六〕居數月，田生子請張卿臨，親脩具。〔七〕張卿往，見田生帷帳具置如列侯。張卿驚。酒酣，乃屛人說張卿曰：「臣觀諸侯邸第百餘，皆高帝一切功臣。今呂氏雅故本推轂高帝就天下，〔八〕功至大，又有親戚太后之重。太后春秋長，〔九〕諸呂弱，太后欲立呂產爲呂王，王代。(呂)〔太〕后又重發之，〔一〇〕恐大臣不聽。今卿最幸，大臣所敬，何不風大臣以聞太后，〔一一〕太后必喜。諸呂以王，萬戶侯亦卿之有。太后心欲之，而卿爲內臣，不急發，恐(過)〔禍〕及身矣。」張卿大然之，乃風大臣語太后。太后朝，因問大臣。大臣請立呂產爲呂王。太后賜張卿千金，〔一二〕張卿以其半進田生。田生弗受，因說之曰：「呂產王也，諸大臣未大服。今營陵侯澤，諸劉長，爲大將軍，獨此尙觖望。〔一三〕今卿言太后，裂十餘縣王之，彼得王喜，於諸呂王益固矣。」張卿入言之。又太后女弟呂須女亦爲營陵侯妻，故遂立營陵侯澤爲琅邪王。琅邪王與田生之國，急行毋留。〔一四〕出關，太后果使人追之。已出，卽還。

〔一〕晉灼曰：「楚漢春秋云字子春。」

〔二〕服虔曰：「以計畫干之。」文穎曰：「以工畫得寵也。」師古曰：「共爲計策，欲以求王。服說是也。畫音獲。」

〔三〕師古曰：「說讀曰悅。」

〔四〕師古曰：「因飲酒獻壽而與之金。」

〔五〕孟康曰：「與，黨與也。言不復與我爲友也。」文穎曰：「不復與汝相知也。」師古曰：「孟說是。」

〔六〕如淳曰：「奄人也。」

〔七〕師古曰：「親，父也。具，供具也。」

〔八〕如淳曰：「呂公知高祖貴，以女妻之，推轂使爲長者也。」師古曰：「謂翼戴崇獎，以成帝業，若車之行，助推其轂，故得引重而致遠也。」

〔九〕師古曰：「言年老。」

〔一〇〕鄧展曰：「重，難發其事。」

〔一一〕師古曰：「風讀曰諷。其下亦同。」

〔一二〕師古曰：「千斤之金。」

〔一三〕師古曰：「觖音決。」

〔一四〕師古曰：「田生勸之。」

澤王琅邪二年，而太后崩，澤乃曰：「帝少，諸呂用事，諸劉孤弱。」引兵與齊王合謀西，欲誅諸呂。至梁，聞漢灌將軍屯滎陽，澤還兵備西界，遂跳驅至長安。〔一〕代王亦從代至。諸將相與琅邪王共立代王，是爲孝文帝。文帝元年，徙澤爲燕王，而復以琅邪歸齊。〔二〕

〔一〕師古曰：「齊王傳云使祝午紿琅邪王，琅邪王馳見齊王，齊王因留琅邪王，而使祝午盡發琅邪國而并將其兵。琅邪王既見欺，不得反國，乃說齊王求入關計事，齊王以爲然，乃益具車送琅邪王，與此傳不同，疑此傳誤也。」

〔三〕李奇曰：「本齊地，前分以王澤，今復與齊也。」

澤王燕二年，薨，謚曰敬王。子康王嘉嗣，九年薨。子定國嗣。定國與父康王姬姦，生子男一人。奪弟妻爲姬。與子女三人姦。定國有所欲誅殺臣肥如令郢人，郢人等告定國。〔一〕定國使謁者以它法劾捕格殺郢人滅口。至元朔中，郢人昆弟復上書具言定國事。下公卿，皆議曰：「定國禽獸行，亂人倫，逆天道，當誅。」上許之。定國自殺，立四十二年，國除。哀帝時繼絕世，乃封敬王澤玄孫之孫無終公士歸生爲營陵侯，〔二〕更始中爲兵所殺。〔三〕

〔一〕如淳曰：「定國自欲有所殺餘臣，肥如知，令郢人以告也。」師古曰：「此說非也。肥如，燕之屬縣也。郢人者，县令之名也。定國別欲誅其臣，又欲誅肥如令郢人，而爲郢人等所告也。」

〔二〕師古曰：「無終，其所屬縣也。公士，第一爵。歸生，名也。」

〔三〕師古曰：「更始，劉聖公之年號也。」

吳王濞，高帝兄仲之子也。高帝立仲爲代王。匈奴攻代，仲不能堅守，棄國間行，走雒陽，自歸，天子不忍致法，廢爲合陽侯。子濞，封爲沛侯。黥布反，高祖自將往誅之。濞年二十，以騎將從破布軍。荆王劉賈爲布所殺，無後。上患吳會稽輕悍，無壯王填之，〔一〕諸子少，〔二〕乃立濞於沛，爲吳王，〔三〕王三郡五十三城。已拜受印，高祖召濞相之，曰：「若狀有反相。」〔四〕獨悔，業已拜，〔五〕因拊其背，〔六〕曰：「漢後五十年東南有亂，豈若邪？然天下同姓一家，愼無反！」濞頓首曰：「不敢。」

〔一〕師古曰：「悍，勇也。」塡音竹刃反。」
〔二〕師古曰：「少，幼也。」
〔三〕師古曰：「行至沛而封拜濞也。」
〔四〕師古曰：「若，汝也。此下亦同。」
〔五〕師古曰：「獨悔者，心自懷悔，不以語人也。旣以封拜爲事，臣下皆知之，故不改。」
〔六〕師古曰：「拊，摩循之也。一曰拊，輕擊之，音芳羽反。」

會孝惠、高后時天下初定，郡國諸侯各務自拊循其民。吳有豫章郡銅山，〔一〕卽招致天下亡命者盜鑄錢，東煑海水爲鹽，以故無賦，國用饒足。〔二〕

〔一〕韋昭曰：「此有豫字，誤也。但當言章郡，今故章也。」
〔二〕如淳曰：「鑄錢煑海，收其利以足國用，故無賦於民也。」

孝文時，吳太子入見，得侍皇太子飲博。吳太子師傅皆楚人，輕悍，又素驕。博爭道，不恭，皇太子引博局提吳太子，殺之。〔一〕於是遣其喪歸葬吳。吳王慍〔二〕曰：「天下一宗，〔三〕死長安卽葬長安，何必來葬！」復遣喪之長安葬。吳王由是怨望，稍失藩臣禮，稱疾不朝。京師知其以子故，驗問實不病，諸吳使來，輒繫責治之。吳王恐，所謀滋甚。〔四〕及後使人爲秋請，〔五〕上復責問吳使者。使者曰：「察見淵中魚，不祥。〔六〕今吳王始詐疾，(反)〔及〕覺，見責急，愈益閉，恐上誅之，計乃無聊。唯上與更始。」〔七〕於是天子皆赦吳使者歸之，而賜吳王几杖，老，不朝。吳得釋，其謀亦益解。然其居國以銅鹽故，百姓無賦。卒踐更，輒予平賈。〔八〕歲時存問茂材，賞賜閭里。〔九〕它郡國吏欲來捕亡人者，頌共禁不與。〔一〇〕如此者三十餘年，以故能使其衆。

〔一〕師古曰：「提，擲也，音徒計反。」
〔二〕師古曰：「慍，怒也，音於問反。」
〔三〕師古曰：「猶言同姓共爲一家。」
〔四〕師古曰：「滋，益也。」
〔五〕孟康曰：「律，春曰朝，秋曰請，如古諸侯朝聘也。」如淳曰：「濞不自行也，使人代己致請禮。」師古曰：「二說皆是也。請音材姓反。」
〔六〕服虔曰：「天子察見下之私，則不祥也。」
〔七〕師古曰：「言赦其已往之事。」
〔八〕服虔曰：「以當爲更卒，出錢三百，謂之過更。自行爲卒，謂之踐更。吳王欲得民心，爲卒者顧其庸，隨時月與平賈也。」晉灼曰：「謂借人自代爲卒者，官爲出錢，顧其時庸平賈也。」師古曰：「晉說是也。賈讀曰價，謂庸直也。」
〔九〕師古曰：「茂，美也。茂材者，有美材之人也。」

〔一〇〕如淳曰：「頌猶公也。」師古曰：「頌讀曰容。」

朝錯爲太子家令，得幸皇太子，數從容言吳過可削。〔一〕數上書說之，文帝寬，不忍罰，以此吳王日益橫。〔二〕及景帝卽位，錯爲御史大夫，說上曰：「昔高帝初定天下，昆弟少，諸子弱，大封同姓，故孽子悼惠王王齊七十二城，〔三〕庶弟元王王楚四十城，兄子王吳五十餘城。封三庶孽，分天下半。今吳王前有太子之隙，詐稱病不朝，於古法當誅。文帝不忍，因賜几杖，德至厚也。不改過自新，乃益驕恣，公卽山鑄錢，煑海爲鹽，〔四〕誘天下亡人謀作亂逆。今削之亦反，不削亦反。削之，其反亟，禍小；不削之，其反遲，禍大。」〔五〕三年冬，楚王來朝，錯因言楚王戊往年爲薄太后服，私姦服舍，〔六〕請誅之。詔赦，削東海郡。及前二年，趙王有罪，削其常山郡。膠西王卬以賣爵事有姦，削其六縣。

〔一〕師古曰：「從音子容反。」
〔二〕師古曰：「橫音胡孟反。」
〔三〕師古曰：「孽亦庶也。」
〔四〕師古曰：「公謂顯然爲之也。卽，就也。」
〔五〕師古曰：「亟，急也，音居力反。」
〔六〕服虔曰：「服在喪次，而私姦宮中也。」師古曰：「言於服舍爲姦，非宮中也。服舍，居喪之次，堊室之屬也。」

漢廷臣方議削吳，吳王恐削地無已，因欲發謀舉事。念諸侯無足與計者，聞膠西王勇，好兵，諸侯皆畏憚之，於是乃使中大夫應高口說膠西王曰：「吳王不肖，有夙夜之憂，〔一〕不敢自外，使使臣諭其愚心。」王曰：「何以教之？」高曰：「今者主上任用邪臣，聽信讒賊，變更律令，〔二〕侵削諸侯，徵求滋多，誅罰良重，〔三〕日以益甚。語有之曰：『狧穅及米。』〔四〕吳與膠西，知名諸侯也，一時見察，不得安肆矣。〔五〕吳王身有內疾，不能朝請二十餘年，〔六〕常患見疑，無以自白，〔七〕脅肩絫足，猶懼不見釋。〔八〕竊聞大王以爵事有過，所聞諸侯削地，罪不至此，〔九〕此恐不止削地而已。」王曰：「有之，子將柰何？」高曰：「同惡相助，同好相留，同情相求，同欲相趨，同利相死。今吳王自以與大王同憂，願因時循理，棄軀以除患於天下，〔一〇〕意亦可乎？」膠西王瞿然駭曰：〔一一〕「寡人何敢如是？主上雖急，固有死耳，安得不事？」〔一二〕高曰：「御史大夫朝錯營或天子，侵奪諸侯，〔一三〕蔽忠塞賢，朝廷疾怨，諸侯皆有背叛之意，人事極矣。彗星出，蝗蟲起，此萬世一時，而愁勞，聖人所以起也。吳王內以朝錯爲誅，外從大王後車，方洋天下，〔一四〕所向者降，所指者下，莫敢不服。大王誠幸而許之一言，則吳王率楚王略函谷關，守滎陽敖倉之粟，距漢兵，治次舍，須大王。〔一五〕大王幸而臨之，則天下可并，兩主分割，不亦可乎？」王曰：「善。」歸報吳王，猶恐其不果，乃身自爲使者，〔一六〕至膠西面約之，

〔一〕師古曰：「凡言不肖者，謂其鄙陋無所象似也。解在刑法志。」

〔二〕師古曰：「更，改也。」

〔三〕師古曰：「滋亦益也。良，實也，信也。」

〔四〕師古曰：「狧，古舐字。舐，用舌食也，蓋以犬爲喻也。言初舐糠遂至食米也。舐音食爾反。」

〔五〕師古曰：「肆，縱也。」

〔六〕師古曰：「內疾，謂在身中，不顯於外。請音材姓反。」

〔七〕師古曰：「白，明也。」

〔八〕師古曰：「脅，翕也，謂斂之也。絫，古累字也。累足，重足也。並謂懼耳。釋，解也，放也。」

〔九〕師古曰：「言其本罪皆不合削地也。」

〔一〇〕師古曰：「循，順也。」

〔一一〕師古曰：「瞿然，無守之貌，音居具反。」

〔一二〕師古曰：「安，焉也。」

〔一三〕師古曰：「營謂回繞之也。」

〔一四〕師古曰：「方洋猶翺翔也。方音房，又音旁。洋音羊。」

〔一五〕師古曰：「次舍，息止之處也。須，待也。」

〔一六〕師古曰：「潛行而去也。」

膠西羣臣或聞王謀，諫曰：「諸侯地不能爲漢十二，〔一〕爲叛逆以憂太后，非計也。〔二〕今承一帝，尚云不易，假令事成，兩主分爭，患乃益生。」王不聽，遂發使約齊、菑川、膠東、濟南，皆許諸。

〔一〕師古曰：「不當漢十分之一。」

〔二〕文穎曰：「王之太后也。」

諸侯既新削罰，震恐，多怨錯。及削吳會稽、豫章郡書至，則吳王先起兵，誅漢吏二千石以下。膠西、膠東、菑川、濟南、楚、趙亦皆反，發兵西。齊王後悔，背約城守。濟北王城壞未完，其郎中令劫守王，不得發兵。膠西王、膠東王爲渠率，〔一〕與菑川、濟南共攻圍臨菑。趙王遂亦陰使匈奴與連兵。

〔一〕師古曰：「渠，大也。」

七國之發也，吳王悉其士卒，〔一〕下令國中曰：「寡人年六十二，身自將。少子年十四，亦爲士卒先。諸年上與寡人同，下與少子等，皆發。」二十餘萬人。南使閩、東越，閩、東越亦發兵從。

〔一〕師古曰：「悉，盡也，盡發使行。」

孝景前三年正月甲子，初起兵於廣陵。西涉淮，因并楚兵。發使遺諸侯書曰：「吳王劉濞敬問膠西王、膠東王、菑川王、濟南王、趙王、楚王、淮南王、衡山王、廬江王、故長沙王子：〔一〕幸教！以漢有賊臣錯，無功天下，侵奪諸侯之地，使吏劾繫訊治，以侵辱之爲故，〔二〕

不以諸侯人君禮遇劉氏骨肉，〔三〕絶先帝功臣，進任姦人，誑亂天下，欲危社稷。陛下多病志逸，不能省察。〔四〕欲舉兵誅之，謹聞教。敝國雖狹，地方三千里；〔五〕人民雖少，精兵可具五十萬。寡人素事南越三十餘年，其王諸君皆不辭分其兵以隨寡人，〔六〕又可得三十萬。寡人雖不肖，願以身從諸王。南越直長沙者，因王子定長沙以北，〔七〕西走蜀、漢中。告越、〔八〕楚王、淮南三王，與寡人西面；〔九〕齊諸王與趙王定河間、河內，或入臨晉關，或與寡人會雒陽；〔一〇〕燕王、趙王故與胡王有約，燕王北定代、雲中，轉胡衆入蕭關，走長安，〔一一〕匡正天下，以安高廟。願王勉之。楚元王子、淮南三王或不沐洗十餘年，怨入骨髓，〔一二〕欲壹有所出久矣，〔一三〕寡人未得諸王之意，未敢聽。今諸王苟能存亡繼絶，振弱伐暴，以安劉氏，社稷所願也。吳國雖貧，寡人節衣食用，積金錢，脩兵革，聚糧食，夜以繼日，三十餘年矣。凡皆爲此，〔一四〕願諸王勉之。能斬捕大將者，賜金五千斤，封萬戶；列將，三千斤，封五千戶；裨將，二千斤，封二千戶；二千石，千斤，封千戶：皆爲列侯。其以軍若城邑降者，卒萬人，邑萬戶，如得大將；〔一五〕人戶五千，如得列將；人戶三千，如得裨將；人戶千，如得二千石；其小吏皆以差次受爵金。它封賜皆倍軍法。〔一六〕其有故爵邑者，更益勿因。〔一七〕願諸王明以令士大夫，不敢欺也。寡人金錢在天下者往往而有，非必取於吳，〔一八〕諸王日夜用之不能盡。有當賜者告寡人，寡人且往遺之。敬以聞。」

〔一〕如淳曰：「吳芮後四世無嗣，國除，庶子二人爲列侯，不得嗣王，志將不滿，故誘與之反也。」

〔二〕孟康曰：「故，事也。」師古曰：「言專以侵辱諸侯爲事業。」

〔三〕師古曰：「人君者，言諸王各自君其國。」

〔四〕師古曰：「逸，放也。」

〔五〕師古曰：「狹音胡夾反。」

〔六〕師古曰：「諸君謂其酋豪。」

〔七〕如淳曰：「南越直長沙者，因王子定之。」師古曰：「直，當也。言越地之北，當長沙者也。」

〔八〕如淳曰：「告東越，使定之也。」師古曰：「此說非也。言王子定長沙已北，而西趣蜀及漢中，平定以訖，使報南越也。走音奏。」

〔九〕師古曰：「淮南三王，謂厲王三子爲王者，淮南、衡山、濟北也。」

〔一〇〕師古曰：「臨晉關即今之蒲津關。」

〔一一〕師古曰：「走音奏。」

〔一二〕師古曰：「言心有所懷，志不在洗沐也。」

〔一三〕師古曰：「謂發兵。」

〔一四〕師古曰：「爲此謂欲反也。爲音于僞反。」

〔一五〕師古曰：「以卒萬人或邑萬戶來降附者，其封賞則與大將同。下皆類此。」

〔一六〕服虔曰：「封賜倍漢之常法。」

〔一七〕師古曰：「於舊爵之外，特更與之。」

〔八〕師古曰：「言處處郡國皆有之。」

七國反書聞，天子乃遣太尉條侯周亞夫將三十六將軍往擊吳楚；遣曲周侯酈寄擊趙，將軍欒布擊齊，大將軍竇嬰屯滎陽監齊趙兵。

初，吳楚反書聞，兵未發，竇嬰言故吳相爰盎。召入見，上問以吳楚之計，盎對曰：「吳楚相遺書，曰『賊臣朝錯擅適諸侯，削奪之地』，〔一〕以故反，名爲西共誅錯，復故地而罷。〔二〕方今計獨斬錯，發使赦七國，復其故地，則兵可毋血刃而俱罷。」〔三〕上從其議，遂斬錯。語具在盎傳。以盎爲泰常，奉宗廟，使吳王，〔四〕吳王弟子德侯爲宗正，〔五〕輔親戚。使至吳，〔六〕吳楚兵已攻梁壁矣。宗正以親故，先入見，諭吳王拜受詔。吳王聞盎來，亦知其欲說，笑而應曰：「我已爲東帝，尚誰拜？」不肯見盎而留軍中，欲劫使將。盎不肯，使人圍守，且殺之。盎得夜亡走梁，〔七〕遂歸報。

〔一〕師古曰：「適讀曰讁。」
〔二〕師古曰：「復音扶目反。次下亦同。」
〔三〕師古曰：「血刃，謂殺傷人而刃著血也。」
〔四〕師古曰：「奉宗廟之指意也。」
〔五〕師古曰：「德哀侯廣之子也，名通。」
〔六〕師古曰：「以親戚之意諭說也。」

〔七〕服虔曰：「梁王與吳戰，盎得弃梁。」

條侯將乘六乘傳，會兵滎陽。〔一〕至雒陽，見劇孟，喜曰：「七國反，吾乘傳至此，不自意全。〔二〕又以為諸侯已得劇孟，孟今無動，吾據滎陽，〔三〕滎陽以東無足憂者。」至淮陽，問故父絳侯客鄧都尉曰：「策安出？」客曰：「吳（楚）兵銳甚，難與爭鋒。楚兵輕，不能久。方今為將軍計，莫若引兵東北壁昌邑，以梁委吳，吳必盡銳攻之。將軍深溝高壘，使輕兵絕淮泗口，塞吳饟道。〔四〕使吳、梁相敝而糧食竭，乃以全制其極，破吳必矣。」條侯曰：「善。」從其策，遂堅壁昌邑南，輕兵絕吳饟道。

〔一〕師古曰：「會兵謂集大兵。傳音張戀反。」

〔二〕師古曰：「意不自言得安全至雒陽也。」

〔三〕師古曰：「言劇孟既不動搖，吾又得據滎陽也。」

〔四〕師古曰：「饟，古餉字。」

吳王之初發也，吳臣田祿伯為大將軍。田祿伯曰：「兵屯聚而西，無它奇道，難以立功。臣願得五萬人，別循江淮而上，收淮南、長沙，入武關，與大王會，此亦一奇也。」吳王太子諫曰：「王以反為名，此兵難以藉人，〔一〕人亦且反王，柰何？且擅兵而別，多它利害，〔二〕徒自損耳。」吳王卽不許田祿伯。

〔一〕師古曰：「藉，假也。」

〔三〕蘇林曰：「祿伯儻將兵降漢，自爲已利，於吳爲生患害。」師古曰：「蘇說非也。上言『難以藉人，人亦且反王』，是則已疑祿伯矣。下乃云『多它利害』，謂分兵而去，前事不測，或有利害，難可決機耳，非重云畏其降漢者。」

吳少將桓將軍說王曰：「吳多步兵，步兵利險；漢多車騎，車騎利平地。願大王所過城不下，直去，疾西據雒陽武庫，食敖倉粟，阻山河之險以令諸侯，雖無入關，天下固已定矣。大王徐行，留下城邑，漢軍車騎至，馳入梁楚之郊，事敗矣。」吳王問吳老將，老將曰：「此年少〔椎〕〔推〕鋒可耳，安知大慮！」於是王不用桓將軍計。

王專并將其兵，未度淮，諸賓客皆得爲將、校尉、行間候、司馬，〔一〕獨周丘不用。周丘者，下邳人，亡命吳，酤酒無行，王薄之，不任。周丘乃上謁，說王曰：「臣以無能，不得待罪行間。臣非敢求有所將也，願請王一漢節，必有以報。」王乃予之。周丘得節，夜馳入下邳。下邳時聞吳反，皆城守。至傳舍，召令入戶，使從者以罪斬令。遂召昆弟所善豪吏告曰：「吳反兵且至，屠下邳不過食頃。今先下，家室必完，能者封侯至矣。」出乃相告，下邳皆下。周丘一夜得三萬人，使人報吳王，遂將其兵北略城邑。比至城陽，兵十餘萬，〔二〕破城陽中尉軍。聞吳王敗走，自度無與共成功，〔三〕卽引兵歸下邳。未至，癰發背死。

〔一〕孟康曰：「行伍間候也。」師古曰：「在行伍間，或爲候，或爲司馬也。」

〔二〕師古曰：「比音必寐反。」

〔三〕師古曰：「度音大各反。」

二月，吳王兵既破，敗走，於是天子制詔將軍：「蓋聞爲善者天報以福，爲非者天報以殃。高皇帝親垂功德，建立諸侯，幽王、悼惠王絕無後，孝文皇帝哀憐加惠，〔一〕王幽王子遂，悼惠王子卬等，令奉其先王宗廟，爲漢藩國，德配天地，明並日月。而吳王濞背德反義，誘受天下亡命罪人，亂天下幣，〔二〕稱疾不朝二十餘年。有司數請濞罪，孝文皇帝寬之，欲其改行爲善。今乃與楚王戊、趙王遂、膠西王卬、濟南王辟光、菑川王賢、膠東王雄渠約從謀反，〔三〕爲逆無道，起兵以危宗廟，賊殺大臣及漢使者，迫劫萬民，伐殺無罪，燒殘民家，掘其丘壟，甚爲虐暴。而卬等又重逆無道，〔四〕燒宗廟，鹵御物，〔五〕朕甚痛之。朕素服避正殿，將軍其勸士大夫擊反虜。擊反虜者，深入多殺爲功，斬首捕虜比三百石以上皆殺，無有所置。〔六〕敢有議詔及不如詔者，皆要斬。」

〔一〕師古曰：「憐其國絕，故加恩惠而更封。」
〔二〕如淳曰：「幣，錢也。以私錢殽亂天下錢。」
〔三〕師古曰：「從音子容反。」
〔四〕師古曰：「重音直用反。」
〔五〕如淳曰：「鹵，抄掠也。」師古曰：「御物，供宗廟之服器也。」
〔六〕師古曰：「置，放釋也。」

初，吳王之度淮，與楚王遂西敗棘壁，乘勝而前，銳甚。梁孝王恐，遣將軍擊之，又敗梁兩軍，士卒皆還走。梁數使使條侯求救，條侯不許。又使使愬條侯於上，上使告條侯救梁，又守便宜不行。梁使韓安國及楚死事相弟張羽爲將軍，〔一〕乃得頗敗吳兵。吳兵欲西，梁城守，不敢西，卽走條侯軍，〔二〕會下邑。欲戰，〔三〕條侯壁，不肯戰。吳糧絕，卒飢，數挑戰，遂夜奔條侯壁，驚東南。條侯使備西北，果從西北。不得入，吳大敗，士卒多飢死叛散。於是吳王乃與其戲下壯士千人夜亡去，〔四〕度淮走丹徒，保東越。東越兵可萬餘人，使人收聚亡卒。漢使人以利啗東越，〔五〕東越卽紿吳王，〔六〕吳王出勞軍，使人鏦殺吳王，〔七〕盛其頭，馳傳以聞。〔八〕吳王太子駒亡走閩越。吳王之棄軍亡也，軍遂潰，往往稍降太尉條侯及梁軍。楚王戊軍敗，自殺。

〔一〕李奇曰：「相，卽張尚也。」
〔二〕師古曰：「走音奏。」
〔三〕師古曰：「下邑，梁之縣。」
〔四〕師古曰：「戲讀曰麾，又音許宜反。」
〔五〕師古曰：「啗音徒濫反。解在高紀。」
〔六〕師古曰：「紿，誑也。」
〔七〕孟康曰：「方言戟謂之鏦。」蘇林曰：「鏦音從容之從。」師古曰：「鏦謂以矛戟撞之，音楚江反。」

〔八〕師古曰：「傳音張戀反。」

三王之圍齊臨菑也，三月不能下。漢兵至，膠西、膠東、菑川王各引兵歸國。膠西王徒跣，席稾，飲水，謝太后。王太子德曰：「漢兵還，臣觀之以罷，〔一〕可襲，願收王餘兵擊之，不勝而逃入海，未晚也。」王曰：「吾士卒皆已壞，不可用。」不聽。漢將弓高侯穨當遺王書〔二〕曰：「奉詔誅不義，降者赦，除其罪，復故；不降者滅之。王何處？須以從事。」〔三〕王肉袒叩頭漢軍壁，謁曰：「臣卬奉法不謹，驚駭百姓，乃苦將軍遠道至于窮國，敢請菹醢之罪。」弓高侯執金鼓見之，曰：「王苦軍事，願聞王發兵狀。」王頓首膝行對曰：「今者，朝錯天子用事臣，變更高皇帝法令，侵奪諸侯地。卬等以爲不義，恐其敗亂天下，七國發兵，且以誅錯。今聞錯已誅，卬等謹已罷兵歸。」將軍曰：「王苟以錯爲不善，何不以聞？及未有詔虎符，擅發兵擊義國。以此觀之，意非徒欲誅錯也。」乃出詔書爲王讀之，曰：「王其自圖之。」〔四〕王曰：「如卬等死有餘罪。」遂自殺。太后、太子皆死。膠東、菑川、濟南王皆伏誅。酈將軍攻趙，十月而下之，趙王自殺。濟北王以劫故，不誅。

〔一〕師古曰：「罷讀曰疲。」

〔二〕師古曰：「韓穨當。」

〔三〕師古曰：「言王欲以何理自安處，吾待以行事也。處音昌汝反。」

〔四〕師古曰：「圖，謀也。」

初，吳王首反，并將楚兵，連齊、趙。正月起，三月皆破滅。

贊曰：荆王王也，由漢初定，天下未集，〔一〕故雖疏屬，以策爲王，鎭江淮之間。劉澤發於田生，權激呂氏，〔二〕然卒南面稱孤者三世。事發相重，豈不危哉！〔三〕吳王擅山海之利，能薄斂以使其衆，逆亂之萌，自其子興。〔四〕古者諸侯不過百里，山海不以封，蓋防此矣。朝錯爲國遠慮，禍反及身。「毋爲權首，將受其咎」，豈謂錯哉！〔五〕

〔一〕師古曰：「集，和也。」

〔二〕晉灼曰：「田生欲王劉澤，先使張卿說封呂産，恐其大臣觖望，澤卒得王，故云以權激呂氏也。」

〔三〕晉灼曰：「劉澤以金與田生，以事張卿，言之呂后，而劉澤得王，故曰事發相重也。」師古曰：「重猶累也。言澤得王，本由田生行說，若其事發覺，則相隨入罪，事相累誤。累音力瑞反。」

〔四〕師古曰：「萌謂始生也。」

〔五〕師古曰：「此逸周書之言，贊引之者，謂錯適當此言耳。」

校勘記

一九〇二頁五行 （呂）〔太〕后又重發之，　王先謙說「呂后」駁文，當作「太后」。按殿本作「太后」。

〔一九〇二頁七行〕不急發，恐（過）〔禍〕及身矣。景祐、殿本都作「禍」。王先謙說作「禍」是，史記同。

〔一九〇五頁一行〕（反）〔及〕覺，景祐、殿本都作「及」。王先謙說作「及」是。

〔一九一三頁四行〕吳（楚）兵銳甚，王先愼說「楚」字衍文，史記無「楚」字。

〔一九一四頁六行〕此年少（椎）〔推〕鋒可耳，景祐、殿本都作「推」。王先謙說作「推」是，史記亦作「推」。

漢書卷三十六

楚元王傳第六

楚元王交字游，高祖同父少弟也。〔一〕好書，多材藝。少時嘗與魯穆生、白生、申公俱受詩於浮丘伯。〔二〕伯者，孫卿門人也。〔三〕及秦焚書，各別去。

〔一〕師古曰：「言同父，知其異母。」
〔二〕服虔曰：「白生，魯國奄里人。浮丘伯，秦時儒生。」
〔三〕師古曰：「孫卿姓荀名況，爲楚蘭陵令，漢以避宣帝諱，改之曰孫。」

高祖兄弟四人，長兄伯，次仲，伯蚤卒。〔一〕高祖既爲沛公，景駒自立爲楚王。高祖使仲與審食其留侍太上皇，〔二〕交與蕭、曹等俱從高祖見景駒，遇項梁，共立楚懷王。因西攻南陽，入武關，與秦戰於藍田。至霸上，封交爲文信君，從入蜀漢，還定三秦，誅項籍。卽帝位，交與盧綰常侍上，出入臥內，傳言語諸內事隱謀。而上從父兄劉賈數別將。

〔一〕師古曰：「蚤，古早字也。」

〔三〕師古曰：「食音異。其音基。」

漢六年，既廢楚王信，分其地爲二國，立賈爲荆王，交爲楚王，王薛郡、東海、彭城三十六縣，先有功也。後封次兄仲爲代王，長子肥爲齊王。

初，高祖微時，常避事，時時與賓客過其丘嫂食。〔一〕嫂厭叔與客來，陽爲羹盡，轑釜，〔二〕客以故去。已而視釜中有羹，繇是怨嫂。〔三〕及立齊、代王，而伯子獨不得侯。太上皇以爲言，高祖曰：「某非敢忘封之也，爲其母不長者。」七年十月，封其子信爲羹頡侯。〔四〕

〔一〕應劭曰：「丘，姓也。」孟康曰：「西方謂亡女壻爲丘壻。丘，空也，兄亡空有嫂也。」張晏曰：「丘，大也，長嫂稱也。」晉灼曰：「禮謂大婦爲冢婦。」師古曰：「史記丘字作巨。丘、巨皆大也。張、晉二說，其義得之。」

〔二〕服虔曰：「音勞。轑，轢也。」師古曰：「以勺轢釜，令爲聲也。轢音洛，又音歷。」

〔三〕師古曰：「繇與由同。」

〔四〕師古曰：「頡音戛。言其母戛羹釜也。」

元王既至楚，以穆生、白生、申公爲中大夫。高后時，浮丘伯在長安，元王遣子郢客與申公俱卒業。〔一〕文帝時，聞申公爲詩最精，以爲博士。元王好詩，諸子皆讀詩，申公始爲詩傳，號魯詩。〔二〕元王亦次之詩傳，號曰元王詩，〔三〕世或有之。

〔一〕師古曰：「卒，終也。」

〔二〕師古曰：「凡言傳者，謂爲之解說，若今詩毛氏傳也。」

〔三〕師古曰：「次謂綴集之。」

高后時，以元王子郢客爲宗正，封上邳侯。元王立二十三年薨，太子辟非先卒，〔一〕文帝乃以宗正上邳侯郢客嗣，是爲夷王。申公爲博士，失官，隨郢客歸，復以爲中大夫。立四年薨，子戊嗣。文帝尊寵元王，子生，爵比皇子。〔二〕景帝即位，以親親封元王寵子五人：子禮爲平陸侯，富爲休侯，歲爲沈猶侯，〔三〕埶爲宛朐侯，〔四〕調爲棘樂侯。

〔一〕師古曰：「辟非者，猶辟邪辟兵之類也。先卒者，元王未薨之時已卒也。辟音璧。」

〔二〕師古曰：「元王生子，封爵皆與皇子同，所以尊寵元王也。」

〔三〕晉灼曰：「沈音審。王子侯表屬千乘高宛。」

〔四〕師古曰：「埶，古藝字。」

初，元王敬禮申公等，穆生不耆酒，〔一〕元王每置酒，常爲穆生設醴。〔二〕及王戊即位，常設，後忘設焉。穆生退曰：「可以逝矣！醴酒不設，王之意怠，不去，楚人將鉗我於市。」〔三〕稱疾臥。申公、白生强起之曰：「獨不念先王之德與？〔四〕今王一旦失小禮，何足至此！」穆生曰：「易稱『知幾其神乎！〔五〕幾者動之微，吉凶之先見者也。〔六〕君子見幾而作，不俟終日。』先王之所以禮吾三人者，爲道之存故也；今而忽之，是忘道也。〔七〕忘道之人，胡可與久處！豈爲區區之禮哉？」〔八〕遂謝病去。申公、白生獨留。

〔一〕師古曰：「耆讀曰嗜。」

〔二〕師古曰：「醴，甘酒也。少麴多米，一宿而熟，不齊之。」

〔三〕師古曰：「鉗，以鐵束頸也，音其炎反。」

〔四〕師古曰：「與讀曰歟。」

〔五〕師古曰：「下繫之辭也。」

〔六〕師古曰：「見音胡電反。」

〔七〕師古曰：「忽，怠也。」

〔八〕師古曰：「區區，謂小也。」

王戊稍淫暴，二十年，爲薄太后服私姦，削東海、薛郡，乃與吳通謀。二人諫，不聽，胥靡之，〔一〕衣之赭衣，使杵臼雅舂於市。〔二〕休侯使人諫王，王曰：「季父不吾與，我起，先取季父矣。」〔三〕休侯懼，乃與母太夫人奔京師。〔四〕二十一年春，景帝之三年也，削書到，遂應吳王反。其相張尚、太傅趙夷吾諫，不聽。遂殺尚、夷吾，起兵會吳西攻梁，破棘壁，至昌邑南，與漢將周亞夫戰。漢絕吳楚糧道，士饑，吳王走，戊自殺，軍遂降漢。

〔一〕應劭曰：「詩云『若此無罪，淪胥以鋪』。胥靡，刑名也。」晉灼曰：「胥，相也。靡，隨也。古者相隨坐輕刑之名。」師古曰：「聯繫使相隨而服役之，故謂之胥靡，猶今之役囚徒以鎖聯綴耳。晉說近之，而云隨坐輕刑，非也。」

〔二〕晉灼曰：「高肱舉杵，正身而舂之。」師古曰：「爲木杵而手舂，即今所謂步臼者耳，非碓臼也。」

〔三〕師古曰：「不吾與，言不與我同心。」
〔四〕臣瓚曰：「侯母號太夫人。」

漢已平吳楚，景帝乃立宗正平陸侯禮爲楚王，奉元王後，是爲文王。四年薨，子安王道嗣。二十二年薨，子襄王注嗣。十四年薨，子節王純嗣。十六年薨，子延壽嗣。宣帝卽位，延壽以爲廣陵王胥武帝子，天下有變必得立，陰欲附倚輔助之，〔一〕故爲其（後）〔后〕母弟趙何齊取廣陵王女爲妻。與何齊謀曰：「我與廣陵王相結，天下不安，發兵助之，使廣陵王立，何齊尚公主，列侯可得也。」因使何齊奉書遺廣陵王曰：「願長耳目，〔二〕毋後人有天下。」〔三〕何齊父長年上書告之。事下有司，考驗辭服，延壽自殺。立三十二年，國除。

〔一〕師古曰：「倚，依也。音於綺反。」
〔二〕師古曰：「言常伺聽，勿失機也。」
〔三〕師古曰：「方爭天下，勿使在人後。」

初，休侯富既奔京師，而王戊反，富等皆坐免侯，削屬籍。後聞其數諫戊，乃更封爲紅侯。太夫人與竇太后有親，懲山東之寇，〔一〕求留京師，詔許之。富子辟彊等四人〔二〕供養，仕於朝。〔三〕太夫人薨，賜塋，〔四〕葬靈戶。〔五〕富傳國至曾孫，無子，絕。

〔一〕師古曰：「懲，創也。」
〔二〕師古曰：「辟音必亦反。彊音居良反。又辟讀曰闢，彊讀曰疆。解在文紀。」

〔三〕師古曰：「四子以在京師供養其祖母，故仕於漢朝也。」

〔四〕師古曰：「塋，冢地，謂爲界域。塋音營。」

〔五〕師古曰：「地名也。」

辟彊字少卿，亦好讀詩，能屬文。〔一〕武帝時，以宗室子隨二千石論議，冠諸宗室。〔二〕清靜少欲，常以書自娛，不肯仕。昭帝即位，或說大將軍霍光曰：「將軍不見諸呂之事乎？處伊尹、周公之位，攝政擅權，而背宗室，不與共職，是以天下不信，卒至於滅亡。今將軍當盛位，帝春秋富，宜納宗室，又多與大臣共事，〔三〕反諸呂道，如是則可以免患。」〔四〕光然之，乃擇宗室可用者。辟彊子德待詔丞相府，〔五〕年三十餘，欲用之。或言父見在，亦先帝之所寵也。遂拜辟彊爲光祿大夫，守長樂衞尉，時年已八十矣。徙爲宗正，數月卒。

〔一〕師古曰：「屬文，謂會綴文辭也，音之欲反。後皆類此。」

〔二〕師古曰：「論議每出宗室之上也。」

〔三〕服虔曰：「共議事也。」師古曰：「每事皆與參共知之。」

〔四〕師古曰：「言諸呂專權，所以滅亡，今納宗室，是反其道，乃可免患也。」

〔五〕師古曰：「於丞相府聽詔命也。」

德字路叔（少），修黄老術，有智略。少時數言事，召見甘泉宮，武帝謂之「千里駒」。〔一〕昭帝初，爲宗正丞，雜治劉澤詔獄。〔二〕父爲宗正，徙大鴻臚丞，遷太中大夫，後復爲宗正，雜案上官氏、蓋主事。德常持老子知足之計。〔三〕妻死，大將軍光欲以女妻之，德不敢取，畏盛滿也。蓋長公主孫譚遮德自言，〔四〕德數責以公主起居無狀。〔五〕侍御史以爲光望不受女，〔六〕承指劾德誹謗詔獄，〔七〕免爲庶人，屏居山田。光聞而恨之，〔八〕復白召德守青州刺史。歲餘，復爲宗正，與立宣帝，〔九〕以定策賜爵關內侯。地節中，以親親行謹厚封爲陽城侯。子安民爲郎中右曹，宗家以德得官宿衞者二十餘人。

〔一〕師古曰：「言若駿馬可致千里也。年齒幼少，故謂之駒。」

〔二〕師古曰：「雜謂以他官共治之也。劉澤，齊孝王之孫，謀反欲殺青州刺史者。」

〔三〕師古曰：「老子德經云『知足不辱』。」

〔四〕師古曰：「公主之孫名譚，自言者，申理公主所坐。」

〔五〕師古曰：「無狀，無善狀也。數音所具反。」

〔六〕師古曰：「望，怨望也。」

〔七〕師古曰：「承指，謂取霍光之意指，德實責數公主，而御史乃以爲受譚寃訴，故云誹謗詔獄。」

〔八〕師古曰：「以御史不知己意。」

〔九〕師古曰：「與讀曰豫。豫其謀議也。」

德寬厚，好施生，〔一〕每行京兆尹事，多所平反罪人。〔二〕家產過百萬，則以振昆弟〔三〕賓客食飲，〔四〕曰：「富，民之怨也。」立十一年，子向坐鑄僞黃金，當伏法，〔五〕德上書訟罪。會薨，大鴻臚奏德訟子罪，失大臣體，不宜賜謚置嗣。制曰：「賜謚繆侯，〔六〕爲置嗣。」傳至孫慶忌，復爲宗正太常。薨，子岑嗣，爲諸曹中郎將，列校尉，至太常。薨，傳子，至王莽敗，乃絕。

〔一〕師古曰：「言好施恩惠於人，而生全之。」
〔二〕蘇林曰：「反音幡，幡罪人辭使從輕也。」
〔三〕師古曰：「振，舉救之。」
〔四〕師古曰：「既以救貧昆弟，又散供食飲之費。」
〔五〕如淳曰：「律，鑄僞黃金棄市也。」
〔六〕師古曰：「繆，惡謚也，以其妄訟子。」

向字子政，〔一〕本名更生。年十二，以父德任爲輦郎。〔二〕既冠，以行修飭擢爲諫大夫。〔三〕是時，宣帝循武帝故事，招選名儒俊材置左右。更生以通達能屬文辭，與王褒、張子僑等並進對，〔四〕獻賦頌凡數十篇。上復興神僊方術之事，而淮南有枕中鴻寶苑祕書。〔五〕書言神僊使鬼物爲金之術，及鄒衍重道延命方，世人莫見，而更生父德武帝時治淮南獄得其書。更生幼而讀誦，以爲奇，獻之，言黃金可成。上令典尚方鑄作事，〔六〕費甚多，方不驗。上乃下更生吏，吏劾更生鑄僞黃金，繫當死。更生兄陽城侯安民上書，入國戶半，贖更生罪。上亦奇其材，得踰冬減死論。〔七〕會初立穀梁春秋，徵更生受穀梁，講論五經於石渠。〔八〕復拜爲郎中、給事黃門，遷散騎、諫大夫、給事中。

〔一〕師古曰：「名向，字子政。義則相配，而近代學者讀向音餉，既無別釋，靡所據憑，當依本字爲勝也。」

〔二〕服虔曰：「父保任其子爲郎也。輦郎，如今引御輦郎也。」

〔三〕師古曰：「飭，整也，讀與敕同，其字從力。」

〔四〕師古曰：「子僑官至光祿大夫，見藝文志。進對，謂進見而對詔命也。僑字或作蟜，或作喬，皆音鉅驕反。」

〔五〕師古曰：「鴻寶苑祕書，並道術篇名。臧在枕中，言常存錄之不漏泄也。」

〔六〕師古曰：「尚方，主巧作金銀之所。若今之中尚署。」

〔七〕服虔曰：「踰冬，至春行寬大而減死罪。」如淳曰：「獄冬盡當決竟，而得踰冬，復至後冬，故或逢赦，或得減死也。」師古曰：「服說是也。」

〔八〕師古曰：「三輔舊事云石渠閣在未央大殿北，以藏祕書。」

元帝初即位，太傅蕭望之爲前將軍，少傅周堪爲諸吏光祿大夫，〔一〕皆領尚書事，甚見尊任。更生年少於望之、堪，然二人重之，薦更生宗室忠直，明經有行，擢爲散騎宗正給事中，與侍中金敞拾遺於左右。四人同心輔政，患苦外戚許、史在位放縱，而中書宦官弘恭、石顯弄權。望之、堪、更生議，欲白罷退之。未白而語泄，遂爲許、史及恭、顯所譖愬，堪、更生下獄，及望之皆免官。語在望之傳。其春地震，夏，客星見昴、卷舌間。〔二〕上感悟，下詔賜望之爵關內侯，奉朝請。秋，徵堪、向，欲以爲諫大夫，恭、顯白皆爲中郎。冬，地復震。時恭、顯、許、史子弟侍中諸曹，皆側目於望之等，更生懼焉，乃使其外親上變事，〔三〕言：

〔一〕師古曰：「加官也。百官公卿表云諸吏所加或列侯、將軍、卿大夫，得舉不法也。」
〔二〕師古曰：「見於昴與卷舌之間也。卷音俱免反。」
〔三〕師古曰：「非常之事，故謂之變也。」

竊聞故前將軍蕭望之等，皆忠正無私，欲致大治，忤於貴戚尚書。〔一〕今道路人聞望之等復進，以爲且復見毀讒，必曰嘗有過之臣不宜復用，是大不然。〔二〕臣聞春秋地震，爲在位執政太盛也，不爲三獨夫動，亦已明矣。〔三〕且往者高皇帝時，季布有罪，至於夷滅，後赦以爲將軍，高后、孝文之間卒爲名臣。〔四〕孝武帝時，兒寬有重罪繫，按道侯韓說諫曰：〔五〕「前吾丘壽王死，陛下至今恨之；〔六〕今殺寬，後將復大恨矣！」上感其言，遂貰寬，〔七〕復用之，位至御史大夫，御史大夫未有及寬者也。又董仲舒坐私爲災異書，主父偃取奏之，下吏，罪至不道，幸蒙不誅，復爲太中大夫，膠西相，以老病免歸。漢有所欲興，常有詔問。〔八〕仲舒爲世儒宗，定議有益天下。孝宣皇帝時，夏侯勝坐誹謗繫獄三年，免爲庶人。宣帝復用勝，至長信少府，太子太傅，名敢直言，天下美之。若乃羣臣，多此比類，雖一二記。〔九〕有過之臣，無負國家，有益天下，此四臣者，足以觀矣。

〔一〕師古曰：「忤猶逆也，音五故反。他皆類此。」
〔二〕師古曰：「言不宜用有過之臣者，此議非也。」
〔三〕應劭曰：「謂蕭望之、周堪及向。」師古曰：「獨夫猶言匹夫也。」
〔四〕師古曰：「卒，終也。」
〔五〕師古曰：「說讀曰悅。」
〔六〕師古曰：「恨猶悔也。」
〔七〕師古曰：「貰謂緩恕其罪也。」
〔八〕師古曰：「興謂改作（慮）〔憲〕章。」
〔九〕師古曰：「比音必寐反。」

前弘恭奏望之等獄決，三月，地大震。恭移病出，〔一〕後復視事，天陰雨雪。〔二〕由是言之，地動殆爲恭等。〔三〕

〔一〕師古曰：「移病者，移書言病也，一曰言以病移出，不居官府。」
〔二〕師古曰：「雨音于具反。」

〔三〕師古曰：「殆，近也。」

臣愚以爲宜退恭、顯以章蔽善之罰，〔一〕進望之等以通賢者之路。如此，太平之門開，災異之原塞矣。

〔一〕師古曰：「章，明也。」

書奏，恭、顯疑其更生所爲，白請考姦詐。辭果服，遂逮更生繫獄，下太傅韋玄成、諫大夫貢禹，與廷尉雜考。劾更生前爲九卿，坐與望之、堪謀排車騎將軍高、許、史氏侍中者，毀離親戚，欲退去之，而獨專權。爲臣不忠，幸不伏誅，復蒙恩徵用，不悔前過，而教令人言變事，誣罔不道。更生坐免爲庶人。而望之亦坐使子上書自冤前事，恭、顯白令詣獄置對。〔一〕望之自殺。天子甚悼恨之，乃擢周堪爲光祿勳，堪弟子張猛光祿大夫給事中，大見信任。恭、顯憚之，數譖毀焉。更生見堪、猛在位，幾已得復進，〔二〕懼其傾危，乃上封事諫曰：

〔一〕師古曰：「置對者，立爲對辭。」

〔二〕師古曰：「幾讀曰冀。」

臣前幸得以骨肉備九卿，奉法不謹，乃復蒙恩。竊見災異並起，天地失常，徵表爲國。〔一〕欲終不言，念忠臣雖在甽畝，猶不忘君，惓惓之義也。〔二〕況重以骨肉之親，〔三〕又加以舊恩未報乎！欲竭愚誠，又恐越職，然惟二恩未報，〔四〕忠臣之義，一杼愚意，退

就農畝，死無所恨。〔五〕

〔一〕師古曰：「徵，證也。」

〔二〕師古曰：「甽者，田中之溝也。田溝之法，耜廣五寸，二耜為耦，一耦之伐，廣尺深尺，謂之甽，六甽而為一畝。甽音工犬反，字或作畎，其音同耳。惓惓，忠謹之意。惓讀與拳同，音其專反。禮記曰『得一善則拳拳服膺，弗失之矣』。」

〔三〕師古曰：「重音直用反。」

〔四〕師古曰：「惟，思也。」

〔五〕師古曰：「杼謂引而泄之也。音食汝反。」

臣聞舜命九官，〔一〕濟濟相讓，和之至也。衆賢和於朝，則萬物和於野。故簫韶九成，而鳳皇來儀；擊石拊石，百獸率舞。〔二〕四海之內，靡不和寧。及至周文，開基西郊，〔三〕雜遝衆賢，罔不肅和，〔四〕崇推讓之風，以銷分爭之訟。文王既沒，周公思慕，歌詠文王之德，其詩曰：「於穆清廟，肅雍顯相；濟濟多士，秉文之德。」〔五〕當此之時，武王、周公繼政，朝臣和於內，萬國驩於外，故盡得其驩心，以事其先祖。其詩曰：「有來雍雍，至止肅肅，相維辟公，天子穆穆。」〔六〕言四方皆以和來也。諸侯和於下，天應報於上，故周頌曰「降福穰穰」，〔七〕又曰「飴我釐麰」。〔八〕釐麰，麥也，始自天降。此皆以和致和，獲天助也。

〔一〕師古曰：「尚書禹作司空，棄后稷，契司徒，咎繇作士，垂共工，(作)〔益〕朕虞，伯夷秩宗，夔典樂，龍納言，凡九官也。」

〔二〕師古曰：「韶，舜樂名。舉簫管之屬，示其備也。於韶樂九奏則鳳皇見其容儀，擊鍾鳴磬而百獸相率來舞，言感至和也。」

〔三〕師古曰：「言文王始受命作周也。」

〔四〕師古曰：「雜遝，聚積之貌，遝音大合反。」

〔五〕師古曰：「此周頌祀文王清廟之詩也。於，歎辭也。穆，美也。肅，敬也。雍，和也。顯，明也。相，助也。濟濟，盛也。言文王有清淨之化，敬而且和，光明著見，故濟濟之衆士皆執行文王之德也。於讀曰烏。」

〔六〕師古曰：「此周頌禘太祖之雝詩也。相，助也。辟，百辟也。公，諸侯也。言有此賓客以和而來至(也)〔止〕而敬者，乃助王祭之人，百辟與諸侯耳。於是時，天子則穆穆然。禮記曰『天子穆穆，諸侯皇皇』。辟音璧。」

〔七〕師古曰：「此執競之篇祀武王之詩也。穰穰，多也。音人羊反。」

〔八〕師古曰：「此思文之篇以后稷配天之詩也。飴，遺也，言天遺此物也。飴讀與貽同也。釐音力之反，又讀與來同。麰音牟。」

下至幽、厲之際，朝廷不和，轉相非怨，〔一〕詩人疾而憂之曰：「民之無良，相怨一方。」〔二〕衆小在位而從邪議，歙歙相是而背君子，故其詩曰：「歙歙訿訿，亦孔之哀！謀之其臧，則具是違；謀之不臧，則具是依！」〔三〕君子獨處守正，不橈衆枉，〔四〕勉彊以從王事則反見憎毒讒愬，故其詩曰：「密勿從事，不敢告勞，無罪無辜，讒口嗸嗸！」〔五〕當是之時，日月薄蝕而無光，〔六〕其詩曰：「朔日辛卯，日有蝕之，亦孔之醜！」〔七〕又曰：「彼月而微，此日而微，今此下民，亦孔之哀！」〔八〕又曰：「日月鞠凶，不用其行；四國無政，不用其良！」〔九〕天變見於上，地變動於下，水泉沸騰，山谷易處。其詩曰：「百川沸騰，山冢卒崩，高岸爲谷，深谷爲陵。哀今之人，胡憯莫懲！」〔一〇〕霜降失節，不以其時，其詩曰：「正月繁霜，我心憂傷；民之訛言，亦孔之將！」言民以是爲非，甚衆大也。〔一一〕此皆不和，賢不肖易位之所致也。〔一二〕

〔一〕師古曰：「厲王，夷王之子。厲王生宣王，宣王生幽王。」

〔二〕師古曰：「此小雅角弓之篇刺幽王之詩也。良，善也。言人各爲不善，其意乖離，而相怨也。一方，謂自守一方，所嚮異之。」

〔三〕師古曰：「此小雅小旻篇刺幽王之詩也。言在位卿士，歙歙然患其上，訿訿然不供職，各失臣節，甚可哀痛。而謀之善者，則背違之，不善之謀，依而施用，所以爲刺也。歙音翕。訿音紫。」

〔四〕師古曰：「橈，屈也，不爲衆曲而自屈也。橈音女教反。」

〔五〕師古曰：「此小雅十月之交篇刺幽王之詩也。密勿猶黽勉從事也。嗸嗸，衆聲也。言已黽勉行事，不敢自陳勞苦，實無罪辜，而被讒譖嗷嗷然也。嗸音敖。」

〔六〕師古曰：「薄，迫也。謂被掩迫也。」

〔七〕師古曰：「自此已下至『百川沸騰』，皆十月之交詩也。孔，甚也。醜，惡也。周之十月，夏之八月，朔日有辛卯，日月交會，而日見蝕，陰侵於陽。辛，金日也。卯，木辰也。以卯侵金，則臣侵君，故甚惡之。」

〔八〕師古曰：「微，虧微也。言彼月者，當有虧耳，而今此日，乃復微也。言君臣失道，是爲災異，故令人甚哀也。」

〔九〕師古曰：「鞠，告也。言日月不用其常行之道以告凶災者，由四方之國無政理，不能用善人也。」

〔一〇〕師古曰：「沸，涌出也。騰，乘也。冢，山頂也。卒，盡也。胡，何也。憯，曾也。懲，乂也。言百川沸涌而相乘陵，山頂隆高而盡崩壞，陵谷易處，尊卑失序，咎異大矣，誠可畏懼。哀哉今人，何爲曾莫創乂也！憯音千感反。」

〔一一〕張晏曰：「正月，夏之四月也，純陽用事，而反多霜，急恆寒（苦）〔若〕之災也。」師古曰：「此小雅正月之篇刺幽王之詩也。四月正陽之月，故謂之正月。繁，多也。訛，僞也。孔，甚也。將，大也。此言王政乖舛，陽月多霜，害於生物，故己心爲憂傷，而衆庶之人，共爲僞言，以是爲非，排斥賢傷，禍甚大也。」

〔一二〕師古曰：「賢人在下，不肖居上，故云易位。」

自此之後，天下大亂，篡殺殃禍並作，厲王奔彘，〔一〕幽王見殺。〔二〕至乎平王末年，魯隱之始即位也，〔三〕周大夫祭伯乖離不和，出奔於魯，〔四〕而春秋爲諱，不言來奔，傷其禍殃自此始也。是後尹氏世卿而專恣，〔五〕諸侯背畔而不朝，周室卑微。二百四十二年之間，〔六〕日食三十六，〔七〕地震五，〔八〕山陵崩阤二，〔九〕彗星三見，〔一〇〕夜常星不見，夜中星隕如雨一，〔一一〕火災十四。〔一二〕長狄入三國，〔一三〕五石隕墜，六鶂退飛，多麋，有蜮、蜚，鸜鵒來巢者，皆一見。〔一四〕晝冥晦。〔一五〕雨木冰。〔一六〕李梅冬實。七月霜降，草木不死。〔一七〕八月殺菽。〔一八〕大雨雹。〔一九〕雨雪雷霆失序相乘。〔二〇〕水、旱、饑，蝝、螽、螟蠭午並起。〔二一〕當是時，禍亂輒應，弒君三十六，〔二二〕亡國五十二，〔二三〕諸侯奔走，不得保其社稷者，不可勝數也。〔二四〕周室多禍：晉敗其師於貿戎；〔二五〕伐其郊；〔二六〕鄭傷桓王；〔二七〕戎執其使；〔二八〕衞侯朔召不往，齊逆命而助朔；〔二九〕五大夫爭權，三君更立，莫能正理。〔三〇〕遂至陵夷不能復興。〔三一〕

〔一〕師古曰：「厲王無道，下不堪命，乃相與畔襲厲王。厲王出奔彘。彘，晉地，今晉州北永安縣是也。」

〔二〕師古曰：「為犬戎所攻，殺幽王于驪山下，虜褒姒，盡取周賂而去。」

〔三〕師古曰：「平王，幽王之子。」

〔四〕張晏曰：「隱元年『祭伯來』，穀梁傳曰『奔也』。」師古曰：「祭音側介反。」

〔五〕師古曰：「春秋公羊經隱公三年『夏四月，尹氏卒。』傳曰『尹氏者何？天子之大夫也。其稱尹氏何？貶也。曷為貶？譏繼卿。繼卿，非禮也。』又詩小雅節南山云『尹氏太師，赫赫師尹，不平謂何！』刺之也。」

〔六〕師古曰：「謂從隱公元年至哀公十四年獲麟也。隱公十一年，桓公十八年，莊公三十二年，閔公〔三〕〔二〕年，僖公三十三年，文公十八年，宣公十八年，成公十八年，襄公三十一年，昭公三十二年，定公十五年，哀公十四年，凡二百四十二年也。」

〔七〕師古曰：「謂隱三年二月己巳，桓三年七月壬辰朔，十七年十月朔；莊十八年三月，二十五年六月辛未朔，二十六年十二月癸亥朔，三十年九月庚午朔；僖五年九月戊申朔，十二年三月庚午，十五年五月；文元年二月癸亥朔，十五年六月辛丑朔；宣八年七月甲子，十年四月丙辰，十七年六月癸卯；成十六年六月丙寅朔，十七年十二月丁巳朔；襄十四年二月乙未朔，十五年秋八月丁巳，二十年冬十月丙辰朔，二十一年九月庚戌朔，冬十月庚辰朔，二十三年二月癸酉朔，二十四年秋七月甲子朔，八月癸巳朔，二十七年冬十二月乙亥朔；昭七年夏四月甲辰朔，十五年六月丁巳朔，十七年夏六月甲戌朔，二十一年秋七月壬午朔，二十二年十二月癸酉朔，二十四年夏五月乙未朔，三十一年十二月辛亥朔；定五年正月辛亥朔，十二年十一月丙寅朔，十五年八月庚辰朔：凡三十六也。」

〔八〕師古曰：「謂文九年九月癸酉，襄十六年五月甲子，昭十九年五月己卯，二十三年八月乙未，哀三年四月甲午，凡五也。」

〔九〕師古曰：「謂僖十四年八月辛卯沙鹿崩，成五年夏梁山崩，凡二也。陁，下穨也，音丈爾反。」

〔一〇〕師古曰：「謂文十四年秋七月有星孛入于北斗，昭十七年冬有星孛于大辰，哀十三年冬十一月有星孛于東方。」

〔一一〕師古曰：「事在莊七年夏四月辛卯。」

〔一二〕師古曰：「桓十四年秋八月壬申御廩災，莊二十年夏齊大災，僖二十年五月乙巳西宮災，成三年二月甲子新宮災，襄九年春宋火，三十年五月甲午宋災，昭九年夏四月陳火，十八年夏五月壬午宋、衞、陳、鄭災，定二年夏五月壬辰雉門及兩觀災，哀三年五月辛卯桓宮、僖宮災，四年六月辛丑亳社災，凡十四也。」

〔一三〕師古曰：「謂春秋文十一年經書『冬十月甲午叔孫得臣敗狄于鹹』，公羊傳曰『狄者何？長狄也，兄弟三人，一者之齊，一者之魯，一者之晉。』之齊榮如，之魯喬如，之晉焚如。長狄，鄋瞞之種。鄋音樓，瞞音末安反。」

〔一四〕師古曰：「謂僖十六年『正月戊申朔，隕石于宋，五。是月，六鷁退飛過宋都。』莊十七年『冬，多麋。』十八年『秋，有蜮。』二十九年『秋，有蜚。』昭二十五年『夏，有鸜鵒來巢。』蜮，短尾狐也。鷁，水鳥也。蜚，負蠜也。鷁音五歷反。蜮音域。蜚音扶味反。鸜音劬。鵒音欲。」

〔一五〕師古曰：「僖十五年『九月己卯晦，震夷伯之廟。』穀梁傳曰『晦，冥也。』」

〔一六〕師古曰：「事在成十六年正月。雨木冰者，氣著樹木結為冰也，今俗呼為閉樹。雨音于具反。」

〔一七〕師古曰：「僖三十三年經書『冬隕霜，不煞草。』李梅實，未知在何月也。而此言李梅冬實，又云七月霜降，草木不死，與今春秋不同，未見義所出。」

〔一八〕師古曰：「謂定公元年『十月，隕霜殺菽。』周之十月，夏之八月。菽謂豆也。」

〔一九〕師古曰：「事在僖二十九年秋，及昭三年冬，四年正月。雨音于具反。」

〔二〇〕師古曰：「隱九年三月癸酉大雨震電，庚辰大雨雪，莊六年冬十月雨雪，僖十年冬大雨雪，皆是也。靁，古雷字也。霆，雷之急者也，音大丁反。」

〔二一〕如淳曰：「霆乍猶雜沓也。」師古曰：「謂桓元年秋大水，十三年夏大水，莊七年秋大水，十一年秋宋大水，二十四年秋大水，二十五年秋大水，宣十年秋大水，成五年秋大水，襄二十四年秋七月大水；僖二十一年夏大旱，宣七年秋大旱；宣十年冬饑，十五年冬蝝生饑，襄二十四年冬大饑；桓五年秋螽，僖十五年八月螽，文三年秋雨螽於宋，八年冬螽，宣六年八月螽，十三年秋、十五年秋螽，襄七年八月螽，哀十二年十二月螽，十三年九月螽，十二月螽；隱五年九月螟，八年九月螟，莊六年秋螟：皆是也。螽卽螟也。螟，蟲之食苗心者也。螽音終，螟音冥。」

〔三〕師古曰：「謂隱公四年衞州吁弒其君完；十一年羽父使賊弒公于寪氏；桓二年宋督弒其君與夷；七年曲沃伯誘晉小子侯殺之；十七年鄭高渠彌弒昭公；莊八年齊無知弒其君諸兒；十二年宋萬弒其君捷；十四年傅瑕弒其君鄭子；三十二年共仲使圉人犖賊子般；閔二年共仲使卜齮賊公于武闈；僖十年晉里克弒其君卓，二十四年晉弒懷公于高梁；文元年楚太子商臣弒其君頵；十四年齊公子商人弒其君舍；十六年宋人弒其君杵臼；十八年齊人弒其君商人；魯襄仲殺子惡；莒弒其君庶其；宣二年晉趙盾弒其君夷皋；四年鄭公子歸生弒其君夷；十年陳夏徵舒弒其君平國；成十八年晉弒其君州蒲；襄七年鄭子駟使賊夜弒僖公；二十五年齊崔杼弒其君光；二十六年衞甯喜弒其君剽；二十九年閽弒吳子餘祭；三十年蔡太子般弒其君固；三十一年莒人弒其君密州；昭元年楚公子圍問王疾，縊而弒之；十三年楚公子比弒其君虔于乾谿；十九年許太子止弒其君買；二十七年吳弒其君僚；定十三年薛弒其君比；哀四年盜殺蔡侯申；六年齊陳乞弒其君荼；十年齊人弒悼公：凡三十六。」

〔四〕師古曰：「謂桓五年州公如曹；莊四年紀侯大去其國；十年齊師滅譚；十三年齊人滅遂；十四年楚子滅息；十六年楚滅鄧；閔元年晉滅耿，滅霍，滅魏；僖五年楚滅弦，晉滅虢，滅虞；十二年楚人滅黃；十七年楚滅項；十九年秦人取梁；二十五年衞侯燬滅邢；二十六年楚人滅夔；三十三年秦滅滑；文四年楚滅江；五年楚人滅六，滅蓼；十六年楚人、秦人、巴人滅庸；宣八年楚人滅舒蓼，九年取根牟；十二年楚子滅蕭；十五年晉師滅赤狄潞氏；成六年取鄟；十七年楚滅舒(蕭)〔庸〕；襄六年莒人滅鄫，齊侯滅萊；十年諸侯滅偪陽；十三年取邿；二十五年楚滅舒鳩；昭四年楚子滅賴；十三年晉滅肥；十六年楚子取戎蠻氏；十七年晉滅陸渾戎；二十一年晉滅鼓；三十年吳滅徐；定四年蔡滅沈；五年楚滅唐；六年鄭滅許；十四年楚人滅頓；十五年楚子滅胡；哀八年宋公滅曹；又郲滅須句，楚滅權，晉滅焦、楊，楚滅道、房、申：凡五十二。」

〔四〕師古曰：「謂桓十五年鄭伯突出奔蔡，襄十四年衞侯出奔齊，昭三年北燕伯款出奔齊，二十三年莒子庚輿來奔之類是也。」

〔五〕師古曰：「貿戎，地名也。春秋公羊經成元年秋，王師敗績于貿戎。傳曰『孰敗之？蓋晉敗之』也。貿音莫侯反。」

〔六〕師古曰：「郊，周邑也。昭二十三年正月，經書『晉人圍郊』也。」

〔七〕應劭曰：「王以諸侯伐鄭，鄭伯禦之，射王中肩。」師古曰：「事在桓五年秋。」

〔八〕師古曰：「隱七年冬，經書『天王使凡伯來聘，戎伐凡伯于楚丘以歸』。」

〔九〕師古曰：「春秋桓十六年，經書『衞侯朔出奔齊』，穀梁傳曰『天子召而不往也』。」

〔一〇〕應劭曰：「周景王崩，單穆公、劉文公、鞏簡公、甘平公、召莊公，此五大夫相與爭奪，更立王子猛、子朝及敬王，是爲三君也。更音工衡反。」

〔一一〕師古曰：「陵夷謂卑替也。解在成紀及異姓諸侯王表也。」

由此觀之，和氣致祥，乖氣致異；祥多者其國安，異衆者其國危，天地之常經，古今之通義也。今陛下開三代之業，招文學之士，優游寬容，使得並進。今賢不肖渾殽，〔一〕白黑不分，邪正雜糅，忠讒並進。〔二〕章交公車，人滿北軍。〔三〕朝臣舛午，膠戾乖刺，〔四〕更相讒愬，轉相是非。〔五〕傳授增加，文書紛糾，前後錯繆，毀譽渾亂。〔六〕所以營或耳目，感移心意，不可勝載。〔七〕分曹爲黨，往往羣朋，〔八〕將同心以陷正臣。正臣進者，治之表也；正臣陷者，亂之機也。乘治亂之機，未知孰任，而災異數見，此臣所以寒心者也。夫乘權藉勢之人，子弟鱗集於朝，〔九〕羽翼陰附者衆，輻湊於前，〔一〇〕毀譽將必用，以終乖離之咎。〔一一〕是以日月無光，雪霜夏隕，海水沸出，陵谷易處，列星失行，皆怨氣之所致也。夫遵衰周之軌迹，循詩人之所刺，而欲以成太平，致雅頌，猶卻行而求及前人也。〔一二〕初元以來六年矣，案春秋六年之中，災異未有稠如今者也。〔一三〕夫有春秋之異，無孔子之救，猶不能解紛，〔一四〕況甚於春秋乎？

〔一〕師古曰：「言雜亂也。渾音胡本反，其下亦同。」
〔二〕師古曰：「糅，和也，音汝救反。」
〔三〕如淳曰：「漢儀注中壘校尉主北軍壘門內，尉一人主上書者獄。上章於公車，有不如法者，以付北軍尉，北軍尉以法治之。楊惲上書，遂幽北闕。北闕，公車所在。」
〔四〕師古曰：「言志意不和，各相違背。午音五故反，剌音來曷反。」
〔五〕師古曰：「更音工衡反。」
〔六〕師古曰：「言各任私情，不得其實。」
〔七〕師古曰：「言其誣罔天子也。營謂回繞之。」
〔八〕師古曰：「曹，輩也。」
〔九〕師古曰：「言其相次如魚鱗。」

〔一〇〕師古曰：「輻湊，言如車輻之歸於轂也。」

〔一一〕師古曰：「言讒佞之人毀譽得進，則忠賢被斥，日以乖離也。」

〔一二〕師古曰：「卻音邱略反。」

〔一三〕師古曰：「稠，多也。音直流反。」

〔一四〕師古曰：「紛，亂也。」

原其所以然者，讒邪並進也。讒邪之所以並進者，由上多疑心，既已用賢人而行善政，如或譖之，則賢人退而善政還。〔一〕夫執狐疑之心者，來讒賊之口；持不斷之意者，開羣枉之門。〔二〕讒邪進則衆賢退，羣枉盛則正士消。故易有否泰。〔三〕小人道長，君子道消，君子道消，則政日亂，故爲否。否者，閉而亂也。君子道長，小人道消，小人道消，則政日治，故爲泰。泰者，通而治也。詩又云「雨雪麃麃，見晛聿消」，〔四〕與易同義。昔者鯀、共工、驩兜與舜、禹雜處堯朝，〔五〕周公與管、蔡並居周位，當是時，迭進相毀，〔六〕流言相謗，豈可勝道哉！帝堯、成王能賢舜、禹、周公而消共工、管、蔡，故以大治，榮華至今。孔子與季、孟偕仕於魯，〔七〕李斯與叔孫俱宦於秦，〔八〕定公、始皇賢季、孟、李斯而消孔子、叔孫，故以大亂，汙辱至今。故治亂榮辱之端，在所信任；信任既賢，在於堅固而不移。詩云「我心匪石，不可轉也」。〔九〕言守善篤也。易曰「渙汗其大號」。〔一〇〕言號令如汗，汗出而不反者也。今出善令，未能踰時而反，是反汗也；〔一一〕用賢未能三旬而退，是轉石也。論語曰：「見不善如探湯。」〔一二〕今二府奏佞讇不當在位，歷年而不去。〔一三〕故出令則如反汗，用賢則如轉石，去佞則如拔山，如此望陰陽之調，不亦難乎！

〔一〕師古曰：「還謂收還也。」

〔二〕師古曰：「枉，曲也。」

〔三〕師古曰：「否音皮鄙反。」

〔四〕師古曰：「此小雅角弓篇刺幽王好讒佞之詩也。瀌瀌，盛也。見，無雲也。晛，日氣也。聿，辭也。言雨雪之盛瀌瀌然，至於無雲，日氣始出，而雨雪皆消釋矣。喻小人雖多，王若欲興善政，則賢者升用，而小人誅滅矣。瀌音彼驕反。晛音乃見反。」

〔五〕師古曰：「鯀，崇伯之名，即檮杌也。共工，少皞氏之後，即窮奇也。驩兜，帝鴻氏之後，即渾敦也。鯀音工本反。驩音火官反。檮音徒高反。杌音兀。渾音胡本反。敦音徒本反。」

〔六〕師古曰：「迭，互也。音大結反。」

〔七〕師古曰：「季、孟謂季孫、孟孫，皆桓公之後代，執國權而卑公室也。」

〔八〕師古曰：「叔孫者，叔孫通也。」

〔九〕師古曰：「此邶柏舟之詩也，言石性雖堅，尚可移轉，己志貞確，執德不傾，過於石也。」

〔一〇〕師古曰：「此易渙卦九(四)〔五〕爻辭也。言王者渙然大發號令，如汗之出也。」
〔一一〕師古曰：「一時，三月也。」
〔一二〕師古曰：「論語載孔子之言。探湯，言其除難無所避也。」
〔一三〕如淳曰：「二府，丞相、御史也。」師古曰：「讇，古諂字。」

是以羣小窺見間隙，緣飾文字，巧言醜詆，〔一〕流言飛文，譁於民間。〔二〕故詩云：「憂心悄悄，慍于羣小。」〔三〕小人成羣，誠足慍也。昔孔子與顏淵、子貢更相稱譽，不爲朋黨；〔四〕禹、稷與皋陶傳相汲引，不爲比周。〔五〕何則？忠於爲國，無邪心也。故賢人在上位，則引其類而聚之於朝，易曰「飛龍在天，大人聚也」；〔六〕在下位，則思與其類俱進，易曰「拔茅茹以其彙，征吉」。〔七〕在上則引其類，在下則推其類，故湯用伊尹，不仁者遠，而衆賢至，類相致也。今佞邪與賢臣並在交戟之內，〔八〕合黨共謀，違善依惡，歙歙訿訿，數設危險之言，欲以傾移主上。如忽然用之，此天地之所以先戒，災異之所以重至者也。〔九〕

〔一〕師古曰：「詆，毀也，辱也。音丁禮反。」
〔二〕師古曰：「譁，讙也。譁音火瓜反。」
〔三〕師古曰：「此邶柏舟言仁而不遇之詩也。悄悄，憂貌。慍，怒也。悄音千小反。」
〔四〕師古曰：「事具見論語。更音工衡反。」

〔五〕師古曰：「事見尚書舜典。比音頻寐反。」

〔六〕師古曰：「此乾卦九五象辭也。言聖王正位，臨馭四方，則賢人君子皆來見也。」

〔七〕鄭氏曰：「彙音謂。彙，類也。茹，牽引也。茅喻君有潔白之德，臣下引其類而仕之。」師古曰：「此泰卦初九爻辭。征，行也。茹音汝據反。」

〔八〕師古曰：「交戟，謂宿衞者。」

〔九〕師古曰：「重音直用反。」

自古明聖，未有無誅而治者也，故舜有四放之罰，〔一〕而孔子有兩觀之誅，〔二〕然後聖化可得而行也。今以陛下明知，誠深思天地之心，迹察兩觀之誅，〔三〕覽否泰之卦，觀雨雪之詩，歷周、唐之所進以爲法，原秦、魯之所消以爲戒，〔四〕考祥應之福，省災異之禍，以揆當世之變，〔五〕放遠佞邪之黨，壞散險詖之聚，〔六〕杜閉羣枉之門，廣開衆正之路，〔七〕決斷狐疑，分別猶豫，使是非炳然可知，則百異消滅，而衆祥並至，太平之基，萬世之利也。

〔一〕師古曰：「謂流共工于幽州，放驩兜于崇山，竄三苗于三危，殛鯀于羽山也。」

〔二〕應劭曰：「少正卯姦人之雄，故孔子攝司寇七日，誅之於兩觀之下。」師古曰：「兩觀，謂闕也。」

〔三〕師古曰：「尋其餘迹而察之。」

〔四〕師古曰：「歷謂歷觀之，原謂思其本也。」

〔五〕師古曰：「省，視也。揆，度也。」

〔六〕師古曰：「險言曰詖，音彼義反。」

〔七〕師古曰：「杜，塞也。」

臣幸得託肺附，〔一〕誠見陰陽不調，不敢不通所聞。竊推春秋災異，以(効)〔救〕今事一二，條其所以，〔二〕不宜宣泄。臣謹重封昧死上。

〔一〕師古曰：「舊解云肺附謂肝肺相附著，猶言心膂也。一說肺謂斫木之肺札也，自言於帝室猶肺札附於大材木也。」

〔二〕師古曰：「以，由也。」

恭、顯見其書，愈與許、史比而怨更生等。〔一〕堪性公方，自見孤立，遂直道而不曲。是歲夏寒，日青無光，恭、顯及許、史皆言堪、猛用事之咎。上內重堪，又患衆口之寖潤，無所取信。時長安令楊興以材能幸，常稱譽堪。上欲以爲助，乃見問興：「朝臣齗齗不可光祿勳，何(也)〔邪〕？」〔二〕興者傾巧士，謂上疑堪，因順指曰：「堪非獨不可於朝廷，自州里亦不可也。臣見衆人聞堪前與劉更生等謀毀骨肉，以爲當誅，故臣前言堪不可誅傷，爲國養恩也。」上曰：「然此何罪而誅？今宜奈何？」興曰：「臣愚以爲可賜爵關內侯，食邑三百戶，勿令典事。明主不失師傅之恩，此最策之得者也。」上於是疑。會城門校尉諸葛豐亦言堪、猛短，上因發怒免豐。語在其傳。又曰：「豐言堪、猛貞信不立，朕閔而不治，又惜其材能未有所劾，其左遷堪爲河東太守，猛槐里令。」

〔一〕師古曰：「比音頻寐反。」

〔二〕師古曰：「齗齗，忿嫉之意也。齗音牛斤反。」

顯等專權日甚。後三歲餘，孝宣廟闕災，其晦，日有蝕之。於是上召諸前言日變在堪、猛者責問，皆稽首謝。乃因下詔曰：「河東太守堪，先帝賢之，命而傅朕。資質淑茂，道術通明，〔一〕論議正直，秉心有常，發憤悃愊，〔二〕信有憂國之心。以不能阿尊事貴，孤特寡助，抑厭遂退，〔三〕卒不克明。〔四〕往者衆臣見異，〔五〕不務自修，深惟其故，而反晻昧說天，託咎此人。〔六〕朕不得已，〔七〕出而試之，以彰其材。堪出之後，大變仍臻，衆亦嘿然。堪治未期年，而三老官屬有識之士詠頌其美，使者過郡，靡人不稱。〔八〕此固足以彰先帝之知人，而朕有以自明也。俗人乃造端作基，非議詆欺，〔九〕或引幽隱，非所宜明，意疑以類，欲以陷之，朕亦不取也。朕迫于俗，不得專心，乃者天著大異，朕甚懼焉。今堪年衰歲暮，恐不得自信，〔一〇〕排於異人，將安究之哉？〔一一〕其徵堪詣行在所。」拜爲光祿大夫，秩中二千石，領尚書事。猛復爲太中大夫給事中。顯幹尚書〔事〕，〔一二〕尚書五人，皆其黨也。堪希得見，常因顯白事，事決顯口。會堪疾瘖，不能言而卒。〔一三〕顯誣譖猛，令自殺於公車。更生傷之，乃著疾讒、擿要、救危及世頌，凡八篇，〔一四〕依興古事，悼己及同類也。〔一五〕遂廢十餘年。

〔一〕師古曰：「淑，善也。茂，美也。」

〔二〕張晏曰：「悃，誠也。愊，緻密也。」師古曰：「悃愊，至誠也。悃音口本反。愊音平力反。」

〔三〕師古曰：「厭音一甲反，謂不伸也。」

〔四〕師古曰：「卒，終也。克，能也。」

〔五〕師古曰：「異，災異也。」

〔六〕師古曰：「晻，不明也，讀與暗同，又音烏感反。」

〔七〕師古曰：「已，止也。」

〔八〕師古曰：「靡，無也。」

〔九〕師古曰：「詆，毀也，音丁禮反。」

〔一〇〕師古曰：「信讀曰伸。」

〔一一〕師古曰：「究，竟也，明也。」

〔一二〕師古曰：「斡與管同，言管主其事。」

〔一三〕師古曰：「瘖音於今反。」

〔一四〕師古曰：「擿謂指發之也，音吐歷反。」

〔一五〕師古曰：「興謂比喻也，音許證反。」

成帝即位，顯等伏辜，更生乃復進用，更名向。向以故九卿召拜為中郎，使領護三輔都水。〔一〕數奏封事，遷光祿大夫。是時帝元舅陽平侯王鳳為大將軍秉政，倚太后，專國權，〔二〕

兄弟七人皆封爲列侯。時數有大異，向以爲外戚貴盛，鳳兄弟用事之咎。而上方精於詩書，觀古文，詔向領校中五經祕書。〔三〕向見尙書洪範，箕子爲武王陳五行陰陽休咎之應。〔四〕向乃集合上古以來歷春秋六國至秦漢符瑞災異之記，推迹行事，連傳禍福，著其占驗，比類相從，各有條目，凡十一篇，號曰洪範五行傳論，奏之。天子心知向忠精，故爲鳳兄弟起此論也，然終不能奪王氏權。

〔一〕蘇林曰：「三輔多溉灌渠，悉主之，故言都水。」

〔二〕師古曰：「倚音於綺反。」

〔三〕師古曰：「言中者以別於外。」

〔四〕師古曰：「休，美也，音許求反。它皆類此。」

久之，營起昌陵，數年不成，復還歸延陵，制度泰奢。向上疏諫曰：

臣聞易曰：「安不忘危，存不忘亡，是以身安而國家可保也。」〔一〕故賢聖之君，博觀終始，窮極事情，而是非分明。王者必通三統，〔二〕明天命所授者博，非獨一姓也。孔子論詩，至於「殷士膚敏，祼將于京」，〔三〕喟然歎曰：〔四〕「大哉天命！善不可不傳于子孫，是以富貴無常；不如是，則王公其何以戒愼，民萌何以勸勉？」〔五〕蓋傷微子之事周，而痛殷之亡也。雖有堯舜之聖，不能化丹朱之子；雖有禹湯之德，不能訓末孫之桀紂。

自古及今，未有不亡之國也。昔高皇帝既滅秦，將都雒陽，感寤劉敬之言，自以德不及周，而賢於秦，遂徙都關中，依周之德，因秦之阻。世之長短，以德爲効，〔六〕故常戰栗，不敢諱亡。孔子所謂「富貴無常」，蓋謂此也。

〔一〕師古曰：「易下繫之辭。」

〔二〕應劭曰：「二王之後，與己爲三統也。」孟康曰：「天地人之始也。」張晏曰：「一曰天統，爲周十一月建子爲正，天始施之端也。二曰地統，謂殷以十二月建丑爲正，地始化之端也。三曰人統，謂夏以十三月建寅爲正，人始成之端也。」師古曰：「二家之說皆不備也。言王者象天地人之三統，故存三代也。」

〔三〕師古曰：「此大雅文王之篇。殷士，殷之卿士也。膚，美也。敏，疾也。祼，灌鬯也。將，行也。京，周京也。言殷之臣有美德而敏疾，乃來助祭于周，行祼鬯之事，是天命無常，歸於有德。」

〔四〕師古曰：「喟然，歎息貌，音丘位反。」

〔五〕師古曰：「萌與甿同，無知之貌。」

〔六〕師古曰：「効謂徵驗也。」

孝文皇帝居霸陵，北臨廁，〔一〕意悽愴悲懷，顧謂羣臣曰：「嗟乎！以北山石爲椁，用紵絮斮陳漆其間，〔二〕豈可動哉！」張釋之進曰：「使其中有可欲，雖錮南山猶有隙；使其中無可欲，雖無石椁，又何慼焉？」〔三〕夫死者無終極，而國家有廢興，故釋之之言，爲無窮計也。孝文寤焉，遂薄葬，不起山墳。

〔一〕服虔曰：「厠，側近水也。」李奇曰：「霸陵山北頭厠近霸水，帝登其上以遠望也。」

〔二〕應劭曰：「斮，斬也。陳，施也。」孟康曰：「斮絮以漆著其間也。」師古曰：「美石出京師北山，今宜州石是也，故云以北山石爲椁。紵絮者，可以紵衣之絮也。斮而陳其間，又從而漆之也。紵音張呂反。斮音側略反。」

〔三〕師古曰：「有可欲，謂多臧金玉而厚葬之，人皆欲發取之，是有間隙也。無可欲，謂不實器(衛)〔備〕而薄葬，人無欲攻掘取之，故無憂慼也。錮謂鑄塞也。云錮南山者，取其深大，假爲喻也。錮音固。」

易曰：「古之葬者，厚衣之以薪，臧之中野，不封不樹。〔一〕後世聖人易之以棺槨。」棺槨之作，自黃帝始。黃帝葬於橋山，〔二〕堯葬濟陰，丘壠皆小，葬具甚微。〔三〕舜葬蒼梧，二妃不從。〔四〕禹葬會稽，不改其列。〔五〕殷湯無葬處。〔六〕文、武、周公葬於畢，〔七〕秦穆公葬於雍橐泉宮祈年館下，樗里子葬於武庫，〔八〕皆無丘隴之處。此聖帝明王賢君智士遠覽獨慮無窮之計也。其賢臣孝子亦承命順意而薄葬之，此誠奉安君父，忠孝之至也。

〔一〕師古曰：「厚衣之以薪，言積薪以覆之也。不封，謂不聚土爲墳也。不樹，謂不種樹也。衣音於既反。」

〔二〕師古曰：「在上郡陽周縣。」

〔三〕晉灼曰：「丘壠，冢墳也。」

〔四〕師古曰：「二妃，堯之二女。」

〔五〕鄭氏曰：「不改樹木百物之列也。」如淳曰：「列，隴也。墨子曰『禹葬會稽之山，既葬，收餘壤其上，壠若參耕之畝，則止矣。』」晉灼曰：「列，肆也。淮南子云『舜葬蒼梧，不變其肆』，言不煩於民也。」師古曰：「鄭說是也。淮南所云『不變其肆』，肆者故也，言山川田畝皆如故耳，非別義也。晉氏失之。」

〔六〕師古曰：「謂不見傳記也。」

〔七〕李奇曰：「在岐州之間。」臣瓚曰：「汲郡古文畢西於豐三十里。」師古曰：「二說皆非也。畢陌在長安西北四十里也。」

〔八〕文穎曰：「秦惠王異母弟也。」師古曰：「樗里子且死，曰：『葬我必於渭南章臺東，後百年當有天子宮夾我墓。』及漢興，長樂宮在其東，未央宮在其西，武庫正直其上也。」

夫周公，武王弟也，葬兄甚微。孔子葬母於防，〔一〕稱古墓而不墳，〔二〕曰：「丘，東西南北之人也，不可不識也。」〔三〕爲四尺墳，遇雨而崩。弟子修之，以告孔子，孔子流涕曰：「吾聞之，古(者)不修墓。」蓋非之也。〔四〕延陵季子適齊而反，其子死，葬於嬴、博之間，〔五〕穿不及泉，斂以時服，封墳掩坎，其高可隱，〔六〕而號曰：〔七〕「骨肉歸復於土，命也，魂氣則無不之也。」夫嬴、博去吳千有餘里，季子不歸葬。孔子往觀曰：「延陵季子於禮合矣。」〔八〕故仲尼孝子，而延陵慈父，舜禹忠臣，周公弟弟，〔九〕其葬君親骨肉，皆微薄矣；非苟爲儉，誠便於體也。宋桓司馬爲石槨，仲尼曰「不如速朽。」〔一〇〕秦相呂不韋集知略之士而造春秋，亦言薄葬之義，皆明於事情者也。

〔一〕師古曰：「防，魯邑名也。音扶方反。」

〔二〕師古曰：「墓謂壙穴也。墳謂積土也。」

〔三〕師古曰：「東西南北，言周遊以行其道，不得專在本邦，故墓須表識，音式志反。」

〔四〕師古曰：「事見禮記。」

〔五〕師古曰：「二邑並在泰山，其子死於其間。」

〔六〕孟康曰：「隱藏之，才可見而已。」臣瓚曰：「謂人立可隱肘也。」師古曰：「瓚說是也。隱音於靳反。」

〔七〕師古曰：「號謂哭而且言也。」

〔八〕師古曰：「事亦見禮記。」

〔九〕師古曰：「弟弟者，言弟能順理也。上弟音徒計反。」

〔一〇〕李奇曰：「宋桓魋爲石槨，奢泰，故激以此言。」

逮至吳王闔閭，違禮厚葬，十有餘年，越人發之。及秦惠文、武、昭、嚴襄五王，〔一〕皆大作丘隴，多其瘞臧，〔二〕咸盡發掘暴露，甚足悲也。秦始皇帝葬於驪山之阿，〔三〕下錮三泉，上崇山墳，其高五十餘丈，周回五里有餘；石槨爲游館，〔四〕人膏爲燈燭，水銀爲江海，黃金爲鳧雁。珍寶之臧，機械之變，〔五〕棺槨之麗，宮館之盛，不可勝原。〔六〕又多殺宮人，生薶工匠，計以萬數。天下苦其役而反之，驪山之作未成，而周章百萬之師至其下矣。〔七〕項籍燔其宮室營宇，往者咸見發掘。〔八〕其後牧兒亡羊，羊入其鑿，〔九〕牧者持火照求羊，失火燒其臧槨。自古至今，葬未有盛如始皇者也，數年之間，外被項籍之災，內離牧豎之禍，〔10〕豈不哀哉！

〔一〕師古曰：「嚴襄者，謂莊襄，則始皇父也。」

〔二〕師古曰：「瘞，埋也。音于例反。」

〔三〕師古曰：「阿謂山曲也。」

〔四〕李奇曰：「壙中爲遊戲之觀也。」師古曰：「多累石作椁於壙中，以爲離宮別館也。」

〔五〕孟康曰：「作機發木人之屬，盡其巧變也。」晉灼曰：「始皇本紀令匠作機弩矢，有所穿近，輒射之。又言工匠爲機，咸皆知之，已下，閉羨門，皆殺工匠也。」師古曰：「晉說是也。」

〔六〕師古曰：「言不能盡其本數。」

〔七〕師古曰：「周章，陳勝之將。」

〔八〕師古曰：「言至其墓所者發掘之而求財物也。」

〔九〕師古曰：「鑿謂所穿冢臧者，音在到反。」

〔10〕師古曰：「離，遭也。」

是故德彌厚者葬彌薄，知愈深者葬愈微。無德寡知，其葬愈厚，丘隴彌高，宮廟甚麗，發掘必速。由是觀之，明暗之效，葬之吉凶，昭然可見矣。周德既衰而奢侈，宣王賢而中興，更爲儉宮室，小寢廟。詩人美之，斯干之詩是也，〔一〕上章道宮室之如制，下章言子孫之衆多也。〔二〕及魯嚴公〔三〕刻飾宗廟，多築臺囿，〔四〕後嗣再絕，〔五〕春秋刺焉。周宣如彼而昌，魯、秦如此而絕，是則奢儉之得失也。

〔一〕師古曰：「小雅篇名，美宣王考室。其首章曰『秩秩斯干』。秩秩，流行也。干，澗也。喻宣王之德如澗水源，秩秩流出，無極已也。」

〔二〕師古曰：「宮室如制，謂『殖殖其廷，有覺其楹，君子攸寧』也。子孫衆多，謂『維熊維羆，男子之祥；維虺維蛇，女子之祥』也。」

〔三〕師古曰：「卽莊公也。」

〔四〕師古曰：「解在五行志。」

〔五〕孟康曰：「謂子般、閔公皆殺死也。」

陛下卽位，躬親節儉，始營初陵，其制約小，天下莫不稱賢明。及徙昌陵，增埤爲高，〔一〕積土爲山，發民墳墓，積以萬數，營起邑居，期日迫卒，〔二〕功費大萬百餘。〔三〕死者恨於下，生者愁於上，怨氣感動陰陽，因之以饑饉，物故流離以十萬數，〔四〕臣甚惛焉。〔五〕以死者爲有知，發人之墓，其害多矣；若其無知，又安用大？〔六〕謀之賢知則不說，以示衆庶則苦之；〔七〕若苟以說愚夫淫侈之人，又何爲哉！陛下慈仁篤美甚厚，聰明疏達蓋世，宜弘漢家之德，崇劉氏之美，光昭五帝、三王，而顧與暴秦亂君競爲奢侈，比方丘隴，〔八〕說愚夫之目，隆一時之觀，違賢知之心，亡萬世之安，臣竊爲陛下羞之。

唯陛下上覽明聖黃帝、堯、舜、禹、湯、文、武、周公、仲尼之制，下觀賢知穆公、延陵、樗里、張釋之意。孝文皇帝去墳薄葬，以儉安神，可以爲則；秦昭、始皇增山厚臧，以侈生害，足以爲戒。初陵之橅，宜從公卿大臣之議，〔九〕以息衆庶。

〔一〕師古曰：「埤，下也，音婢。」
〔二〕師古曰：「卒讀曰猝。」
〔三〕應劭曰：「大萬，億也。大，巨也。」
〔四〕師古曰：「物故，謂死也。流離，謂亡其居處也。」
〔五〕師古曰：「惛謂不了，言惑於此事也。惛音昬。一曰，惛，古閔字，憂病也。」
〔六〕師古曰：「安，焉也。」
〔七〕師古曰：「說讀曰悅。其下亦同。」
〔八〕師古曰：「顧猶反也。」
〔九〕應劭曰：「橅音規摹之摹。」師古曰：「謂規度墓地，應音是也。韋玄成傳及蕭望之傳規橅音（議）〔義〕皆同，其字從木。」

書奏，上甚感向言，而不能從其計。

向睹俗彌奢淫，而趙、衞之屬起微賤，踰禮制。〔一〕向以爲王教由內及外，自近者始。故採取詩書所載賢妃貞婦，興國顯家可法則，及孽嬖亂亡者，〔二〕序次爲列女傳，凡八篇，以戒天子。及采傳記行事，著新序、說苑凡五十篇奏之。數上疏言得失，陳法戒。書數十上，以助觀覽，補遺闕。上雖不能盡用，然內嘉其言，常嗟歎之。

〔一〕師古曰：「趙皇后、昭儀、衞婕妤也。」

〔二〕師古曰：「孽，庶也。嬖，愛也。嬖音必計反。」

時上無繼嗣，政由王氏出，災異浸甚。〔一〕向雅奇陳湯智謀，與相親友，獨謂湯曰：「災異如此，而外家日(甚)〔盛〕，其漸必危劉氏。吾幸得同姓末屬，絫世蒙漢厚恩，〔二〕身爲宗室遺老，歷事三主。上以我先帝舊臣，每進見常加優禮，吾而不言，孰當言者？」〔三〕向遂上封事極諫曰：

〔一〕師古曰：「浸，漸也。」

〔二〕師古曰：「絫，古累字。」

〔三〕師古曰：「孰，誰也。」

臣聞人君莫不欲安，然而常危，莫不欲存，然而常亡，失御臣之術也。夫大臣操權柄，持國政，〔一〕未有不爲害者也。昔晉有六卿，〔二〕齊有田、崔，衞有孫、甯，魯有季、孟，常掌國事，世執朝柄。終後田氏取齊；六卿分晉；崔杼弒其君光；孫林父、甯殖出其君衎，弒其君剽；〔三〕季氏八佾舞於庭，三家者以雍徹，〔四〕並專國政，卒逐昭公。周大夫尹氏筦朝事，〔五〕濁亂王室，子朝、子猛更立，連年乃定。〔六〕故經曰「王室亂」，又曰「尹氏殺王子克」，甚之也。〔七〕春秋舉成敗，錄禍福，如此類甚衆，皆陰盛而陽微，下失臣道之所致也。故書曰：「臣之有作威作福，害于而家，凶于而國。」〔八〕孔子曰「祿去公室，政逮大夫」，危亡之兆。〔九〕秦昭王舅穰侯及涇陽、葉陽君〔一〇〕專國擅勢，上假太后之威，三人者權重於昭王，家富於秦國，國甚危殆，賴寤范睢之言，而秦復存。二世委任趙高，專權自恣，壅蔽大臣，終有閻樂望夷之禍，〔一一〕秦遂以亡。近事不遠，卽漢所代也。

〔一〕師古曰：「操，執也。音千高反。」

〔二〕應劭曰：「智伯、范、中行、韓、魏、趙也。」

〔三〕師古曰：「衎音口旦反。剽音匹照反。解在五行志。」

〔四〕師古曰：「佾，列也，謂舞者之行列也。八人一佾，八佾六十四人也。雍，樂詩名，徹饌奏之。皆僭王者之禮。」

〔五〕師古曰：「筦與管同。」

〔六〕師古曰：「更音工衡反。解並在五行志。」

〔七〕師古曰：「言其惡大甚也。」

〔八〕師古曰：「周書洪範也。而，汝也。言唯君得作威作福，臣下爲之，則致凶害也。」

〔九〕李奇曰：「卿當爲政，而反大夫爲政也。」臣瓚曰：「政不由君，下及大夫也。上大夫卽卿也。」師古曰：「瓚說是也。論語孔子曰：『祿去公室五君矣，政逮於大夫四君矣，故三桓之子孫微矣。』」

〔10〕鄭氏曰：「皆昭王母之弟也。」師古曰：「穰侯，魏冉也。涇陽、葉陽，皆其弟也。葉音式涉反。」
〔11〕鄭氏曰：「望夷，秦宮名也。」應劭曰：「秦二世齋於望夷之宮，閻樂以兵殺二世也。」師古曰：「博物志云宮在長陵西北，長平觀道東，臨涇水，作之以望北夷。此說非也。胡亥葬於宜春苑，苑不在渭北也。」

漢興，諸呂無道，擅相尊王。呂產、呂祿席太后之寵，據將相之位，〔一〕兼南北軍之衆，擁梁、趙王之尊，驕盈無厭，欲危劉氏。賴忠正大臣絳侯、朱虛侯等竭誠盡節以誅滅之，然後劉氏復安。今王氏一姓乘朱輪華轂者二十三人，青紫貂蟬充盈幄內，魚鱗左右。〔二〕大將軍秉事用權，五侯驕奢僭盛，並作威福，擊斷自恣，行汙而寄治，身私而託公，〔三〕依東宮之尊，假甥舅之親，以為威重。〔四〕尚書九卿州牧郡守皆出其門，〔五〕筦執樞機，朋黨比周。稱譽者登進，忤恨者誅傷；游談者助之說，執政者為之言。排擯宗室，孤弱公族，其有智能者，尤非毀而不進。遠絕宗室之任，不令得給事朝省，恐其與己分權；數稱燕王、蓋主以疑上心，〔六〕避諱呂、霍而弗肯稱。〔七〕內有管、蔡之萌，外假周公之論，兄弟據重，宗族磐互。〔八〕歷上古至秦漢，外戚僭貴未有如王氏者也。雖周皇甫、秦穰侯、漢武安、呂、霍、上官之屬，皆不及也。〔九〕

〔一〕師古曰：「席猶因也，言若人之坐於席也。」
〔二〕師古曰：「言在帝之左右，相次若魚鱗也。」

〔三〕師古曰：「寄，託也。內爲汙私之行，而外託治公之道也。」
〔四〕師古曰：「東宮，太后所居也。」
〔五〕師古曰：「言爲其僚吏者皆居顯要之職。」
〔六〕師古曰：「示宗室親近而反逆也。」
〔七〕師古曰：「呂后、霍后二家皆坐僭擅誅滅，故爲王氏諱而不言也。」
〔八〕師古曰：「磬結而交互也。字或作牙，謂若犬牙相交入之意也。」
〔九〕師古曰：「皇甫，周卿士字也，周后寵之，故處於盛位，權黨於朝，詩人刺之。事見小雅十月之交篇。武安侯，田蚡也。」

物盛必有非常之變先見，爲其人微象。孝昭帝時，冠石立於泰山，〔一〕仆柳起於上林。〔二〕而孝宣帝即位，今王氏先祖墳墓在濟南者，其梓柱生枝葉，扶疏上出屋，根臿地中，雖立石起柳，無以過此之明也。事勢不兩大，王氏與劉氏亦且不並立，如下有泰山之安，則上有累卵之危。陛下爲人子孫，守持宗廟，而令國祚移於外親，降爲皁隸，〔三〕縱不爲身，奈宗廟何！婦人內夫家，外父母家，此亦非皇太后之福也。〔四〕孝宣皇帝不與舅平昌、樂昌侯權，所以安全之也。

〔一〕晉灼曰：「漢注冠山石名。」臣瓚曰：「冠山下有石自立，三石爲足，一石在上，故曰冠石也。」師古曰：「事具在眭孟傳。」

〔二〕師古曰：「其樹已死，僵仆於地，而更起生，事亦具在眭孟傳。」
〔三〕師古曰：「皁隸，卑賤之人也。春秋左氏傳曰『大夫臣士，士臣皁，皁臣輿，輿臣隸』也。」
〔四〕如淳曰：「內猶親也，而皇太后反外夫家也。」

夫明者起福於無形，銷患於未然。宜發明詔，吐德音，援近宗室，親而納信，〔一〕黜遠外戚，毋授以政，〔二〕皆罷令就弟，以則效先帝之所行，厚安外戚，全其宗族，誠東宮之意，外家之福也。王氏永存，保其爵祿，劉氏長安，不失社稷，所以褒睦外內之姓，子子孫孫無疆之計也。如不行此策，田氏復見於今，六卿必起於漢，〔三〕爲後嗣憂，昭昭甚明，不可不深圖，不可不蚤慮。〔四〕易曰：「君不密，則失臣；臣不密，則失身；幾事不密，則害成。」〔五〕唯陛下深留聖思，審固幾密，覽往事之戒，以折中取信，居萬安之實，用保宗廟，久承皇太后，〔六〕天下幸甚。

〔一〕師古曰：「援，引也，謂升引而附近之也。援音爰。」
〔二〕師古曰：「遠謂疏而離之也。音于萬反。」
〔三〕師古曰：「如，若也。」
〔四〕師古曰：「蚤，古早字。」
〔五〕師古曰：「上繫之辭也。」
〔六〕師古曰：「言社稷不安，則帝身亦不得久事皇太后也。」

書奏，天子召見向，歎息悲傷其意，謂曰：「君且休矣，吾將思之。」〔一〕以向爲中壘校尉。

〔一〕師古曰：「且令出外休息。」

向爲人簡易無威儀，廉靖樂道，不交接世俗，專積思於經術，晝誦書傳，夜觀星宿，或不寐達旦。元延中，星孛東井，蜀郡岷山崩雍江。〔一〕向惡此異，語在五行志。懷不能已，復上奏，其辭曰：

〔一〕師古曰：「雍讀作壅。」

臣聞帝舜戒伯禹，毋若丹朱敖；〔一〕周公戒成王，毋若殷王紂。〔二〕詩曰「殷監不遠，在夏后之世」，〔三〕亦言湯以桀爲戒也。聖帝明王常以敗亂自戒，不諱廢興，故臣敢極陳其愚，唯陛下留神察焉。

〔一〕師古曰：「事見虞書益稷篇。丹朱，堯子也。敖讀曰傲。」

〔二〕師古曰：「事見周書亡逸篇。」

〔三〕師古曰：「大雅蕩之詩。」

謹案春秋二百四十二年，日蝕三十六，襄公尤數，率三歲五月有奇而壹食。〔一〕漢興訖竟寧，孝景帝尤數，率三歲一月而一食。臣向前數言日當食，今連三年比食。〔二〕自建始以來，二十歲間而八食，率二歲六月而一發，古今罕有。異有小大希稠，占有舒疾緩急，而聖人所以斷疑也。易曰：「觀乎天文，以察時變。」〔三〕昔孔子對魯哀公，並言夏桀、殷紂暴虐天下，故曆失則攝提失方，孟陬無紀，〔四〕此皆易姓之變也。秦始皇之末至二世時，日月薄食，山陵淪亡，辰星出於四孟，〔五〕太白經天而行，〔六〕無雲而雷，〔七〕枉矢夜光，〔八〕熒惑襲月，〔九〕孽火燒宮，〔一〇〕野禽戲廷，〔一一〕都門內崩，〔一二〕長人見臨洮，石隕于東郡，星孛大角，大角以亡。〔一三〕觀孔子之言，考暴秦之異，天命信可畏也。及項籍之敗，亦孛大角。漢之入秦，五星聚于東井，得天下之象也。孝惠時，有雨血，日食於衝，滅光星見之異。〔一四〕孝昭時，有泰山臥石自立，上林僵柳復起，大星如月西行，衆星隨之，此爲特異。孝宣興起之表，天狗夾漢而西，〔一五〕久陰不雨者二十餘日，昌邑不終之異也。皆著於漢紀。觀秦、漢之易世，覽惠、昭之無後，察昌邑之不終，視孝宣之紹起，天之去就，豈不昭昭然哉！高宗、成王亦有雊雉拔木之變，能思其故，故高宗有百年之福，成王有復風之報。〔一六〕神明之應，應若景響，〔一七〕世所同聞也。

〔一〕師古曰：「奇謂成數之餘，不滿者也。音居宜反。」

〔二〕師古曰：「比，頻也。」

〔三〕師古曰：「賁象辭也。」

〔四〕孟康曰：「攝提，星名也。隨斗杓建十二月，曆不正，則失其所建。首時爲孟，正月爲陬。」師古曰：「陬音子侯反，又音鄒。」
〔五〕師古曰：「四時之孟月也。當見四仲也。」
〔六〕孟康曰：「謂出東入西，出西入東也。太白陰星，出東當伏東，出西當伏西。過午爲經天也。」
〔七〕張晏曰：「雷當託雲，猶君之託臣也。二世不恤天下，人有畔心，象獨號令而無臣也。」
〔八〕應劭曰：「流星也，其射如矢，虵行不正，故曰枉矢流，以亂伐亂。」蘇林曰：「有聲爲天狗，無聲爲枉矢也。」
〔九〕應劭曰：「熒惑主內亂，月主刑，故趙高殺二世也。」
〔一〇〕師古曰：「蠥，災也。」
〔一一〕張晏曰：「野鳥入處，主人將去。」
〔一二〕師古曰：「內嚮而壞。」
〔一三〕應劭曰：「天王坐席也。流星竟大角，大角因伏不見也。」
〔一四〕孟康曰：「日月行交道之衝也。相薄而旣也，京房所謂陰氣盛，薄奪日光者也。」
〔一五〕李奇曰：「流星也。下墮地爲天狗，皆祅星。」
〔一六〕師古曰：「復，反也。事並見尚書高宗肜日及金縢篇，解在五行志。」
〔一七〕師古曰：「嚮讀曰嚮。」

臣幸得託末屬，誠見陛下有寬明之德，冀銷大異，而興高宗、成王之聲，以崇劉氏，故狠狠數奸死亡之誅。〔一〕今日食尤屢，星孛東井，攝提炎及紫宮，〔二〕有識長老莫不震動，此變之大者也。其事難一二記，故易曰「書不盡言，言不盡意」，〔三〕是以設卦指爻，而復說義。書曰「伻來以圖」，〔四〕天文難以相曉，臣雖圖上，猶須口說，然後可知，願賜清燕之閒，〔五〕指圖陳狀。

〔一〕師古曰：「豤豤，款誠之意也。奸，犯也。豤音懇。奸音干。」

〔二〕師古曰：「炎音弋贍反。」

〔三〕師古曰：「上繫之辭。」

〔四〕孟康曰：「伻，使也。使人以圖來示成王，明（曰）〔口〕說不了，指圖乃了也。」師古曰：「周書洛誥之辭。」

〔五〕師古曰：「閒讀曰閑。」

上輒入之，〔一〕然終不能用也。向每召見，數言公族者國之枝葉，枝葉落則本根無所庇廕；〔二〕方今同姓疏遠，母黨專政，祿去公室，權在外家，非所以彊漢宗，卑私門，保守社稷，安固後嗣也。

〔一〕師古曰：「謂召入也。」

〔二〕師古曰：「庇音必寐反。廕音於禁反。」

向自見得信於上，故常顯訟宗室，譏刺王氏及在位大臣，其言多痛切，發於至誠。上數欲用向爲九卿，輒不爲王氏居位者及丞相御史所持，故終不遷。〔一〕居列大夫官前後三十餘年，年七十二卒。卒後十三歲而王氏代漢。向三子皆好學：長子伋，〔二〕以易教授，官至郡守；中子賜，九卿丞，蚤卒；少子歆，最知名。

〔一〕師古曰：「持謂扶持佐助也。」
〔二〕師古曰：「伋音汲。」

歆字子駿，少以通詩書能屬文召，見成帝，待詔宦者署，爲黃門郎。河平中，受詔與父向領校祕書，講六藝傳記，諸子、詩賦、數術、方技，無所不究。向死後，歆復爲中壘校尉。

哀帝初即位，大司馬王莽舉歆宗室有材行，爲侍中太中大夫，遷騎都尉、奉車光祿大夫，貴幸。復領五經，卒父前業。歆乃集六藝羣書，種別爲七略。語在藝文志。

歆及向始皆治易，宣帝時，詔向受穀梁春秋，十餘年，大明習。及歆校祕書，見古文春秋左氏傳，歆大好之。時丞相史尹咸以能治左氏，與歆共校經傳。歆略從咸及丞相翟方進受，質問大義。〔一〕初左氏傳多古字古言，學者傳訓故而已，〔二〕及歆治左氏，引傳文以解經，轉相發明，由是章句義理備焉。歆亦湛靖有謀，〔三〕父子俱好古，博見彊志，〔四〕過絕於人。歆以爲左丘明好惡與聖人同，〔五〕親見夫子，而公羊、穀梁在七十子後，〔六〕傳聞之與親見之，其詳略不同。歆數以難向，向不能非間也，〔七〕然猶自持其穀梁義。及歆親近，欲建立左氏春秋及毛詩、逸禮、古文尚書皆列於學官。哀帝令歆與五經博士講論其義，諸博士或不肯置對，〔八〕歆因移書太常博士，責讓之曰：

〔一〕師古曰：「質，正也。」
〔二〕師古曰：「故謂指趣也。」
〔三〕師古曰：「湛讀曰沈。」
〔四〕師古曰：「志，記也。」
〔五〕師古曰：「論語載孔子曰：『巧言令色足恭，左丘明恥之，丘亦恥之；匿怨而友其人，左丘明恥之，丘亦恥之。』」
〔六〕師古曰：「七十子是孔子弟子也，實七十二人，指其（言成數）〔成數言〕也。」
〔七〕師古曰：「聞音居莧反。」
〔八〕師古曰：「並不與歆意同，故不肯立其學也。置對，置辭以對也。」

昔唐虞既衰，而三代迭興，〔一〕聖帝明王，累起相襲，其道甚著。周室既微而禮樂不正，道之難全也如此。是故孔子憂道之不行，歷國應聘。自衞反魯，然後樂正，雅頌乃得其所；修易，序書，制作春秋，以紀帝王之道。及夫子沒而微言絕，七十子終而大義乖。重遭戰國，棄籩豆之禮，理軍旅之陳，〔二〕孔氏之道抑，而孫吳之術興。陵夷至于暴秦，燔經書，殺儒士，設挾書之法，行是古之罪，〔三〕道術由是遂滅。漢興，去聖帝明王遐遠，仲尼之道又絕，法度無所因襲。時獨有一叔孫通略定禮儀，天下唯有易卜，未有它書。至孝惠之世，乃除挾書之律，然公卿大臣絳、灌之屬咸介胄武夫，莫以爲意。至孝文皇帝，始使掌故朝錯〔四〕從伏生受尚書。尚書初出于屋壁，朽折散絕，今其書見在，時師傳讀而已。詩始萌牙。〔五〕天下衆書往往頗出，皆諸子傳說，猶廣立於學官，爲置博士。在漢朝之儒，唯賈生而已。〔六〕至孝武皇帝，然後鄒、魯、梁、趙頗有詩、禮、春秋先師，〔七〕皆起於建元之間。當此之時，一人不能獨盡其經，或爲雅，或爲頌，相合而成。泰誓後得，博士集而讀之。故詔書稱曰：「禮壞樂崩，書缺簡脫，朕甚閔焉。」時漢興已七八十年，離於全經，固已遠矣。〔八〕

〔一〕師古曰：「迭，互也。音大結反。」
〔二〕師古曰：「籩豆，禮食之器也。以竹曰籩，以木曰豆。籩音邊。」
〔三〕師古曰：「以古事爲是者卽畀之。」
〔四〕李奇曰：「掌故，官名也。」
〔五〕師古曰：「言若草木之初生。」
〔六〕師古曰：「謂賈誼。」
〔七〕師古曰：「前學之師也。」
〔八〕師古曰：「言廢絕以久，不可得其眞也。」

及魯恭王壞孔子宅，欲以爲宮，而得古文於壞壁之中，逸禮有三十九，書十六篇。天漢之後，孔安國獻之，遭巫蠱倉卒之難，未及施行。及春秋左氏丘明所修，皆古文舊書，多者二十餘通，臧於祕府，伏而未發。孝成皇帝閔學殘文缺，稍離其眞，乃陳發祕臧，校理舊文，得此三事，以考學官所傳，經或脫簡，傳或間編。〔一〕傳問民間，則有魯國(柏)〔桓〕公、趙國貫公、膠東庸生之遺學與此同，抑而未施。此乃有識者之所惜閔，士君子之所嗟痛也。往者綴學之士不思廢絕之闕，苟因陋就寡，分文析字，煩言碎辭，學者罷老且不能究其一藝。〔二〕信口說而背傳記，是末師而非往古，至於國家將有大事，若立辟雍、封禪、巡狩之儀，則幽冥而莫知其原。〔三〕猶欲保殘守缺，挾恐見破之私意，而無從善服義之公心，或懷妒嫉，不考情實，雷同相從，隨聲是非，抑此三學，以尚書爲備，〔四〕謂左氏爲不傳春秋，豈不哀哉！

〔一〕師古曰：「脫簡，遺失之。間編，謂舊編爛絕，就更次之，前後錯亂也。間音古莧反。」
〔二〕師古曰：「罷讀曰疲。究，竟也。」
〔三〕師古曰：「幽冥猶暗昧也。」
〔四〕蘇林曰：「備之而已。」臣瓚曰：「當時學者，謂尚書唯有二十八篇，不知本(存)〔有〕百篇也。」師古曰：「瓚說是也。」

今聖上德通神明，繼統揚業，亦閔文學錯亂，學士若茲，雖昭其情，猶依違謙讓，〔一〕樂與士君子同之。故下明詔，試左氏可立不，遣近臣奉指銜命，將以輔弱扶微，與二三君子比意同力，冀得廢遺。〔二〕今則不然，深閉固距，而不肯試，猥以不誦絕之，〔三〕欲以杜塞餘道，絕滅微學。夫可與樂成，難與慮始，此乃衆庶之所爲耳，非所望士君子也。且此數家之事，皆先帝所親論，今上所考視，其古文舊書，皆有徵驗，外內相應，豈苟而已哉！

〔一〕師古曰：「依違，言不專決也。」

〔二〕師古曰：「比，合也。經藝有廢遺者，冀得興立之也。比音頻寐反。」

〔三〕師古曰：「猥，苟也。苟不誦習之，而欲絕去此學。」

夫禮失求之於野，古文不猶愈於野乎？〔一〕往者博士書有歐陽，春秋公羊，易則施、孟，然孝宣皇帝猶復廣立穀梁春秋，梁丘易，大小夏侯尚書，義雖相反，猶並置之。何則？與其過而廢之也，寧過而立之。〔二〕傳曰：「文武之道未墜於地，在人；賢者志其大者，不賢者志其小者。」〔三〕今此數家之言，所以兼包大小之義，豈可偏絕哉！若必專己守殘，〔四〕黨同門，妬道眞，〔五〕違明詔，失聖意，以陷於文吏之議，甚爲二三君子不取也。

〔一〕師古曰：「愈，勝也。」

〔二〕師古曰：「過猶誤。」

〔三〕師古曰：「論語孔子弟子子貢之言。志，識也，一曰記。」

〔四〕師古曰：「專執己所偏見，苟守殘缺之文也。」

〔五〕師古曰：「黨同師之學，妬道藝之眞也。」

其言甚切，諸儒皆怨恨。是時名儒光祿大夫龔勝以歆移書上疏深自罪責，願乞骸骨罷。及儒者師丹爲大司空，亦大怒，奏歆改亂舊章，非毀先帝所立。上曰：「歆欲廣道術，亦何以爲非毀哉？」歆由是忤執政大臣，爲衆儒所訕，〔一〕懼誅，求出補吏，爲河內太守。以宗室不宜典三河，徙守五原，後復轉在涿郡，歷三郡守。數年，以病免官，起家復爲安定屬國都尉。會哀帝崩，王莽持政，莽少與歆俱爲黃門郎，重之，白太后。太后留歆爲右曹太中大夫，遷中壘校尉，羲和，京兆尹，使治明堂辟雍，封紅休侯。典儒林史卜之官，考定律曆，著三統曆譜。

〔一〕師古曰：「訕，謗也，音所諫反。」

初，歆以建平元年改名秀，字穎叔云。〔一〕及王莽篡位，歆爲國師，後事皆在莽傳。

〔一〕應劭曰：「河圖赤伏符云『劉秀發兵捕不道，四夷雲集龍鬭野，四七之際火爲主』，故改名，幾以趣也。」

贊曰：仲尼稱「材難不其然與！」〔一〕自孔子後，綴文之士衆矣，唯孟軻、孫況、董仲舒、司馬遷、劉向、揚雄。〔二〕此數公者，皆博物洽聞，通達古今，其言有補於世。傳曰「聖人不出，其間必有命世者焉」，豈近是乎？〔三〕劉氏洪範論發明大傳，著天人之應；七略剖判藝文，總百家之緒；三統曆譜考步日月五星之度。有意其推本之也。〔四〕嗚虖！向言山陵之戒，于今察之，〔五〕哀哉！指明梓柱以推廢興，昭矣！〔六〕豈非直諒多聞，古之益友與！〔七〕

〔一〕師古曰：「論語載孔子之言也。賢材難得。與讀曰歟。」

〔二〕師古曰：「孫況即荀卿也。」

〔三〕師古曰：「近音其靳反。」

〔四〕師古曰：「言其究極根本，深有意也。」

〔五〕師古曰：「虖讀曰呼。」

〔六〕師古曰：「昭然明白。」

〔七〕師古曰：「諒，信也。論語稱孔子曰『益者三友，友直，友諒，友多聞，益矣。』贊言向直諒多聞，可謂益矣。與讀曰歟。」

校勘記

一九二五頁五行 故爲其（後）〔后〕母弟趙何齊取廣陵王女爲妻。宋祁說「後」疑是「后」字。楊樹達說宋祁說是。

一九二七頁一行 德字路叔（少），修黃老術，景祐、殿本都無「叔」字。王念孫說「叔」字誤爲「少」，「少」字與下文「少時」重複，不當有。

一九三二頁一一行 興謂改作（慮）〔憲〕章。景祐、殿本都作「憲」。王先謙說作「憲」是。

一九三四頁二行 （作）〔益〕朕虞，景祐、殿本都作「益」。王先謙說作「益」是。

一九三四頁一〇行 言有此賓客以和而來至(也)〔止〕而敬者，殿本作「至止」。王先謙說殿本是。

一九三六頁九行 急恆寒(苦)〔若〕之災也。景祐、殿本都作「若」。王先謙說作「若」是。

一九三七頁一四行 閔公(三)〔二〕年，景祐、殿本都作「二」。王先謙說作「二」是。

一九四〇頁一五行 十七年楚滅舒(蕭)〔庸〕；景祐、殿本作「庸」。王先謙說作「庸」是。

一九四五頁一行 九(四)〔五〕爻辭也。景祐、殿本都作「五」，此誤。

一九四七頁四行 以(効)〔救〕今事一二，景祐、殿本都作「救」。

一九四七頁一〇行 朝臣齗齗不可光祿勳，何(也)〔邪〕？景祐、殿本都作「邪」。

一九四八頁一三行 顯幹尚書〔事〕，殿本有「事」字。王先謙說據注文當有。

一九五二頁四行 謂不賓器(衞)〔備〕而薄葬，景祐、殿本都作「備」。

一九五三頁一〇行 古〔者〕不修墓。景祐、殿本都有「者」字。

一九五七頁一三行 規橅音(議)〔義〕皆同，景祐、殿、局本都作「義」，此誤。

一九五八頁六行 而外家日(甚)〔盛〕，景祐、殿本都作「盛」。王先謙說作「盛」是。

一九六六頁六行 明(日)〔口〕說不了，景祐、殿本都作「口」。王先謙說作「口」是。

一九六八頁六行 指其(言成數)〔成數言〕也。殿本作「成數言」。王先謙說殿本是。

一九七〇頁二行 則有魯國(柏)〔桓〕公、王先謙說「柏」當作「桓」。按殿本作「桓」，景祐本亦作「柏」。

一九七〇頁一二行 不知本(存)〔有〕百篇也。景祐、殿本都作「有」。王先謙說作「有」是。

漢書卷三十七

季布欒布田叔傳第七

季布，楚人也，爲任俠有名。〔一〕項籍使將兵，數窘漢王。〔二〕項籍滅，高祖購求布千金，敢有舍匿，罪三族。〔三〕布匿濮陽周氏，周氏曰：「漢求將軍急，迹且至臣家，〔四〕能聽臣，臣敢進計；即否，願先自剄。」布許之。乃髡鉗布，衣褐，〔五〕置廣柳車中，〔六〕幷與其家僮數十人，之魯朱家所賣之。〔七〕朱家心知其季布也，買置田舍。乃之雒陽見汝陰侯滕公，〔八〕說曰：「季布何罪？臣各爲其主用，職耳。〔九〕項氏臣豈可盡誅邪？今上始得天下，而以私怨求一人，何示不廣也！且以季布之賢，漢求之急如此，此不北走胡，南走越耳。夫忌壯士以資敵國，此伍子胥所以鞭荆平之墓也。〔一〇〕君何不從容爲上言之？」〔一一〕滕公心知朱家大俠，意布匿其所，乃許諾。侍間，果言如朱家指。〔一二〕上乃赦布。當是時，諸公皆多布能摧剛爲柔，〔一三〕朱家亦以此名聞當世。布召見，謝，拜郎中。

〔一〕應劭曰：「任謂有堅完可任託以事也。」如淳曰：「相與信爲任，同是非爲俠。」師古曰：「任謂任使其氣力。俠之言挾也，以權力俠輔人也。任音人禁反。俠音下頰反。」

〔二〕如淳曰：「窘，困也。」師古曰：「窘音求閔反。」

〔三〕師古曰：「舍，止；匿，隱也。」

〔四〕師古曰：「迹謂尋其蹤迹也。」

〔五〕師古曰：「衣，著之也。褐，毛布之衣也。」

〔六〕服虔曰：「東郡謂廣轍車爲廣柳車。」鄭氏曰：「作大柳衣車，若周禮喪車也。」李奇曰：「廣柳，大隆穹也。」晉灼曰：「周禮說『衣翣柳』，柳，聚也，衆飾之所聚也。此爲載以喪車，欲人不知也。」師古曰：「晉、鄭二說是也。隆穹，所謂車䡝者耳，非此之謂也。䡝音扶晚反。」

〔七〕師古曰：「朱家，魯人，見游俠傳。」

〔八〕師古曰：「夏侯嬰也，本爲滕令，遂號爲滕公。」

〔九〕師古曰：「職，常也。言此乃常道也。一曰職，主掌其事也。」

〔一〇〕師古曰：「子胥，伍員也。荆即楚也。子胥之父伍奢爲平王所殺，子胥奔吳，教吳伐楚。平王已卒，其後吳師入郢，子胥掘平王之墓，取屍鞭之三百也。」

〔一一〕師古曰：「從音千容反。」

〔一二〕師古曰：「侍，侍於天子。間謂事務之隙。」

〔一三〕師古曰：「多猶重也。」

孝惠時，爲中郎將。單于嘗爲書嫚呂太后，〔一〕太后怒，召諸將議之。上將軍樊噲曰：

「臣願得十萬衆，橫行匈奴中。」諸將皆阿呂太后，〔二〕以噲言爲然。布曰：「樊噲可斬也。夫以高帝兵三十餘萬，困於平城，噲時亦在其中。今噲奈何以十萬衆橫行匈奴中，面謾！〔三〕且秦以事胡，陳勝等起。今瘡痍未瘳，〔四〕噲又面諛，欲搖動天下。」是時殿上皆恐，太后罷朝，遂不復議擊匈奴事。

〔一〕師古曰：「嫚謂辭語褻汚也。嫚讀與慢同。」

〔二〕師古曰：「阿，曲也，曲從其意。」

〔三〕師古曰：「謾，欺誑也，音嫚，又音莫連反。」

〔四〕師古曰：「痍，傷也。瘳，差也。痍音夷。瘳音丑留反。」

布爲河東守。孝文時，人有言其賢，召欲以爲御史大夫。人又言其勇，使酒難近。〔一〕至，留邸一月，〔二〕見罷。〔三〕布進曰：「臣待罪河東，陛下無故召臣，此人必有以臣欺陛下者。〔四〕今臣至，無所受事，罷去，此人必有毀臣者。夫陛下以一人譽召臣，一人毀去臣，臣恐天下有識者聞之，有以窺陛下。」〔五〕上默然，慙曰：「河東吾股肱郡，故特召君耳。」布之官。

〔一〕應劭曰：「使酒，酗酒也。」師古曰：「言因酒霑洽而使氣也。近謂附近天子爲大臣也。」

〔二〕師古曰：「邸，諸郡朝宿之舍在京師也。」

〔三〕師古曰：「既引見而罷，令還郡也。」

〔四〕師古曰：「謂妄言其賢，故云欺也。」

〔五〕師古曰：「窺見陛下淺深也。」

辯士曹丘生數招權顧金錢，〔一〕事貴人趙談等，〔二〕與竇長君善。〔三〕布聞，寄書諫長君曰：「吾聞曹丘生非長者，勿與通。」及曹丘生歸，欲得書請布。〔四〕竇長君曰：「季將軍不說足下，〔五〕足下無往。」固請書，遂行。使人先發書，〔六〕布果大怒，待曹丘。曹丘至，則揖布曰：「楚人諺曰『得黃金百，不如得季布諾』，〔七〕足下何以得此聲梁楚之間哉？且僕與足下俱楚人，使僕游揚足下名於天下，顧不美乎？〔八〕何足下距僕之深也！」布乃大說。〔九〕引入，留數月，爲上客，厚送之。布名所以益聞者，曹丘揚之也。

〔一〕孟康曰：「招，求也。以金錢事權貴，而求得其形勢以自炫耀也。」李奇曰：「持權屬以請人，顧以金錢也。」師古曰：「二家之說皆非也。言招求貴人威權，因以請託，故得他人顧金錢也。」

〔二〕李奇曰：「宦者趙談也。」

〔三〕服虔曰：「景帝舅。」

〔四〕師古曰：「欲得竇長君書與布，爲己紹介也。」

〔五〕師古曰：「說讀曰悅。」

〔六〕師古曰：「使人先致書於布。發，視也。」

〔七〕師古曰：「諺，傳也。」

〔八〕師古曰：「顧，念也。」

〔九〕師古曰：「說讀曰悅。」

布弟季心氣蓋關中，遇人恭謹，爲任俠，方數千里，士爭爲死。嘗殺人，亡吳，從爰絲匿，長事爰絲，〔一〕弟畜灌夫、籍福之屬。嘗爲中司馬，〔二〕中尉郅都不敢加。少年多時時竊借其名以行。〔三〕當是時，季心以勇，布以諾，聞關中。

〔一〕師古曰：「絲，爰盎字。言以兄長之禮事也。」

〔二〕如淳曰：「中尉之司馬。」

〔三〕師古曰：「詐自稱爲心之賓客徒黨也。」

布母弟丁公，〔一〕爲項羽將，逐窘高祖彭城西。短兵接，漢王急，顧謂丁公曰：「兩賢豈相戹哉！」〔二〕丁公引兵而還。及項王滅，丁公謁見高祖，以丁公徇軍中，〔三〕曰：「丁公爲項王臣不忠，使項王失天下者也。」遂斬之，曰：「使後爲人臣無傚丁公也！」

〔一〕晉灼曰：「楚漢春秋云薛人，名固。」師古曰：「此母弟爲同母異父之弟。」

〔二〕孟康曰：「丁公及彭城賴齡追上，故曰兩賢也。」師古曰：「孟說非也。兩賢，高祖自謂幷謂固耳，言吾與固俱是賢，豈相戹困也。故固感此言而止也。雖與賴齡俱追，而高祖獨與固言耳。」

〔三〕師古曰：「徇，行示也，音辭俊反。」

欒布，梁人也。彭越爲家人時，嘗與布游，〔一〕窮困，賣庸於齊，爲酒家保。〔二〕數歲別去，而布爲人所略，賣爲奴於燕。爲其主家報仇，〔三〕燕將臧荼舉以爲都尉。荼爲燕王，布爲將。及荼反，漢擊燕，虜布。梁王彭越聞之，乃言上，請贖布爲梁大夫。使於齊，未反，〔四〕漢召彭越責以謀反，夷三族，梟首雒陽，下詔有收視者輒捕之。布還，奏事彭越頭下，祠而哭之。吏捕以聞。上召布罵曰：「若與彭越反邪？吾禁人勿收，若獨祠而哭之，與反明矣。〔五〕趣亨之。」〔六〕方提趨湯，〔七〕顧曰：「願一言而死。」上曰：「何言？」布曰：「方上之困彭城，敗滎陽、成皋間，項王所以不能遂西，徒以彭王居梁地，〔八〕與漢合從苦楚也。〔九〕當是之時，彭王壹顧，與楚則漢破，與漢則楚破。且垓下之會，微彭王，項氏不亡。〔一〇〕天下已定，彭王剖符受封，〔亦〕欲傳之萬世。今〔漢〕〔帝〕壹徵兵於梁，彭王病不行，而疑以爲反。反形未見，以苛細誅之，臣恐功臣人人自危也。今彭王已死，臣生不如死，請就亨。」上乃釋布，拜爲都尉。

〔一〕師古曰：「家人，猶言編戶之人也。」

〔二〕孟康曰：「酒家作保。保，庸也。可保信，故謂之保。」師古曰：「謂庸作受顧也。爲保，謂保可任使。」

〔三〕服虔曰：「爲買者報仇也。」

〔四〕師古曰：「反，還也。」
〔五〕師古曰：「若，汝也。」
〔六〕師古曰：「趣讀曰促。促，急也。」
〔七〕師古曰：「提，舉也，舉而欲投之於湯也。趨讀曰趣，趨，嚮也。」
〔八〕師古曰：「徒，但也。」
〔九〕師古曰：「從音子容反。」
〔一〇〕師古曰：「微，無也。」

孝文時，爲燕相，至將軍。布稱曰：「窮困不能辱身，非人也；富貴不能快意，非賢也。」於是嘗有德，厚報之；有怨，必以法滅之。吳楚反時，以功封爲鄃侯，〔一〕復爲燕相。燕齊之閒皆爲立社，號曰欒公社。

〔一〕蘇林曰：「鄃音輸，清河縣也。」

布薨，子賁嗣侯，〔一〕孝武時坐爲太常犧牲不如令，國除。

〔一〕師古曰：「賁音奔。」

田叔，趙陘城人也。〔一〕其先，齊田氏也。叔好劍，學黃老術於樂鉅公。〔二〕爲人廉直，喜任俠。〔三〕游諸公，〔四〕趙人舉之趙相趙午，言之趙王張敖，以爲郎中。數歲，趙王賢之，未及遷。

〔一〕蘇林曰：「陘音刑。」

〔二〕師古曰：「姓欒，名鉅也。公者，老人之稱也。」

〔三〕師古曰：「喜，好也，音許吏反。」

〔四〕師古曰：「諸公，皆長者也。」

會趙午、貫高等謀弒上，事發覺，漢下詔捕趙王及羣臣反者。趙有敢隨王，罪三族。唯田叔、孟舒等十餘人赭衣自髡鉗，隨王至長安。趙王敖事白，得出，〔一〕廢王爲宣平侯，乃進言叔等十人。上召見，與語，漢廷臣無能出其右者。〔二〕上說，〔三〕盡拜爲郡守、諸侯相。叔爲漢中守十餘年。

〔一〕師古曰：「白，明也。」

〔二〕師古曰：「材不勝。」

〔三〕師古曰：「說讀曰悅。」

孝文帝初立，召叔問曰：「公知天下長者乎？」對曰：「臣何足以知之！」上曰：「公長者，宜知之。」叔頓首曰：「故雲中守孟舒，長者也。」是時孟舒坐虜大入雲中免。上曰：「先帝置孟舒雲中十餘年矣，虜常一入，孟舒不能堅守，無故士卒戰死者數百人。長者固殺人乎？」叔叩頭曰：「夫貫高等謀反，天子下明詔，趙有敢隨張王者罪三族，然孟舒自髡鉗，隨張王，以身死之，豈自知爲雲中守哉！漢與楚相距，士卒罷敝，〔一〕而匈奴冒頓新服北夷，來爲邊寇，孟舒知士卒罷敝，不忍出言，士爭臨城死敵，如子爲父，以故死者數百人，孟舒豈毆之哉！〔二〕是乃孟舒所以爲長者。」於是上曰：「賢哉孟舒！」復召以爲雲中守。

〔一〕師古曰：「罷讀爲疲。下亦同。」

〔二〕師古曰：「毆與驅同。言不毆之令戰也。毆字從支。支音普木反。」

後數歲，叔坐法失官。梁孝王使人殺漢議臣爰盎，景帝召叔案梁，具得其事。還報，上曰：「梁有之乎？」對曰：「有之。」「事安在？」〔一〕叔曰：「上無以梁事爲問也。〔二〕今梁王不伏誅，是廢漢法也；如其伏誅，太后食不甘味，臥不安席，此憂在陛下。」於是上大賢之，以爲魯相。

〔一〕師古曰：「索其狀也。」

〔二〕師古曰：「言不須更論之也。」

相初至官，民以王取其財物自言者百餘人。叔取其渠率二十人笞，怒之〔一〕曰：「王非汝主邪？何敢自言主！」魯王聞之，大慙，發中府錢，使相償之。〔二〕相曰：「王自使人償之，不爾，是王爲惡而相爲善也。」〔三〕

〔一〕師古曰：「渠，大也。」

〔二〕師古曰：「中府，王之財物藏也。」

〔三〕師古曰：「不爾，是則王爲惡。」

魯王好獵，相常從入苑中，王輒休相就館。相常暴坐苑外，〔一〕終不休，曰：「吾王暴露，獨何爲舍？」王以故不大出遊。

〔一〕師古曰：「於外自暴露而坐。」

數年以官卒，魯以百金祠，少子仁不受，曰：「義不傷先人名。」

仁以壯勇爲衞將軍舍人，〔一〕數從擊匈奴。衞將軍進言仁爲郎中，至二千石、丞相長史，失官。後使刺三河，還，〔二〕奏事稱意，拜爲京輔都尉。月餘，遷司直。數歲，戾太子舉兵，仁部閉城門，令太子得亡，坐縱反者族。〔三〕

〔一〕張晏曰：「衞青也。」

〔二〕如淳曰：「爲刺史於三河郡。三河謂河南、河內、河東也。」

〔三〕師古曰：「遣仁掌閉城門，乃令太子得出，故云縱反也。」

贊曰：以項羽之氣，而季布以勇顯名楚，身履軍搴旗者數矣，〔一〕可謂壯士。及至困厄奴僇，苟活而不變，何也？〔二〕彼自負其材，受辱不羞，欲有所用其未足也，故終爲漢名將。賢者誠重其死。夫婢妾賤人，感槩而自殺，非能勇也，〔三〕其畫無俚之至耳。〔四〕欒布哭彭越，田叔隨張敖，赴死如歸，彼誠知所處，〔五〕雖古烈士，何以加哉！

〔一〕鄧展曰：「履軍，戰勝蹈履之。」李奇曰：「搴，拔也。」孟康曰：「搴，斬取也。」師古曰：「謂勝敵拔取旗也。鄧、李二說皆是。搴音騫。今流俗書本改履謂屢，而加典字，云身屢典軍，非也。」

〔二〕師古曰：「僇，古戮字也。奴僇，謂髡鉗爲奴而賣之也。」

〔三〕師古曰：「感槩，謂感念局狹爲小節。槩音工代反。」

〔四〕張晏曰：「言其計畫道理無所至，故自殺耳。」蘇林曰：「俚，賴也。言其計畫無所成賴。」晉灼曰：「揚雄方言曰『俚，聊也』，許愼曰『賴也』。此爲其計畫無所聊賴，至於自殺耳。」師古曰：「晉說是也。」

〔五〕如淳曰：「太史公曰『非死者難，處死者難』也。」

校勘記

一九八〇頁九行　彭王剖符受封，(亦)欲傳之萬世。　景祐本無「亦」字。

一九八〇頁九行　今(漢)〔帝〕壹徵兵於梁，　宋祁說越本「漢」作「帝」。按景祐本作「帝」。

一九八三頁一三行　叔取其渠率二(千)〔十〕人笞，　景祐、殿、局本都作「十」。王先謙說作「十」是。

漢書卷三十八

高五王傳第八

高皇帝八男：呂后生孝惠帝，曹夫人生齊悼惠王肥，薄姬生孝文帝，戚夫人生趙隱王如意，趙姬生淮南厲王長，諸姬生趙幽王友、趙共王恢、燕靈王建。〔一〕淮南厲王長自有傳。

〔一〕鄭氏曰：「諸，姬姓也。」張晏曰：「非一之稱也。」師古曰：「諸姬，總言在姬妾之列者耳。其知姓位者，史各具言之。不知氏族及秩次者，則云諸姬也。而趙幽以下三王非必同母，蓋以皆不知其所生之姬姓，故總言之。文三王傳云『諸姬生代孝王參、梁懷王揖』，景十三王傳云『屬諸姬子于栗姬』，此意皆同。張云非一，近得之矣。春秋左氏傳曰『諸子仲子、戎子』，『諸子鬻姒』，此其例也。豈以諸爲姓乎？鄭說非矣。共讀曰恭。其下類此。」

齊悼惠王肥，其母高祖微時外婦也。〔一〕高祖六年立，食七十餘城。諸民能齊言者皆與齊。〔二〕孝惠二年，入朝。帝與齊王燕飲太后前，置齊王上坐，如家人禮。〔三〕太后怒，乃令人酌兩卮鴆酒置前，〔四〕令齊王爲壽。齊王起，帝亦起，欲俱爲壽。太后恐，自起反卮。〔五〕齊王怪之，因不敢飲，陽醉去。問知其鴆，乃憂，自以爲不得脫長安。〔六〕內史士曰：〔七〕「太后獨有帝與魯元公主，今王有七十餘城，而公主乃食數城。王誠以一郡上太后爲公主湯沐邑，太后必喜，王無患矣。」於是齊王獻城陽郡以尊公主爲王太后。〔八〕呂太后喜而許之。乃置酒齊邸，樂飲，遣王歸國。後十三年薨，子襄嗣。

〔一〕師古曰：「謂與旁通者。」

〔二〕孟康曰：「此時流移，故使齊言者還齊也。」師古曰：「欲其國大，故多封之。」

〔三〕師古曰：「以兄弟齒列，不從君臣之禮，故曰家人也。坐音材臥反。」

〔四〕應劭曰：「鴆鳥黑身赤目，食蝮（蛟）〔蛇〕野葛，以其羽畫酒中，飲之立死。」

〔五〕師古曰：「反音幡。」

〔六〕師古曰：「脫，免也。言死於長安，不得更至齊國也。脫音吐活反。」

〔七〕師古曰：「內史，王官。士者，其名也。」

〔八〕師古曰：「爲齊王太后也。言以母禮事之，所以自媚也。解具在惠紀。」

趙隱王如意，九年立。〔一〕四年，高祖崩，〔二〕呂太后徵王到長安，鴆殺之。無子，絕。

〔一〕師古曰：「高祖之九年也。他皆類此。」

〔二〕師古曰：「趙王之四年。」

趙幽王友，十一年立爲淮陽王。趙隱王如意死，孝惠元年，徙友王趙，凡立十四年。友以諸呂女爲后，不愛，愛它姬。諸呂女怒去，讒之於太后曰：「王曰『呂氏安得王？〔一〕太后百歲後，吾必擊之。』」太后怒，以故召趙王。趙王至，置邸不見，令衞圍守之，不得食。其羣臣或竊饋之，輒捕論之。趙王餓，乃歌曰：「諸呂用事兮，劉氏微；迫脅王侯兮，彊授我妃。我妃既妒兮，誣我以惡；〔二〕讒女亂國兮，上曾不寤。我無忠臣兮，何故棄國？〔三〕自快中野兮，蒼天與直！〔四〕于嗟不可悔兮，寧早自賊！〔五〕爲王餓死兮，誰者憐之？呂氏絕理兮，託天報仇！」遂幽死。以民禮葬之長安。

〔一〕師古曰：「安猶焉也。」
〔二〕師古曰：「惡音一故反。」
〔三〕師古曰：「謂不能明白之也。」
〔四〕師古曰：「天色蒼蒼，故曰蒼天。言己之理直，冀天臨監之。」
〔五〕師古曰：「賊，害也。悔不早棄趙國而快意自殺於田野之中，今乃被幽餓也。」

高后崩，孝文即位，立幽王子遂爲趙王。二年，有司請立皇子爲王。上曰：「趙幽王幽死，朕甚憐之。已立其長子遂爲趙王。遂弟辟彊及齊悼惠王子朱虛侯章、東牟侯興居有功，皆可王。」於是取趙之河間立辟彊，是爲河間文王。文王立十三年薨，子哀王福嗣。一年薨，無子，國除。

趙王遂立二十六年，孝景時鼂錯以過削趙常山郡，諸侯怨，吳楚反，遂與合謀起兵。其相建德、內史王悍諫，不聽。遂燒殺德、悍，〔一〕發兵住其西界，欲待吳楚俱進，北使匈奴與連和。漢使曲周侯酈寄擊之，趙王城守邯鄲，相距七月。吳楚敗，匈奴聞之，亦不肯入邊。欒布自破齊還，并兵引水灌趙城。城壞，王遂自殺，國除。景帝憐趙相、內史守正死，皆封其子爲列侯。

〔一〕師古曰：「上云其相建德、內史王悍，下云燒殺德、悍，是爲相姓建名德也。而景武功臣侯表云『遽侯橫父建德，以趙相死事，子侯』，則是不知其姓。表傳不同，疑後人轉寫此傳，誤脫去一建字也。」

趙共王恢。十一年，梁王彭越誅，立恢爲梁王。十六年，趙幽王死，呂后徙恢王趙，恢心不樂。太后以呂產女爲趙王后，王后從官皆諸呂也，內擅權，微司趙王，王不得自恣。王有愛姬，王后鴆殺之。王乃爲歌詩四章，令樂人歌之。王悲思，六月自殺。太后聞之，以爲用婦人故自殺，無思奉宗廟禮，廢其嗣。

燕靈王建。十一年，燕王盧綰亡入匈奴，明年，立建爲燕王。十五年薨，有美人子，〔一〕太后使人殺之，絕後。

〔一〕師古曰：「王之美人生子也。」

齊悼惠王子，前後凡九人爲王：太子襄爲齊哀王，次子章爲城陽景王，興居爲濟北王，將閭爲齊王，志爲濟北王，辟光爲濟南王，〔一〕賢爲菑川王，卬爲膠西王，雄渠爲膠東王。

〔一〕師古曰：「辟音璧，又讀曰闢。」

齊哀王襄，孝惠六年嗣立。明年，惠帝崩，呂太后稱制。元年，以其兄子鄜侯呂台爲呂王，〔一〕割齊之濟南郡爲呂王奉邑。〔二〕明年，哀王弟章入宿衞於漢，高后封爲朱虛侯，以呂祿女妻之。後四年，封章弟興居爲東牟侯，皆宿衞長安。高后七年，割齊琅邪郡，立營陵侯劉澤爲琅邪王。是歲，趙王友幽死于邸。三趙王既廢，高后立諸呂爲三王，擅權用事。

〔一〕師古曰：「鄜音敷。」

〔二〕師古曰：「奉音扶用反。他皆類此。」

章年二十，有氣力，忿劉氏不得職。嘗入侍燕飲，高后令章爲酒吏。章自請曰：「臣，將種也，請得以軍法行酒。」高后曰：「可。」酒酣，章進歌舞，已而曰：「請爲太后言耕田。」〔一〕高后兒子畜之，〔一〕笑曰：「顧乃父知田耳，〔二〕若生而爲王子，安知田乎？」〔三〕章曰：「臣知之。」太后曰：「試爲我言田意。」章曰：「深耕穊種，立苗欲疏；〔四〕非其種者，鉏而去之。」〔五〕太后默然。頃之，諸呂有一人醉，亡酒，〔六〕章追，拔劍斬之，而還報曰：「有亡酒一人，臣謹行軍法斬之。」太后左右大驚。業已許其軍法，亡以罪也。因罷酒。自是後，諸呂憚章，雖大臣皆依朱虛侯。劉氏爲彊。〔七〕

〔一〕師古曰：「欲申諷喻也。」

〔二〕師古曰：「比之於子也。」

〔三〕師古曰：「顧，念也。乃，汝也。汝父，謂高帝也。」

〔四〕師古曰：「若亦汝也。」

〔五〕師古曰：「穊，稠也。穊種者，言多生子孫也。疏立者，四散置之，令爲藩輔也。穊音冀。」

〔六〕師古曰：「以斥諸呂也。」

〔七〕師古曰：「避酒而逃亡。」

〔八〕師古曰：「爲音于僞反。」

其明年，高后崩。趙王呂祿爲上將軍，呂王產爲相國，皆居長安中，聚兵以威大臣，欲爲亂。章以呂祿女爲婦，知其謀，乃使人陰出告其兄齊王，欲令發兵西，〔一〕朱虛侯、東牟侯欲從中與大臣爲內應，以誅諸呂，因立齊王爲帝。

〔一〕師古曰：「西詣京師。」

齊王聞此計，與其舅駟鈞、郎中令祝午、中尉魏勃陰謀發兵。齊相召平聞之，〔一〕乃發兵入衞王宮。魏勃紿平曰：〔二〕「王欲發兵，非有漢虎符驗也。而相君圍王，固善。勃請爲君將兵衞衞王。」〔三〕召平信之，乃使魏勃將。勃既將，以兵圍相府。召平曰：「嗟乎！道家之言『當斷不斷，反受其亂』。」遂自殺。於是齊王以駟鈞爲相，魏勃爲將軍，祝午爲內史，悉發國中兵。使祝午紿琅邪王曰：「呂氏爲亂，齊王發兵欲西誅之。齊王自以兒子，年少，不習兵革之事，願舉國委大王。大王自高帝將也，〔四〕習戰事。齊王不敢離兵，〔五〕使臣請大王幸之臨菑見齊王計事，幷將齊兵以西平關中之亂。」琅邪王信之，以爲然，乃馳見齊王。齊王與魏勃等因留琅邪王，而使祝午盡發琅邪國而幷將其兵。

〔一〕師古曰：「召讀曰邵。」
〔二〕師古曰：「紿，誑也。」
〔三〕師古曰：「謂將兵及衞守之具，以禁衞王，令不得發也。」
〔四〕師古曰：「言自高帝之時已爲將也。」
〔五〕服虔曰：「不敢離其兵而到琅邪。」

琅邪王劉澤既欺，不得反國，乃說齊王曰：「齊悼惠王，高皇帝長子也，推本言之，大王高皇帝適長孫也，〔一〕當立。今諸大臣狐疑未有所定，而澤於劉氏最爲長年，大臣固待澤決計。今大王留臣無爲也，不如使我入關計事。」齊王以爲然，乃益具車送琅邪王。

〔一〕師古曰：「適讀曰嫡。」

琅邪王既行，齊遂舉兵西攻呂國之濟南。於是齊王遺諸侯王書曰：「高帝平定天下，王諸子弟。悼惠王薨，惠帝使留侯張良立臣爲齊王。惠帝崩，高后用事，春秋高，聽諸呂擅廢帝更立，又殺三趙王，滅梁、趙、燕，以王諸呂，分齊國爲四。〔一〕忠臣進諫，上或亂不聽。今高后崩，皇帝春秋富，〔二〕未能治天下，固待大臣諸侯。今諸呂又擅自尊官，聚(官)〔兵〕嚴威，劫列侯忠臣，撟制以令天下，〔三〕宗廟以危。寡人帥兵入誅不當爲王者。」

〔一〕師古曰：「本自齊國，更分爲濟南、琅邪、城陽，凡爲四也。」

〔二〕師古曰：「言年幼也。比之於財，方未匱竭，故謂之富。」

〔三〕師古曰：「撟，託也。託天子之制詔也。撟音矯。」

漢聞之，相國呂產等遣大將軍潁陰侯灌嬰將兵擊之。嬰至滎陽，乃謀曰：「諸呂舉兵關中，欲危劉氏而自立，今我破齊還報，是益呂氏資也。」乃留兵屯滎陽，使人諭齊王及諸侯，與連和，〔一〕以待呂氏之變而共誅之。齊王聞之，乃屯兵西界待約。

〔一〕師古曰：「諭謂曉告也。」

呂祿、呂產欲作亂，朱虛侯章與太尉勃、丞相平等誅之。章首先斬呂產，太尉勃等乃盡誅諸呂。而琅邪王亦從齊至長安。

大臣議欲立齊王，皆曰：「母家駟鈞惡戾，虎而冠者也。〔一〕訪以呂氏故，幾亂天下，〔二〕今又立齊王，是欲復爲呂氏也。代王母家薄氏，君子長者，且代王高帝子，於今見在最爲長。以子則順，以善人則大臣安。」於是大臣乃謀迎代王，而遣章以誅呂氏事告齊王，令罷兵。

〔一〕張晏曰：「言鈞惡戾，如虎著冠。」

〔二〕如淳曰：「訪猶方也。」師古曰：「幾音鉅依反。」

灌嬰在滎陽，聞魏勃本教齊王反，既誅呂氏，罷齊兵，使使召責問魏勃。勃曰：「失火之家，豈暇先言丈人後救火乎！」〔一〕因退立，股戰而栗。〔二〕恐不能言者，終無他語。灌將軍孰視，笑曰：「人謂魏勃勇，妄庸人耳，何能爲乎！」乃罷勃。〔三〕勃父以善鼓琴見秦皇帝。及勃少時，欲求見齊相曹參，家貧無以自通，乃常獨早埽齊相舍人門外。舍人怪之，以爲物而司之，得勃。〔四〕勃曰：「願見相君無因，故爲子埽，欲以求見。」於是舍人見勃，曹參因以爲舍人。壹爲參御言事，以爲賢，言之悼惠王。王召見，拜爲內史。始悼惠王得自置二千石。及悼惠王薨，哀王嗣，勃用事重於相。

〔一〕師古曰：「言以社稷將危，故舉兵以匡之，不暇待有詔命也。」
〔二〕師古曰：「股，腳也。戰者，懼之甚也。」
〔三〕師古曰：「放令去。」
〔四〕師古曰：「物謂鬼神。司者，察視之。」

齊王既罷兵歸，而代王立，是爲孝文帝。

文帝元年，盡以高后時所割齊之城陽、琅邪、濟南郡復予齊，而徙琅邪王王燕。益封朱虛侯、東牟侯各二千戶，黃金千斤。

是歲，齊哀王薨，子文王則嗣。十四年薨，無子，國除。

城陽景王章，孝文二年以朱虛侯與東牟侯興居俱立，二年薨。子共王喜嗣。孝文十二年，徙王淮南，五年，復還王城陽，凡立三十三年薨。子頃王延嗣，二十六年薨。子敬王義嗣，九年薨。子惠王武嗣，十一年薨。子荒王順嗣，四十六年薨。子戴王恢嗣，八年薨。子孝王景嗣，二十四年薨。子哀王雲嗣，一年薨，無子，國絕。成帝復立雲兄俚爲城陽王，〔一〕王莽時絕。

〔一〕師古曰：「俚音里。」

濟北王興居初以東牟侯與大臣共立文帝於代邸，曰：「誅呂氏，臣無功，請與太僕滕公俱入清宮。」〔一〕遂將少帝出，迎皇帝入宮。

〔一〕師古曰：「滕公，夏侯嬰也。」

始誅諸呂時，朱虛侯章功尤大，大臣許盡以趙地王章，盡以梁地王興居。及文帝立，聞朱虛、東牟之初欲立齊王，故黜其功。〔一〕二年，王諸子，乃割齊二郡以王章、興居。章、興居意自以失職奪功。歲餘，章薨，而匈奴大入邊，漢多發兵，丞相灌嬰將擊之，文帝親幸太原。興居以爲天子自擊胡，遂發兵反。上聞之，罷兵歸長安，使棘蒲侯柴將軍〔二〕擊破，虜濟北王。王自殺，國除。

〔一〕師古曰：「不賞之。」

〔二〕張晏曰：「柴武。」

文帝憫濟北王逆亂以自滅，明年，盡封悼惠王諸子罷軍等七人爲列侯。〔一〕至十五年，齊文王又薨，無子。時悼惠王後尙有城陽王在，文帝憐悼惠王適嗣之絕，〔二〕於是乃分齊爲六國，盡立前所封悼惠王子列侯見在者六人爲王。齊孝王將閭以楊虛侯立，濟北王志以安都侯立，菑川王賢以武成侯立，膠東王雄渠以白石侯立，膠西王卬以平昌侯立，濟南王辟光以扐侯立。〔三〕孝文十六年，六王同日俱立。

〔一〕師古曰：「罷音皮彼反，又讀曰疲。」

〔二〕師古曰：「適讀曰嫡。」

〔三〕服虔曰：「扐音勒。扐，平原縣也。」

立十一年，孝景三年，吴楚反，膠東、膠西、菑川、濟南王皆發兵應吴楚。欲與齊，〔一〕齊孝王狐疑，城守不聽。三國兵共圍齊，〔二〕齊王使路中大夫告於天子。〔三〕天子復令路中大夫還報，告齊王堅守，漢兵今破吴楚矣。路中大夫至，三國兵圍臨菑數重，無從入。三國將與路中大夫盟曰：「若反言漢已破矣，〔四〕齊趣下三國，不且見屠。」〔五〕路中大夫既許，至城下，望見齊王，曰：「漢已發兵百萬，使太尉亞夫擊破吴楚，方引兵救齊，齊必堅守無下！」三國將誅路中大夫。

〔一〕師古曰：「與之同反。」

〔二〕張晏曰：「膠西、菑川、濟南也。」

〔三〕張晏曰：「姓路，爲中大夫。」

〔四〕師古曰：「若，汝也。反謂反易其辭也。」

〔五〕師古曰：「趣讀曰促。」

齊初圍急，陰與三國通謀，約未定，會路中大夫從漢來，其大臣乃復勸王無下三國。會漢將欒布、平陽侯等兵至齊，〔一〕擊破三國兵，解圍。已後聞齊初與三國有謀，將欲移兵伐齊。齊孝王懼，飲藥自殺。而膠東、膠西、濟南、菑川王皆伏誅，國除。獨濟北王在。

〔一〕師古曰：「平陽侯，曹襄。」

齊孝王之自殺也，景帝聞之，以爲齊首善，〔一〕以迫劫有謀，非其罪也，召立孝王太子壽，是爲懿王。二十三年薨，子厲王次昌嗣。

〔一〕師古曰：「言其初首無逆亂之心。」

其母曰紀太后。太后取其弟紀氏女爲王后，王不愛。紀太后欲其家重寵，〔一〕令其長女紀翁主入王宮〔二〕正其後宮無令得近王，欲令愛紀氏女。王因與其姊翁主姦。

〔一〕師古曰：「重音直用反。」

〔二〕師古曰：「諸王女曰翁主，而紀氏所生，故謂之紀翁主。」

齊有宦者徐甲，〔一〕入事漢皇太后。〔二〕皇太后有愛女曰脩成君，脩成君非劉氏子，〔三〕太后憐之。脩成君有女娥，太后欲嫁之於諸侯。宦者甲乃請使齊，必令王上書請娥。皇太后大喜，使甲之齊。時主父偃知甲之使齊以取后事，亦因謂甲：「卽事成，幸言偃女願得充王後宮。」甲至齊，風以此事。〔四〕紀太后怒曰：「王有后，後宮備具。且甲，齊貧人，及爲宦者入事漢，初無補益，乃欲亂吾王家！且主父偃何爲者？乃欲以女充後宮！」甲大窮，還報皇太后曰：「王已願尙娥，〔五〕然事有所害，恐如燕王。」燕王者，與其子昆弟姦，坐死。〔六〕故以燕感太后。〔七〕太后曰：「毋復言嫁女齊事。」事寖淫聞於上。〔八〕主父偃由此與齊有隙。

〔一〕師古曰：「宦者，奄人。」
〔二〕張晏曰：「皇太后，武帝之母。」
〔三〕蘇林曰：「皇太后前嫁金氏所生。」
〔四〕師古曰：「風讀曰諷。」
〔五〕師古曰：「㑥，配也。」
〔六〕師古曰：「燕王定國傳云『與其子女三人姦』。子昆弟者，言是其子女又長幼非一，故云子昆弟也。一曰，子昆弟者，定國之姊妹也。言定國姦其子女及其姊妹。」
〔七〕師古曰：「言齊王與其姊妹姦，終當坐之致死，不足嫁女與之。」
〔八〕師古曰：「濅，古浸字也。濅淫，猶言漸染也。」

偃方幸用事，因言：「齊臨菑十萬戶，市租千金，〔一〕人衆殷富，鉅於長安，〔二〕非天子親弟愛子不得王此。今齊王於親屬益疏。」乃從容言呂太后時齊欲反，〔三〕及吳楚時孝王幾爲亂。〔四〕今聞齊王與其姊亂。於是武帝拜偃爲齊相，且正其事。偃至齊，急治王後宮宦者爲王通於姊翁主所者，辭及王。王年少，懼以罪爲吏所執誅，乃飲藥自殺。

〔一〕師古曰：「收一市之租，直千金也。」
〔二〕師古曰：「鉅，大也。」
〔三〕師古曰：「從音千容反。」

〔四〕師古曰：「幾音鉅依反。」

是時趙王懼主父偃壹出敗齊，恐其漸疏骨肉，乃上書言偃受金及輕重之短，〔一〕天子亦因囚偃。公孫弘曰：「齊王以憂死，無後，非誅偃無以塞天下之望。」〔二〕偃遂坐誅。

〔一〕師古曰：「輕重，謂用心不平。」

〔二〕師古曰：「塞，滿也。」

厲王立五年，國除。

濟北王志，吳楚反時初亦與通謀，後堅守不發兵，故得不誅，徙王菑川。元朔中，齊國絕。

悼惠王後唯有二國：城陽、菑川。菑川地比齊，〔一〕武帝爲悼惠王冢園在齊，乃割臨菑東圜悼惠王冢園邑盡以予菑川，〔二〕令奉祭祀。

〔一〕師古曰：「比，近也，音頻二反。」

〔二〕師古曰：「圜謂周繞之。」

志立三十五年薨，是爲懿王。子靖王建嗣，二十年薨。子頃王遺嗣，三十五年薨。子思王終古嗣。五鳳中，青州刺史奏終古使所愛奴與八子及諸御婢姦，〔一〕終古或參與被席，〔二〕或白晝使（贏）〔嬴〕伏，犬馬交接，〔三〕終古親臨觀。產子，輒曰：「亂不可知，使去其子。」〔四〕事下丞相御史，奏終古位諸侯王，以令置八子，秩比六百石，所以廣嗣重祖也。而終古禽獸行，亂君臣夫婦之別，悖逆人倫，〔五〕請逮捕。有詔削四縣。二十八年薨。子考王尚嗣，五年薨。子孝王橫嗣，三十一年薨。子懷王交嗣，六年薨。子永嗣，王莽時絕。

〔一〕如淳曰：「八子，妾號。」
〔二〕師古曰：「與讀曰豫。」
〔三〕師古曰：「(羸)〔贏〕者，露形體也，音郎果反。」
〔四〕師古曰：「去，除也，音丘呂反。」
〔五〕師古曰：「悖，乖也，音步內反。」

贊曰：悼惠之王齊，最爲大國。以海內初定，子弟少，激秦孤立亡藩輔，〔一〕故大封同姓，以塡天下。〔二〕時諸侯得自除御史大夫羣卿以下衆官，如漢朝，漢獨爲置丞相。自吳楚誅後，稍奪諸侯權，左官附益阿黨之法設。〔三〕其後諸侯唯得衣食租稅，貧者或乘牛車。

〔一〕師古曰：「激，感發也，音工歷反。」
〔二〕師古曰：「塡音竹刃反。」
〔三〕張晏曰：「諸侯有罪，傅相不舉奏，爲阿黨。」師古曰：「皆新制律令之條也。左官，解在諸侯王表。附益，言欲增益諸侯王也。」

校勘記

一九八八頁八行　食蝮（蛟）〔蛇〕野葛，景祐、殿、局本都作「蛇」。王先謙說作「蛇」是。

一九八九頁五行　我無忠臣兮，何故棄國？〔三〕　注〔三〕原在「何故」下。劉攽說「棄國」當屬上句。

一九九四頁七行　聚（官）〔兵〕嚴威，景祐、殿本都作「兵」，史記同。

二〇〇一頁一五行　或白晝使（蠃）〔蠃〕伏，景祐本作「蠃」。王念孫說此古字之僅存者。

漢書卷三十九

蕭何曹參傳第九

蕭何，沛人也。以文毋害爲沛主吏掾。〔一〕高祖爲布衣時，數以吏事護高祖。高祖爲亭長，常佑之。〔二〕高祖以吏繇咸陽，〔三〕吏皆送奉錢三，何獨以五。〔四〕秦御史監郡者，與從事辨之。〔五〕何乃給泗水卒史事，〔六〕第一。〔七〕秦御史欲入言徵何，何固請，得毋行。〔八〕

〔一〕服虔曰：「爲人解通，無嫉害也。」應劭曰：「雖爲文吏，而不刻害也。」蘇林曰：「毋害，若言無比也。一曰，害，勝也，無能勝害之者。」晉灼曰：「酷吏傳趙禹爲丞相亞夫吏，府中皆稱其廉，然亞夫不任，曰：『極知禹無害，然文深，不可以居大府。』蘇說是也。」師古曰：「害，傷也，無人能傷害之者。蘇、晉兩說皆得其意，服、應非也。」

〔二〕師古曰：「佑，助也。言居家時，爲何所護，及爲亭長，何又擁助也。」

〔三〕師古曰：「繇讀曰傜。傜，役也。」

〔四〕師古曰：「出錢以資行，他人皆三百，何獨五百。奉音扶用反。」

〔五〕張晏曰：「何與共事備辨，明何素有方略也。」蘇林曰：「辟何與從事也。秦時無刺史，以御史監郡。」師古曰：「二說皆同。」

〔六〕師古曰：「泗水郡，沛所屬也。何爲郡卒史。」

〔七〕師古曰：「課最上。」

〔八〕孟康曰：「當還入相秦事，故召何也。」師古曰：「此說非也。御史以何明辨，欲因入奏事之次，言於朝廷，徵何用之。何心不願，以情固請，而御史止，故得不行也。」

及高祖起爲沛公，何嘗爲丞督事。〔一〕沛公至咸陽，諸將皆爭走金帛財物之府分之，〔二〕何獨先入收秦丞相御史律令圖書臧之。沛公具知天下阸塞，戶口多少，彊弱處，民所疾苦者，以何得秦圖書也。

〔一〕師古曰：「督謂監視之也。何爲沛丞，專督衆事。」

〔二〕師古曰：「走謂趣向之，音奏。」

初，諸侯相與約，先入關破秦者王其地。沛公既先定秦，項羽後至，欲攻沛公，沛公謝之得解。羽遂屠燒咸陽，與范增謀曰：「巴蜀道險，秦之遷民皆居蜀。」乃曰：「蜀漢亦關中地也。」故立沛公爲漢王，而三分關中地，王秦降將以距漢王。漢王怒，欲謀攻項羽。周勃、灌嬰、樊噲皆勸之，何諫之曰：「雖王漢中之惡，不猶愈於死乎？」〔一〕漢王曰：「何爲乃死也？」何曰：「今衆弗如，百戰百敗，不死何爲？周書曰『天予不取，反受其咎』。〔二〕語曰『天漢』，其稱甚美。〔三〕夫能詘於一人之下，而信於萬乘之上者，湯武是也。〔四〕臣願大王王漢中，養其民以致賢人，收用巴蜀，還定三秦，天下可圖也。」漢王曰：「善。」乃遂就國，以何爲丞相。何進韓信，漢王以爲大將軍，說漢王令引兵東定三秦。語在信傳。

〔一〕師古曰：「愈，勝也。」

〔二〕師古曰：「周書者，本與尚書同類，蓋孔子所刪百篇之外，劉向所奏有七十一篇。」

〔三〕孟康曰：「語，古語也。言地之有漢，若天之有河漢，名號休美。」臣瓚曰：「流俗語云『天漢』，其言常以漢配天，此美名也。」師古曰：「瓚說是也。天漢，河漢也。」

〔四〕師古曰：「信讀曰伸，古通用字。」

何以丞相留收巴蜀，填撫諭告，〔一〕使給軍食。漢二年，漢王與諸侯擊楚，何守關中，侍太子，治櫟陽。爲令約束，立宗廟、社稷、宮室、縣邑，輒奏，上可許以從事；〔二〕即不及奏，輒以便宜施行，上來以聞。〔三〕計戶轉漕給軍，漢王數失軍遯去，何常興關中卒，輒補缺。上以此剸屬任何關中事。〔四〕

〔一〕師古曰：「填音竹刃反。」

〔二〕師古曰：「可其所奏，許其所請，依以行事。」

〔三〕應劭曰：「上來還，乃以所爲聞也。」

〔四〕師古曰：「剸讀與專同，又音章阮反。此即言專聲之急上者也，（又）〔今〕俗語猶然。他皆類此。屬音之欲反。」

漢三年，與項羽相距京、索間，〔一〕上數使使勞苦丞相。〔二〕鮑生謂何曰：〔三〕「今王暴衣

露蓋，數勞苦君者，有疑君心。爲君計，莫若遣君子孫昆弟能勝兵者悉詣軍所，上益信君。」於是何從其計，漢王大說。〔四〕

〔一〕師古曰：「索音山客反。」
〔二〕師古曰：「勞音來到反。次下亦同。」
〔三〕師古曰：「鮑生，當時有識之士，姓鮑而爲諸生也。」
〔四〕師古曰：「說讀曰悅。」

漢五年，已殺項羽，即皇帝位，論功行封，羣臣爭功，歲餘不決。上以何功最盛，先封爲酇侯，〔一〕食邑八千戶。功臣皆曰：「臣等身被堅執兵，多者百餘戰，少者數十合，攻城略地，大小各有差。今蕭何未有汗馬之勞，徒持文墨議論，不戰，顧居臣等上，何也？」〔二〕上曰：「諸君知獵乎？」曰：「知之。」「知獵狗乎？」曰：「知之。」上曰：「夫獵，追殺獸者狗也，而發縱指示獸處者人也。〔三〕今諸君徒能走得獸耳，功狗也；至如蕭何，發縱指示，功人也。且諸君獨以身從我，多者三兩人；蕭何舉宗數十人皆隨我，功不可忘也！」羣臣後皆莫敢言。

〔一〕文穎曰：「音贊。」師古曰：「先封何者，謂諸功臣舊未爵者，何最在前封也。酇屬南陽，解在高紀。」
〔二〕師古曰：「顧猶反也。」
〔三〕師古曰：「發縱，謂解紲而放之也。指示者，以手指示之，今俗言放狗。縱音子用反，而讀者乃爲蹤蹟之蹤，非也。書本皆不爲蹤字。自有逐蹤之狗，不待人發也。」

列侯畢已受封，奏位次，皆曰：「平陽侯曹參身被七十創，攻城略地，功最多，宜第一。」上已橈功臣多封何，〔一〕至位次未有以復難之，然心欲何第一。關內侯鄂（千）秋時為謁者，進曰：「羣臣議皆誤。夫曹參雖有野戰略地之功，此特一時之事。夫上與楚相距五歲，失軍亡衆，跳身遯者數矣，〔二〕然蕭何常從關中遣軍補其處。非上所詔令召，而數萬衆會上乏絕者數矣。夫漢與楚相守滎陽數年，軍無見糧，〔三〕蕭何轉漕關中，給食不乏。陛下雖數亡山東，蕭何常全關中待陛下，此萬世功也。今雖無曹參等百數，何缺於漢？〔四〕漢得之不必待以全。柰何欲以一旦之功（而）加萬世之功哉！蕭何當第一，曹參次之。」上曰：「善。」於是乃令何第一，賜帶劍履上殿，入朝不趨。上曰：「吾聞進賢受上賞，蕭何功雖高，待鄂君乃得明。」於是因鄂（千）秋故所食關內侯邑二千戶，封為安平侯。是日，悉封何父母兄弟十餘人，皆食邑。乃益封何二千戶，「以嘗繇咸陽時何送我獨贏錢二也」。〔五〕

〔一〕應劭曰：「橈，屈也。」師古曰：「音女教反。」

〔二〕師古曰：「跳身，謂輕身走出也。」

〔三〕師古曰：「無見在之糧。」

〔四〕師古曰：「數音所具反。」

〔五〕師古曰：「贏，餘也。二謂二百也。衆人送皆三百，何獨五百，故云贏二也。」

陳豨反，上自將，至邯鄲。而韓信謀反關中，呂后用何計誅信。語在信傳。上已聞誅信，使使拜丞相爲相國，益封五千戶，令卒五百人一都尉爲相國衞。諸君皆賀，召平獨弔。〔一〕召平者，故秦東陵侯。秦破，爲布衣，貧，種瓜長安城東，瓜美，故世謂「東陵瓜」，從召平始也。平謂何曰：「禍自此始矣。上暴露於外，而君守於內，非被矢石之難，而益君封置衞者，以今者淮陰新反於中，有疑君心。夫置衞衞君，非以寵君也。〔二〕願君讓封勿受，悉以家私財佐軍。」何從其計，上說。〔三〕

〔一〕師古曰：「召讀曰邵。」

〔二〕師古曰：「恐其爲變，故守衞之。」

〔三〕師古曰：「說讀曰悅。」

其秋，黥布反，上自將擊之，數使使問相國何爲。〔一〕曰：「爲上在軍，拊循勉百姓，悉所有佐軍，如陳豨時。」〔二〕客又說何曰：「君滅族不久矣。夫君位爲相國，功第一，不可復加。然君初入關，本得百姓心，十餘年矣。皆附君，尚復孳孳得民和。〔三〕上所謂數問君，畏君傾動關中。今君胡不多買田地，賤貰貣以自汙？上心必安。」〔四〕於是何從其計，上乃大說。〔五〕

〔一〕師古曰：「問其居守，何所營爲。」

〔二〕師古曰：「悉，盡也，盡所有糧食資用出以佐軍也。」

〔三〕師古曰：「孳字與孜同。孜孜，言不怠也。」

〔四〕師古曰：「賁，賒也。貣音土得反。」

〔五〕師古曰：「說讀曰悅。」

上罷布軍歸，民道遮行，〔一〕上書言相國彊賤買民田宅數千人。上至，何謁。上笑曰：「今相國乃利民！」民所上書皆以與何，曰：「君自謝民。」後何爲民請曰：「長安地陿，上林中多空地，棄，願令民得入田，毋收稾爲獸食。」〔二〕上大怒曰：「相國多受賈人財物，爲請吾苑！」乃下何廷尉，械繫之。數日，王衞尉侍，〔三〕前問曰：「相國胡大罪，陛下繫之暴也？」〔四〕上曰：「吾聞李斯相秦皇帝，有善歸主，有惡自予。今相國多受賈豎金，爲請吾苑，以自媚於民。〔五〕故繫治之。」王衞尉曰：「夫職事苟有便於民而請之，眞宰相事也。陛下柰何乃疑相國受賈人錢乎！且陛下距楚數歲，陳豨、黥布反時，陛下自將往，當是時相國守關中，關中搖足則關西非陛下有也。相國不以此時爲利，乃利賈人之金乎？且秦以不聞其過亡天下，夫李斯之分過，又何足法哉！陛下何疑宰相之淺也！」上不懌。〔六〕是日，使使持節赦出何。何年老，素恭謹，徒跣入謝。上曰：「相國休矣！〔七〕相國爲民請吾苑不許，我不過爲桀紂主，而相國爲賢相。吾故繫相國，欲令百姓聞吾過。」

〔一〕師古曰：「在道上遮天子行。」

〔二〕師古曰：「稾，禾稈也。言恣人田之，不收其稾稅也。稾音工老反。稈音工旱反。」

〔三〕如淳曰：「百官公卿表『衞尉王氏』，無名字。」師古曰：「吏失之也。侍謂侍天子也。」

〔四〕師古曰：「前問，謂進而請也。胡，何也。」

〔五〕師古曰：「媚，愛也，求愛於民。」

〔六〕師古曰：「懌，悅也。感衞尉之言，故慙悔而不悅也。」

〔七〕師古曰：「令出外自休息。」

高祖崩，何事惠帝。何病，上親自臨視何疾，因問曰：「君卽百歲後，誰可代君？」對曰：「知臣莫如主。」帝曰：「曹參何如？」何頓首曰：「帝得之矣。何死不恨矣！」

何買田宅必居窮辟處，〔一〕為家不治垣屋。〔二〕曰：「令後世賢，師吾儉；不賢，毋為勢家所奪。」

〔一〕師古曰：「辟讀曰僻。僻，隱也。」

〔二〕師古曰：「垣，牆也。」

孝惠二年，何薨，謚曰文終侯。子祿嗣，薨，無子。高后乃封何夫人同為酇侯，小子延為筑陽侯。〔一〕孝文元年，罷同，更封延為酇侯。薨，子遺嗣。薨，無子。文帝復以遺弟則嗣，有罪免。景帝二年，制詔御史：「故相國蕭何，高皇帝大功臣，所與為天下也。〔二〕今其祀絕，朕甚憐之。其以武陽縣戶二千封何孫嘉為列侯。」嘉，則弟也。薨，子勝嗣，後有罪免。武帝元狩中，復下詔御史：「以酇戶二千四百封何曾孫慶爲酇侯，布告天下，令明知朕報蕭相國德也。」慶，則子也。薨，子壽成嗣，坐爲太常（儀）〔犧〕牲瘦免。宣帝時，詔丞相御史求問蕭相國後在者，得玄孫建世等十二人，復下詔以酇戶二千封建世爲酇侯。傳子至孫獲，坐使奴殺人減死論。成帝時，復封何玄孫之子南緣長喜爲酇侯。〔三〕傳子至曾孫，王莽敗乃絕。

〔一〕師古曰：「酇及筑陽皆南陽縣也。今其地（見）〔並〕屬襄州。筑音逐。」

〔二〕師古曰：「爲，治也。亦曰共造其功業。」

〔三〕蘇林曰：「緣音人足攣躄之攣，鉅鹿縣名也。」師古曰：「喜爲此縣之長。」

曹參，沛人也。秦時爲獄掾，而蕭何爲主吏，居縣爲豪吏矣。〔一〕高祖爲沛公也，參以中涓從。〔二〕擊胡陵、方與，〔三〕攻秦監公軍，大破之。〔四〕東下薛，擊泗水守軍薛郭西。復攻胡陵，取之。徙守方與。方與反爲魏，擊之。豐反爲魏，攻之。賜爵七大夫。北擊司馬欣軍碭東，取狐父、祁善置。〔五〕又攻下邑以西，至虞，擊秦將章邯車騎。攻轅戚及亢父，〔六〕先登。遷爲五大夫。北救東阿，擊章邯軍，陷陳，追至濮陽。攻定陶，取臨濟。南救雍丘，擊李由軍，破之，殺李由，虜秦候一人。章邯破殺項梁也，沛公與項羽引兵而東。楚懷王以沛公爲碭郡長，將碭郡兵。於是乃封參執帛，〔七〕號曰建成君。遷爲戚公，屬碭郡。〔八〕

〔一〕師古曰：「言參及蕭何並爲吏之豪長也。」

〔二〕如淳曰：「中涓，如中謁者也。」師古曰：「涓，絜也，言其在內主知絜凊灑埽之事，蓋親近左右也。」

〔三〕師古曰：「音房豫。」

〔四〕孟康曰：「監，御史監郡者。公，名也。」晉灼曰：「按高紀名平也。秦一郡置守尉監三人。」師古曰：「公者，時人尊稱之耳。晉說是也。」

〔五〕文穎曰：「善置，置名也。」晉灼曰：「祁音坻。」師古曰：「狐父、祁，二縣名也。祁音鉅夷反，又音十夷反。父音甫。置若今之驛也。」

〔六〕師古曰：「亢父音抗甫。」

〔七〕鄭氏曰：「楚爵也。」張晏曰：「孤卿也。」

〔八〕師古曰：「爲咸縣之令。」

其後從攻東郡尉軍，破之成武南。擊王離軍成陽南，又攻杠里，大破之。追北，西至開封，擊趙賁軍，破之，〔一〕圍趙賁開封城中。西擊秦將楊熊軍於曲遇，〔二〕破之，虜秦司馬及御史各一人。遷爲執珪。〔三〕從西攻陽武，下轘轅、緱氏，絕河津。擊趙賁軍尸北，破之。〔四〕從南攻犨，與南陽守齮戰陽城郭東，〔五〕陷陳，取宛，虜齮，定南陽郡。〔六〕從西攻武關、嶢關，取之。〔七〕前攻秦軍藍田南，又夜擊其北軍，大破之，遂至咸陽，破秦。

〔一〕師古曰：「賁音奔。」

〔二〕師古曰：「曲音丘羽反。遇音顒。」

〔三〕張晏曰：「侯伯執珪，以朝位比之。」如淳曰：「呂氏春秋『得五員者位執珪』，古爵名也。」

〔四〕孟康曰：「尸鄉之北。」

〔五〕應劭曰：「今堵陽。」

〔六〕師古曰：「高紀言『南陽守齮降，封爲殷侯』，而此傳言虜齮，紀傳不同，疑傳誤。」

〔七〕師古曰：「嶢音堯。」

項羽至，以沛公爲漢王。漢王封參爲建成侯。從至漢中，遷爲將軍。從還定三秦，攻下辨、故道、〔一〕雍、斄。〔二〕擊章平軍於好畤南，破之，圍好畤，取壤鄉。〔三〕擊三秦軍壤東及高櫟，破之。〔四〕復圍章平，平出好畤走。因擊趙賁、內史保軍，破之。東取咸陽，更名曰新城。參將兵守景陵二十三日，〔五〕三秦使章平等攻參，參出擊，大破之。賜食邑於寧秦。〔六〕以將軍引兵圍章邯廢丘；以中尉從漢王出臨晉關。至河內，下脩武，度圍津，〔七〕東擊龍且、項佗定陶，破之。〔八〕東取碭、蕭、彭城。擊項籍軍，漢軍大敗走。參以中尉圍取雍丘。王武反於外黃，程處反於燕，〔九〕往擊，盡破之。柱天侯反於衍氏，進破取衍氏。擊羽嬰於昆陽，追至葉。〔一〇〕還攻武彊，〔一一〕因至滎陽。參自漢中爲將軍中尉，從擊諸侯，及項王敗，還至滎陽。〔一二〕

〔一〕鄧展曰：「武都二縣也。」

〔二〕蘇林曰：「右扶風二縣也。斄音胎。」

〔三〕文穎曰：「壤，地名也。」

〔四〕師古曰：「櫟音歷。」

〔五〕孟康曰：「縣名也。」

〔六〕蘇林曰：「今華陰。」

〔七〕師古曰：「在東郡。」

〔八〕師古曰：「且音子餘反。佗音徒何反。」

〔九〕服虔曰：「皆漢將。」師古曰：「燕，東郡之縣，故南燕國。音一千反。」

〔一〇〕師古曰：「葉，南陽縣也，音式涉反。」

〔一一〕師古曰：「武彊城在陽武。」

〔一二〕師古曰：「敗謂戰彭城而敗。」

漢二年，拜爲假左丞相，入屯兵關中。月餘，魏王豹反，以假丞相別與韓信東攻魏將孫遫東張，〔一〕大破之。因攻安邑，得魏將王襄。擊魏王於曲陽，追至東垣，生獲魏王豹。取平陽，得豹母妻子，盡定魏地，凡五十二縣。賜食邑平陽。因從韓信擊趙相國夏說軍於鄔東，〔二〕大破之，斬夏說。韓信與故常山王張耳引兵下井陘，擊成安君陳餘，而令參還圍趙別將戚公於鄔城中。戚公出走，追斬之。乃引兵詣漢王在所。韓信已破趙，爲相國，東擊齊，參以左丞相屬焉。攻破齊歷下軍，遂取臨淄。還定濟北郡，收著、漯陰、平原、鬲、盧。〔三〕已而從韓信擊龍且軍於上假密，〔四〕大破之，斬龍且，虜亞將周蘭。〔五〕定齊郡，凡得七十縣。得故齊王田廣相田光，其守相許章，及故將軍田既。〔六〕韓信立爲齊王，引兵東詣陳，與漢王共破項羽，而參留平齊未服者。

〔一〕蘇林曰：「東張屬河東。」師古曰：「遫，古速字。」

〔二〕蘇林曰：「鄔，太原縣也。」師古曰：「說讀曰悅。鄔音一戶反，又音乙據反。」

〔三〕師古曰：「五縣名也。時未有濟北郡，史追書之耳。著音竹庶反，又音直庶反。漯音它合反。鬲與隔同。」

〔四〕文穎曰：「或以爲高密。」

〔五〕師古曰：「亞將，次將也。」

〔六〕師古曰：「守相，爲相居守者。」

漢王即皇帝位，韓信徙爲楚王。參歸相印焉。高祖以長子肥爲齊王，而以參爲相國。高祖六年，與諸侯剖符，賜參爵列侯，食邑平陽萬六百三十戶，世世勿絕。

參以齊相國擊陳豨將張春，破之。黥布反，參從悼惠王將車騎十二萬，與高祖會擊黥布軍，大破之。南至蘄，還定竹邑、相、蕭、留。〔一〕

〔一〕師古曰：「四縣名。」

參功：凡下二國，縣百二十二；得王二人，相三人，將軍六人，大莫敖、郡守、司馬、侯、

御史各一人。〔一〕

〔一〕如淳曰：「躡音敖。」張晏曰：「莫敖，楚卿號也。時近六國，故有令尹、莫敖之官。」

孝惠元年，除諸侯相國法，更以參爲齊丞相。參之相齊，齊七十城。天下初定，悼惠王富於春秋，參盡召長老諸先生，問所以安集百姓。而齊故諸儒以百數，〔一〕言人人殊，參未知所定。聞膠西有蓋公，〔二〕善治黄老言，〔三〕使人厚幣請之。既見蓋公，蓋公爲言治道貴清靜而民自定，推此類具言之。參於是避正堂，舍蓋公焉。〔四〕其治要用黄老術，故相齊九年，齊國安集，大稱賢相。

〔一〕師古曰：「數音所具反。」

〔二〕師古曰：「蓋音古盍反。」

〔三〕張晏曰：「黄帝、老子之書。」

〔四〕師古曰：「舍，止也。」

蕭何薨，參聞之，告舍人趣治行，〔一〕「吾且入相。」居無何，使者果召參。參去，屬其後相〔二〕曰：「以齊獄市爲寄，愼勿擾也。」後相曰：「治無大於此者乎？」參曰：「不然。夫獄市者，所以幷容也，今君擾之，姦人安所容乎？吾是以先之。」〔三〕

〔一〕師古曰：「舍人猶家人也，一說私屬官主家事者也。趣讀曰促，謂速也。治行，謂脩治行裝也。」

〔二〕師古曰：「屬音之欲反。」

〔三〕孟康曰：「夫獄市者，兼受善惡，若窮極姦人，姦人無所容竄，久且為亂。秦人極刑而天下畔，孝武峻法而獄繁，此其效也。」師古曰：「老子云『我無為，民自化；我好靜，民自正。』參欲以道化為本，不欲擾其末也。」

始參微時，與蕭何善，及為宰相，有隙。〔一〕至何且死，所推賢唯參。參代何為相國，舉事無所變更，壹遵何之約束。〔二〕擇郡國吏長大，〔三〕訥於文辭，謹厚長者，即召除為丞相史。吏言文刻深，欲務聲名，輒斥去之。〔四〕日夜飲酒。卿大夫以下吏及賓客見參不事事，〔五〕來者皆欲有言。至者，參輒飲以醇酒，〔六〕度之欲有言，復飲酒，醉而後去，〔七〕終莫得開說，〔八〕以為常。

〔一〕師古曰：「參自以戰鬬功多，而封賞每在何後，故怨何也。」
〔二〕師古曰：「舉，皆也，言凡事皆無變改。」
〔三〕孟康曰：「取年長大者。」
〔四〕師古曰：「斥，卻也。」
〔五〕如淳曰：「不事丞相之事。」
〔六〕師古曰：「醇酒不澆，謂厚酒也。」
〔七〕師古曰：「度音大各反。飲音於禁反。」
〔八〕如淳曰：「開謂有所啓白。」

相舍後園近吏舍，吏舍日飲歌呼。〔一〕從吏患之，無如何，〔二〕乃請參遊後園。聞吏醉歌呼，從吏幸相國召按之。乃反取酒張坐飲，〔三〕大歌呼與相和。

〔一〕師古曰：「呼音火故反。其下並同。」

〔二〕師古曰：「從吏，吏之常從相者也。從音材用反。」

〔三〕師古曰：「張設坐席而飲也。坐音才臥反。」

參見人之有細過，掩匿覆蓋之，府中無事。

參子窋爲中大夫。〔一〕惠帝怪相國不治事，以爲「豈少朕與？」〔二〕乃謂窋曰：「女歸，試私從容問乃父〔三〕曰：『高帝新棄羣臣，帝富於春秋，君爲相國，日飲，無所請事，何以憂天下？』然無言吾告女也。」窋既洗沐歸，時間，自從其所諫參。〔四〕參怒而笞之二百，曰：「趣入侍，〔五〕天下事非乃所當言也。」至朝時，帝讓參〔六〕曰：「與窋胡治乎？〔七〕乃者我使諫君也。」〔八〕參免冠謝曰：「陛下自察聖武孰與高皇帝？」上曰：「朕乃安敢望先帝！」參曰：「陛下觀參孰與蕭何賢？」上曰：「君似不及也。」參曰：「陛下言之是也。且高皇帝與蕭何定天下，法令既明具，陛下垂拱，參等守職，遵而勿失，不亦可乎？」惠帝曰：「善。君休矣！」〔九〕

〔一〕師古曰：「窋音張律反。」

〔二〕師古曰：「言豈以我爲年少故也。與讀曰歟。」

〔三〕師古曰：「乃，汝也。」

〔四〕師古曰：「間謂空隙也。自從其所，猶言自出其意也。」

〔五〕師古曰：「趣讀曰促。」

〔六〕師古曰：「讓，責也。」

〔七〕師古曰：「胡，何也。言共窋爲何治也。治音丈吏反。」

〔八〕師古曰：「乃者猶言曩者。」

〔九〕師古曰：「且令出休息。」

參爲相國三年，薨，謚曰懿侯。百姓歌之曰：「蕭何爲法，講若畫一；〔一〕曹參代之，守而勿失。載其清靖，民以寧壹。」〔二〕

〔一〕文穎曰：「講或作較。」師古曰：「講，和也。畫一，言整齊也。」

〔二〕師古曰：「載猶乘也。」

窋嗣侯，高后時至御史大夫。傳國至曾孫襄，武帝時爲將軍，擊匈奴，薨。子宗嗣，有罪，完爲城旦。至哀帝時，乃封參玄孫之孫本始爲平陽侯，二千戶，王莽時薨。子宏嗣，建武中先降河北，封平陽侯。至今八侯。

贊曰：蕭何、曹參皆起秦刀筆吏，〔一〕當時錄錄未有奇節。〔二〕漢興，依日月之末光，〔三〕何以信謹守管籥，參與韓信俱征伐。〔四〕天下既定，因民之疾秦法，順流與之更始，二人同心，遂安海內。淮陰、黥布等已滅，唯何、參擅功名，位冠羣臣，聲施後世，〔五〕爲一代之宗臣，〔六〕慶流苗裔，盛矣哉！

〔一〕師古曰：「刀所以削書也，古者用簡牒，故吏皆以刀筆自隨也。」

〔二〕師古曰：「錄錄猶鹿鹿，言在凡庶之中也。」

〔三〕師古曰：「易文言云『聖人作而萬物覩』，又曰『見龍在田，天下文明』。贊言何、參值漢初興，故以日月爲喻耳。」

〔四〕師古曰：「高祖出征，何每居守，故言守管籥。」

〔五〕師古曰：「冠謂居其首。」

〔六〕師古曰：「言爲後世之所尊仰，故曰宗臣也。」

校勘記

二〇〇五頁五行　何乃給泗水卒史事，〔六〕第一。　注〔六〕原在「卒史」下，明舊讀以「事第一」爲句。齊召南說「事」字當屬上句。

二〇〇七頁一五行　（又）〔今〕俗語猶然。　殿、局本都作「今」。

二〇〇九頁二行　關內侯鄂（千）秋時爲謁者，　景祐、殿本都無「千」字，下同。

二〇〇九頁七行　柰何欲以一旦之功（而）加萬世之功哉！　景祐、殿本都無「而」字。

二〇一三頁一行　坐爲太常（儀）〔犧〕牲瘦免。　景祐、殿、局本都作「犧」，此誤。

二〇一三頁五行　今其地（見）〔並〕屬襄州。　景祐、殿本都作「並」。

漢書卷四十

張陳王周傳第十

張良字子房，其先韓人也。大父開地，〔一〕相韓昭侯、宣惠王、襄哀王。父平，相釐王、〔二〕悼惠王。悼惠王二十三年，平卒。卒二十歲，秦滅韓。良（年）少，未宦事韓。韓破，良家僮三百人，弟死不葬，悉以家財求客刺秦王，為韓報仇，以五世相韓故。〔三〕

〔一〕應劭曰：「大父，祖父；開地，名也。」

〔二〕師古曰：「釐讀曰僖。」

〔三〕師古曰：「從昭侯至悼惠王，凡五君。」

良嘗學禮淮陽，東見倉海君，〔一〕得力士，為鐵椎重百二十斤。秦皇帝東游，至博狼沙中，〔二〕良與客狙擊秦皇帝，〔三〕誤中副車。〔四〕秦皇帝大怒，大索天下，〔五〕求賊急甚。良乃更名姓，亡匿下邳。〔六〕

〔一〕晉灼曰：「海神也。」如淳曰：「東夷君長也。」師古曰：「二說並非。蓋當時賢者之號也。良既見之，因而求得力士。」

〔二〕服虔曰：「河南陽武南地名也，今有亭。」師古曰：「狼音浪。」

〔三〕師古曰：「狙謂密伺之，音千豫反，字本作覻。」

〔四〕師古曰：「副謂後乘也。」

〔五〕師古曰：「索，搜也。索音山客反。」

〔六〕師古曰：「更，改也。」

良嘗閒從容步游下邳圯上，〔一〕有一老父，衣褐，至良所，〔二〕直墮其履圯下，〔三〕顧謂良曰：「孺子下取履！」〔四〕良愕然，欲歐之。〔五〕爲其老，乃彊忍，下取履，因跪進。父以足受之，笑去。良殊大驚。父去里所，復還，〔六〕曰：「孺子可教矣。後五日平明，與我期此。」良因怪〔之〕，跪曰：「諾。」五日平明，良往。父已先在，怒曰：「與老人期，後，何也？去，後五日蚤會。」〔七〕五日，雞鳴往。父又先在，復怒曰：「後，何也？去，後五日復蚤來。」五日，良夜半往。有頃，父亦來，喜曰：「當如是。」出一編書，〔八〕曰：「讀是則爲王者師。後十年興。十三年，孺子見我，濟北穀城山下黃石卽我已。」〔九〕遂去不見。旦日視其書，乃太公兵法。良因異之，常習〔讀〕誦。

〔一〕服虔曰：「圯音頤，楚人謂橋曰圯。」應劭曰：「汜水之上也。」文穎曰：「沂水上橋也。」師古曰：「下邳之水，非汜水也，又非沂水。服說是矣。」

〔二〕師古曰：「褐制若裘，今道士所服者是。」

〔三〕師古曰：「直猶故也，一曰正也。」
〔四〕師古曰：「孺，幼也。」
〔五〕師古曰：「愕，驚貌也。歐，擊也，音一口反。」
〔六〕師古曰：「行一里許而還來。」
〔七〕師古曰：「故良令去，戒以後會也。其下亦同。蚤音早。」
〔八〕師古曰：「編謂聯次之也。聯簡牘以爲書，故云一編。編音鞭。」
〔九〕師古曰：「已，語終之辭。」

居下邳，爲任俠。項伯嘗殺人，從良匿。

後十年，陳涉等起，良亦聚少年百餘人。景駒自立爲楚假王，在留。良欲往從之，行道遇沛公。沛公將數千人略地下邳，遂屬焉。沛公拜良爲廄將。〔一〕良數以太公兵法說沛公，沛公喜，常用其策。良爲它人言，皆不省。〔二〕良曰：「沛公殆天授。」〔三〕故遂從不去。

〔一〕服虔曰：「官名也。」
〔二〕師古曰：「省，視也。」
〔三〕師古曰：「殆，近也。」

沛公之薛，見項梁，共立楚懷王。良乃說項梁曰：「君已立楚後，韓諸公子橫陽君成賢，可立爲王，益樹黨。」〔一〕項梁使良求韓成，立爲韓王。以良爲韓司徒，與韓王將千餘人西略韓地，得數城，秦輒復取之，往來爲游兵潁川。

〔一〕師古曰：「廣立六國之後共攻秦也。」

沛公之從雒陽南出轘轅，良引兵從沛公，下韓十餘城，擊楊熊軍。沛公乃令韓王成留守陽翟，與良俱南，攻下宛，西入武關。沛公欲以二萬人擊秦嶢關下軍，〔一〕良曰：「秦兵尚彊，未可輕。臣聞其將屠者子，賈豎易動以利。〔二〕願沛公且留壁，使人先行，爲五萬人具食，益張旗幟諸山上，爲疑兵，〔三〕令酈食其持重寶啗秦將。」〔四〕秦將果欲連和俱西襲咸陽，〔五〕沛公欲聽之。良曰：「此獨其將欲叛，士卒恐不從。不從必危，不如因其解擊之。」〔六〕沛公乃引兵擊秦軍，大破之。逐北至藍田，再戰，秦兵竟敗。遂至咸陽，秦王子嬰降沛公。

〔一〕師古曰：「嶢音堯。」

〔二〕師古曰：「商賈之人志無遠大，譬猶僮豎，故云賈豎。」

〔三〕師古曰：「皆所以表已軍之多，誇示敵人。幟音式志反。」

〔四〕師古曰：「啗音徒濫反，解在高紀。」

〔五〕師古曰：「欲與漢王和而隨漢兵襲咸陽。」

〔六〕師古曰：「解讀曰懈。」

沛公入秦，宮室帷帳狗馬重寶婦女以千數，意欲留居之。樊噲諫，沛公不聽。良曰：

「夫秦爲無道，故沛公得至此。爲天下除殘去賊，宜縞素爲資。〔一〕今始入秦，卽安其樂，此所謂『助桀爲虐』。且『忠言逆耳利於行，毒藥苦口利於病』，願沛公聽樊噲言。」沛公乃還軍霸上。

〔一〕晉灼曰：「資，質也。欲令沛公反秦奢泰，服儉素以爲資。」師古曰：「縞，白素也，音工老反。」

項羽至鴻門，欲擊沛公，項伯夜馳至沛公軍，私見良，欲與俱去。良曰：「臣爲韓王送沛公，今（有事）〔事有〕急，亡去不義。」乃具語沛公。沛公大驚，曰：「爲之奈何？」良曰：「沛公誠欲背項王邪？」沛公曰：「鯫生說我距關毋內諸侯，〔一〕秦地可王也，故聽之。」良曰：「沛公自度能卻項王乎？」〔二〕沛公默然，曰：「今爲奈何？」良因要項伯見沛公。沛公與伯飲，爲壽，結婚，令伯具言沛公不敢背項王，所以距關者，備它盜也。項羽後解，語在羽傳。

〔一〕服虔曰：「鯫音七垢反。鯫，小人也。」臣瓚曰：「楚漢春秋鯫姓。」師古曰：「服說是也。音才垢反。」

〔二〕師古曰：「卻音丘略反。」

漢元年，沛公爲漢王，王巴蜀，賜良金百溢，〔一〕珠二斗，良具以獻項伯。漢王亦因令良厚遺項伯，使請漢中地。〔二〕項王許之。漢王之國，良送至襃中，遣良歸韓。良因說漢王燒絕棧道，〔三〕示天下無還心，以固項王意。乃使良還。行，燒絕棧道。〔四〕

〔一〕服虔曰：「二十兩曰溢。」師古曰：「秦以溢名金，若漢之論斤也。」

〔二〕服虔曰：「本不盡與漢中，故請求之。」

〔三〕師古曰：「棧道，閣道也。」

〔四〕師古曰：「還謂歸還韓。且行且燒，所過之處皆燒之也。」

良歸至韓，聞項羽以良從漢王故，不遣韓王成之國，與俱東，至彭城殺之。時漢王還定三秦，良乃遺項羽書曰：「漢王失職，欲得關中，如約卽止，不敢復東。」又以齊反書遺羽，曰：「齊與趙欲幷滅楚。」項羽以故北擊齊。

良乃閒行歸漢。漢王以良爲成信侯，從東擊楚。至彭城，漢王兵敗而還。至下邑，〔一〕漢王下馬踞鞍而問曰：「吾欲捐關已東等棄之，誰可與共功者？」〔二〕良曰：「九江王布，楚梟將，〔三〕與項王有隙，彭越與齊王田榮反梁地，此兩人可急使。而漢王之將獨韓信可屬大事，當一面。〔四〕卽欲捐之，捐之此三人，楚可破也。」漢王乃遣隨何說九江王布，而使人連彭越。〔五〕及魏王豹反，使韓信特將北擊之，〔六〕因舉燕、（伐）〔代〕、齊、趙。然卒破楚者，此三人力也。

〔一〕師古曰：「梁國之縣也，今屬宋州。」

〔二〕師古曰：「捐關以東，謂不自有其地，將以與人，令其立功，共破楚也。」

〔三〕師古曰：「梟謂最勇健也。」

〔四〕師古曰：「屬，委也，音之欲反。」

〔五〕師古曰：「與相連結也。」

〔六〕師古曰：「特，獨也。專任之使將也。」

良多病，未嘗特將兵，常爲畫策臣，時時從。

漢三年，項羽急圍漢王於滎陽，漢王憂恐，與酈食其謀橈楚權。〔一〕酈生曰：「昔湯伐桀，封其後杞；武王誅紂，封其後宋。今秦無道，伐滅六國，無立錐之地。陛下誠復立六國後，此皆爭戴陛下德義，願爲臣妾。德義已行，南面稱伯，〔二〕楚必斂衽而朝。」〔三〕漢王曰：「善。趣刻印，先生因行佩之。」〔四〕

〔一〕師古曰：「橈，弱也，音女教反，其字從木。」

〔二〕師古曰：「伯讀曰霸。」

〔三〕師古曰：「衽，衣襟也。」

〔四〕師古曰：「趣讀曰促。佩謂授與六國使帶也。」

酈生未行，良從外來謁漢王。漢王方食，曰：「客有爲我計橈楚權者。」具以酈生計告良，曰：「於子房何如？」良曰：「誰爲陛下畫此計者？陛下事去矣。」漢王曰：「何哉？」良曰：「臣請借前箸以籌之。〔一〕昔湯武伐桀紂封其後者，度能制其死命也。〔二〕今陛下能制項籍死命乎？其不可一矣。武王入殷，表商容閭，〔三〕式箕子門，〔四〕封比干墓，今陛下能乎？其不可二矣。發鉅橋之粟，〔五〕散鹿臺之財，〔六〕以賜貧窮，今陛下能乎？其不可三矣。殷事以畢，偃革爲軒，〔七〕倒載干戈，示不復用，今陛下能乎？其不可四矣。休馬華山之陽，示無所爲，今陛下能乎？其不可五矣。息牛桃林之壄，〔八〕〔示〕天下不復輸積，今陛下能乎？其不可六矣。且夫天下游士，〔左〕〔離〕親戚，棄墳墓，〔九〕去故舊，從陛下者，但日夜望咫尺之地。今乃立六國後，唯無復立者，〔一〇〕游士各歸事其主，從親戚，反故舊，陛下誰與取天下乎？其不可七矣。且楚唯毋彊，六國復橈而從之，〔一一〕陛下焉得而臣之？其不可八矣。誠用此謀，陛下事去矣。」漢王輟食吐哺，罵曰：「豎儒，幾敗乃公事！」〔一二〕令趣銷印。〔一三〕

〔一〕張晏曰：「求借所食之箸用指畫也。或曰，前世湯武箸明之事，以籌度今時之不若也。」師古曰：「或說非也。箸音直庶反。」

〔二〕師古曰：「度音大各反。」

〔三〕師古曰：「商容，殷賢人也。里門曰閭。表謂顯異之。」

〔四〕師古曰：「式亦表也。一說，至其門而撫車式，所以敬之。」

〔五〕服虔曰：「鉅橋，倉名也。」師古曰：「許愼云鉅鹿之大橋，有漕粟也。」

〔六〕臣瓚曰：「鹿臺，臺名，今在朝歌城中。」師古曰：「劉向云鹿臺大三里，高千尺也。」

〔七〕蘇林曰：「革者，兵車革輅。軒者，朱軒也。」如淳曰：「偃武備而治禮樂也。」

〔八〕晉灼曰：「在弘農閿鄉南谷中。」師古曰：「山海經云『夸父之山，北有林焉，名曰桃林，廣圍三百里』，即謂此也。其山谷今在閬鄉縣東南，湖城縣西南，去湖城三十五里。」

〔九〕師古曰：「(左)〔離〕者，言其乖避而委離之，以從漢也。」

〔10〕師古曰：「既立六國後，土地皆盡，無以封功勞之人，故云無復立者。唯，發語之辭。」

〔二〕服虔曰：「唯當使楚無彊，彊則六國弱而從之。」晉灼曰：「當今唯楚大，無有彊之者，若復立六國，皆橈而從之，陛下焉得而臣之乎？」師古曰：「服說是也。」

〔三〕師古曰：「輟，止也。哺，食在口中者也。幾，近也。哺音捕。幾音鉅依反。」

〔三〕師古曰：「趣讀曰促。」

後韓信破齊欲自立爲齊王，漢王怒。良說漢王，漢王使良授齊王信印。語在信傳。

五年冬，漢王追楚至陽夏南，〔一〕戰不利，壁固陵，諸侯期不至。良說漢王，漢王用其計，諸侯皆至。語在高紀。

〔一〕師古曰：「夏音工雅反。」

漢六年，封功臣。良未嘗有戰鬬功，高帝曰：「運籌策帷幄中，決勝千里外，子房功也。自擇齊三萬戶。」良曰：「始臣起下邳，與上會留，此天以臣授陛下。陛下用臣計，幸而時中，臣願封留足矣，不敢當三萬戶。」乃封良爲留侯，與蕭何等俱封。

上已封大功臣二十餘人，其餘日夜爭功而不決，未得行封。上居雒陽南宮，從復道望見諸將〔一〕往往數人偶語。上曰：「此何語？」良曰：「陛下不知乎？此謀反耳。」上曰：「天下屬安定，何故而反？」〔二〕良曰：「陛下起布衣，與此屬取天下，今陛下已爲天子，而所封皆蕭、曹故人所親愛，而所誅者皆平生仇怨。今軍吏計功，天下不足以徧封，此屬畏陛下不能盡封，又恐見疑過失及誅，故相聚而謀反耳。」上乃憂曰：「爲將柰何？」良曰：「上平生所憎，羣臣所共知，誰最甚者？」上曰：「雍齒與我有故怨，數窘辱我，〔三〕我欲殺之，爲功多，不忍。」良曰：「今急先封雍齒，以示羣臣，羣臣見雍齒先封，則人人自堅矣。」於是上置酒，封雍齒爲什方侯，〔四〕而急趣丞相御史定功行封。〔五〕羣臣罷酒，皆喜曰：「雍齒且侯，我屬無患矣。」

〔一〕師古曰：「復讀曰複。」
〔二〕師古曰：「屬，近也，言近始安。屬音之欲反。」
〔三〕服虔曰：「未起之時與我有故怨也。」師古曰：「每以勇力困辱高祖。」
〔四〕蘇林曰：「漢中縣也。」師古曰：「地理志屬廣漢，非漢中也。今則屬益州。什音十。」
〔五〕師古曰：「趣音促。」

劉敬說上都關中，上疑之。左右大臣皆山東人，多勸上都雒陽：「雒陽東有成皋，西有殽黽，〔一〕背河鄉雒，其固亦足恃。」〔二〕良曰：「雒陽雖有此固，其中小，不過數百里，田地薄，四面受敵，此非用武之國。夫關中左殽函，右隴蜀，沃野千里，〔三〕南有巴蜀之饒，北有胡苑之利，〔四〕阻三面而固守，獨以一面東制諸侯。諸侯安定，河、渭漕輓天下，西給京師；〔五〕諸侯有變，順流而下，足以委輸。此所謂金城千里，天府之國。〔六〕劉敬說是也。」於是上卽日駕，西都關中。

〔一〕師古曰：「殽，山也。黽，池也，音湎。」

〔二〕師古曰：「鄉讀曰嚮。」

〔三〕師古曰：「沃者，溉灌也。言其土地皆有溉灌之利，故云沃野。」

〔四〕師古曰：「謂安定、北地、上郡之北與胡相接之地，可以畜牧者也。養禽獸謂之苑。」

〔五〕師古曰：「輓，引也。輓音晚。」

〔六〕師古曰：「財物所聚謂之府。言關中之地物產饒多，可備贍給，故稱天府也。」

良從入關，性多疾，卽道引不食穀，〔一〕閉門不出歲餘。

〔一〕孟康曰：「服辟穀藥而靜居行氣。道讀曰導。」

上欲廢太子，立戚夫人子趙王如意。大臣多爭，未能得堅決也。呂后恐，不知所爲。或謂呂后曰：「留侯善畫計，上信用之。」呂后乃使建成侯呂澤劫良，曰：「君常爲上謀臣，今上日欲易太子，〔一〕君安得高枕而臥？」〔二〕良曰：「始上數在急困之中，幸用臣策；今天下安定，以愛欲易太子，骨肉之間，雖臣等百人何益！」呂澤彊要曰：「爲我畫計。」良曰：「此難以口舌爭也。顧上有所不能致者四人。〔三〕四人年老矣，皆以上嫚娒士，〔四〕故逃匿山中，義不爲漢臣。然上高此四人。今公誠能毋愛金玉璧帛，令太子爲書，卑辭安車，因使辨士固請，宜來。〔五〕來，以爲客，時從入朝，令上見之，則一助也。」於是呂后令呂澤使人奉太子書，卑辭厚禮，迎此四人。四人至，客建成侯所。

〔一〕師古曰：「言日日欲易之。」

〔二〕師古曰：「安，焉也。」

〔三〕師古曰：「顧，念也。四人，謂園公、綺里季、夏黃公、甪里先生，所謂商山四皓也。」

〔四〕師古曰：「嫚與慢同。嬶，古侮字。」

〔五〕師古曰：「宜應得其來。」

漢十一年，黥布反，上疾，欲使太子往擊之。四人相謂曰：「凡來者，將以存太子。太子將兵，事危矣。」乃說建成侯曰：「太子將兵，有功卽位不益，〔一〕無功則從此受禍。且太子所與俱諸將，皆與上定天下梟將也，今乃使太子將之，此無異使羊將狼，皆不肯爲用，其無功必矣。臣聞『母愛者子抱』，今戚夫人日夜侍御，趙王常居前，上〔曰〕『終不使不肖子居愛子上』，明〔其〕代太子位必矣。君何不急請呂后承間爲上泣〔二〕言：『黥布，天下猛將，善用兵，今諸將皆陛下故等夷，〔三〕乃令太子將，此屬莫肯爲用，且布聞之，鼓行而西耳。〔四〕上雖疾，彊載輜車，臥而護之，〔五〕諸將不敢不盡力。上雖苦，彊爲妻子計。』」於是呂澤夜見呂后。

呂后承間爲上泣而言，如四人意。上曰：「吾惟之，豎子固不足遣，〔六〕乃公自行耳。」〔七〕於是上自將而東，羣臣居守，皆送至霸上。良疾，强起至曲郵，〔八〕見上曰：「臣宜從，疾甚。楚人剽疾，願上愼毋與楚爭鋒。」〔九〕因說上令太子爲將軍監關中兵。上謂「子房雖疾，彊臥傅太子」。是時叔孫通已爲太傅，良行少傅事。

〔一〕師古曰：「太子嗣君，貴已極矣，雖更立功，位無加益矣。」

〔二〕師古曰：「因空隙之時。」

〔三〕師古曰：「夷，平也，言故時皆齊等。」

〔四〕師古曰：「擊鼓而行，言無所畏。」

〔五〕師古曰：「輜車，衣車也。護謂監領諸將。」

〔六〕師古曰：「惟，思也。」

〔七〕師古曰：「乃公，汝父也。」

〔八〕師古曰：「在新豐西，今俗謂之郵頭。」

〔九〕師古曰：「剽音匹妙反。」

漢十二年，上從破布歸，疾益甚，愈欲易太子。良諫不聽，因疾不視事。叔孫太傅稱說引古，以死爭太子。上陽許之，猶欲易之。及宴，置酒，太子侍。四人者從太子，年皆八十有餘，須眉皓白，衣冠甚偉。〔一〕上怪，問曰：「何爲者？」四人前對，各言其姓名。上乃驚曰：

「吾求公，避逃我，今公何自從吾兒游乎？」四人曰：「陛下輕士善罵，臣等義不辱，故恐而亡匿。今聞太子仁孝，恭敬愛士，天下莫不延頸願爲太子死者，故臣等來。」上曰：「煩公幸卒調護太子。」〔二〕

〔一〕師古曰：「所以謂之四皓。」

〔二〕師古曰：「調謂和平之，護謂保安之。」

四人爲壽已畢，趨去。上目送之，〔一〕召戚夫人指視曰：〔二〕「我欲易之，彼四人爲之輔，羽翼已成，難動矣。呂氏眞乃主矣。」〔三〕戚夫人泣涕，上曰：「爲我楚舞，吾爲若楚歌。」〔四〕歌曰：「鴻鵠高飛，一舉千里。〔五〕羽翼以就，橫絕四海。〔六〕橫絕四海，又可柰何！雖有矰繳，尚安所施！」〔七〕歌數闋，〔八〕戚夫人歔欷流涕。〔九〕上起去，罷酒。竟不易太子者，良本招此四人之力也。

〔一〕師古曰：「以目瞻之訖其出也。」

〔二〕師古曰：「視讀曰示。」

〔三〕師古曰：「乃，汝也。」

〔四〕師古曰：「若亦汝也。」

〔五〕師古曰：「鵠音胡督反。」

〔六〕師古曰：「就，成也。絕謂飛而直度也。」

〔七〕師古曰：「繳，弋射也。其矢爲矰。矰音增。繳音之若反。」

〔八〕師古曰：「闋，盡也。曲終爲闋，音口穴反。」

〔九〕師古曰：「歔音虛，欷音稀，又音許氣反。」

良從上擊代，出奇計下馬邑，及立蕭相國，〔一〕所與從容言天下事甚衆，〔二〕非天下所以存亡，故不著。〔三〕良乃稱曰：「家世相韓，及韓滅，不愛萬金之資，爲韓報仇彊秦，天下震動。今以三寸舌爲帝者師，封萬戶，位列侯，此布衣之極，於良足矣。願棄人間事，欲從赤松子游耳。」〔四〕乃學道，欲輕舉。〔五〕高帝崩，呂后德良，乃彊食之，〔六〕曰：「人生一世(間)，如白駒之過隙，〔七〕何自苦如此！」良不得已，彊聽食。後六歲薨。謚曰文成侯。

〔一〕服虔曰：「何時未爲相國，良勸高祖立之。」

〔二〕師古曰：「從音千容反。」

〔三〕師古曰：「著謂書之於史。著音竹助反。」

〔四〕師古曰：「赤松子，仙人號也，神農時爲雨師，服水玉，教神農能入火自燒。至昆山上，常止西王母石室，隨風雨上下。炎帝少女追之，亦得仙俱去。」

〔五〕師古曰：「道謂仙道。」

〔六〕師古曰：「食讀曰飤。」

〔七〕師古曰：「解在魏豹傳。」

良始所見下邳圯上老父與書者，後十三歲從高帝過濟北，果得穀城山下黃石，取而寶祠之。及良死，并葬黃石。每上冢伏臘祠黃石。

子不疑嗣侯。孝文三年坐不敬，國除。

陳平，陽武戶牖鄉人也。〔一〕少時家貧，好讀書，治黃帝、老子之術。有田三十畝，與兄伯居。伯常耕田，縱平使游學。平爲人長大美色，人或謂平：「貧何食而肥若是？」其嫂疾平之不親家生產，曰：「亦食糠覈耳。〔二〕有叔如此，不如無有！」伯聞之，逐其婦棄之。

〔一〕師古曰：「陽武，縣名，屬陳留。戶牖者，其鄉名。」

〔二〕孟康曰：「覈，麥糠中不破者也。」晉灼曰：「覈音紇。京師人謂麤屑爲紇頭。」

及平長，可取婦，富人莫與者，貧者平亦媿之。久之，戶牖富人張負有女孫，五嫁夫輒死，人莫敢取，平欲得之。邑中有大喪，平家貧侍喪，以先往後罷爲助。張負既見之喪所，獨視偉平，〔一〕平亦以故後去。負隨平至其家，家乃負郭窮巷，〔二〕以席爲門，然門外多長者車轍。張負歸，謂其子仲曰：「吾欲以女孫予陳平。」仲曰：「平貧不事事，〔三〕一縣中盡笑其所爲，獨柰何予之女？」負曰：「固有美如陳平長貧者乎？」卒與女。爲平貧，乃假貸幣以聘，〔四〕予酒肉之資以內婦。負戒其孫曰：「毋以貧故，事人不謹。事兄伯如事乃父，事嫂如事乃母。」〔三〕平既取張氏女，齎用益饒，游道日廣。

〔一〕師古曰：「視而悅其奇偉。」

〔二〕師古曰：「負謂偝也。」

〔三〕師古曰：「不事產業之事。」

〔四〕師古曰：「貸音土戴反。」

〔五〕師古曰：「乃，汝也。」

里中社，平爲宰，〔一〕分肉甚均。里父老曰：「善，陳孺子之爲宰！」平曰：「嗟乎，使平得宰天下，亦如此肉矣！」

〔一〕師古曰：「主切割肉也。」

陳涉起王，使周市略地，立魏咎爲魏王，與秦軍相攻於臨濟。平已前謝兄伯，〔一〕從少年往事魏王咎，爲太僕。說魏王，王不聽。人或讒之，平亡去。

〔一〕服虔曰：「謝語其兄伯，往事魏也。」

項羽略地至河上，平往歸之，從入破秦，賜爵卿。〔一〕項羽之東王彭城也，漢王還定三秦而東。殷王反楚，項羽乃以平爲信武君，將魏王客在楚者往擊，殷降而還。項王使項悍拜平爲都尉，〔二〕賜金二十溢。居無何，〔三〕漢攻下殷。項王怒，將誅定殷者。平懼誅，乃封其金與印，使使歸項王，而平身間行杖劍亡。度河，船人見其美丈夫，獨行，疑其亡將，要下當有寶器金玉，目之，欲殺平。平心恐，乃解衣臝而佐刺船。〔四〕船人知其無有，乃止。

〔一〕張晏曰：「禮秩如卿，不治事。」

〔二〕師古曰：「悍音下旦反。」

〔三〕師古曰：「無何，猶言無幾時。」

〔四〕師古曰：「自露其形，示無所懷挾。」

平遂至脩武降漢，因魏無知求見漢王，漢王召入。是時，萬石君石奮爲中涓，受平謁。平等十人俱進，賜食。王曰：「罷，就舍矣。」平曰：「臣爲事來，所言不可以過今日。」於是漢王與語而說之，〔一〕問曰：「子居楚何官？」平曰：「爲都尉。」是日拜平爲都尉，使參乘，典護軍。諸將盡讙，〔二〕曰：「大王一日得楚之亡卒，未知高下，而卽與共載，使監護長者！」漢王聞之，愈益幸平，遂與東伐項王。至彭城，爲楚所敗，引師而還。收散兵至滎陽，以平爲亞將，屬韓王信，軍廣武。

〔一〕師古曰：「說讀曰悅。」

〔二〕師古曰：「讙謕而議也。」

絳、灌等或讒平曰：〔一〕「平雖美丈夫，如冠玉耳，其中未必有也。〔二〕聞平居家時盜其嫂；〔三〕事魏王不容，亡而歸楚；歸楚不中，又亡歸漢。〔四〕今大王尊官之，令護軍。臣聞平使諸將，金多者得善處，金少者得惡處。平，反覆亂臣也，願王察之。」漢王疑之，以讓無知，問曰：「有之乎？」無知曰：「有。」漢王曰：「公言其賢人何也？」對曰：「臣之所言者，能也；陛下所問者，行也。今有尾生、孝已之行，〔五〕而無益於勝敗之數，陛下何暇用之乎？今楚漢相距，臣進奇謀之士，顧其計誠足以利國家耳。〔六〕盜嫂受金又安足疑乎？」漢王召平而問曰：「吾聞先生事魏不遂，事楚而去，〔七〕今又從吾游，信者固多心乎？」平曰：「臣事魏王，魏王不能用臣說，故去事項王。項王不信人，其所任愛，非諸項即妻之昆弟，雖有奇士不能用。臣居楚聞漢王之能用人，故歸大王。臝身來，不受金無以爲資。誠臣計畫有可采者，願大王用之；使無可用者，大王所賜金具在，請封輸官，得請骸骨。」漢王乃謝，厚賜，拜以爲護軍中尉，盡護諸將。諸將乃不敢復言。

〔一〕師古曰：「舊說云，絳，絳侯周勃也，灌，灌嬰也。而楚漢春秋高祖之臣別有絳灌，疑昧之文，不可據也。」

〔二〕孟康曰：「飾冠以玉，光好外見，中非所有也。」

〔三〕師古曰：「盜猶私也。」

〔四〕師古曰：「中音竹仲反。」

〔五〕如淳曰：「孝已，高宗之子，有孝行。」師古曰：「尾生，古之信士，一說即微生高。」

〔六〕師古曰：「顧，念也。」

〔七〕師古曰：「遂猶竟（也）。」

其後，楚急擊，絕漢甬道，圍漢王於滎陽城。漢王患之，請割滎陽以西和。項王弗聽。漢王謂平曰：「天下紛紛，何時定乎？」平曰：「項王爲人，恭敬愛人，士之廉節好禮者多歸之。至於行功賞爵邑，重之，〔一〕士亦以此不附。今大王嫚而少禮，士之廉節者不來；然大王能饒人以爵邑，士之頑頓耆利無恥者亦多歸漢。〔二〕誠各去兩短，集兩長，天下指麾即定矣。然大王資侮人，〔三〕不能得廉節之士。顧楚有可亂者，〔四〕彼項王骨鯁之臣亞父、鍾離眛、龍且、周殷之屬，〔五〕不過數人耳。大王能出捐數萬斤金，行反間，間其君臣，以疑其心，〔六〕項王爲人意忌信讒，必內相誅。漢因舉兵而攻之，破楚必矣。」漢王以爲然，乃出黃金四萬斤予平，恣所爲，不問出入。

〔一〕師古曰：「言愛惜之。」
〔二〕如淳曰：「頑頓，謂無廉隅也。」師古曰：「頓讀曰鈍。耆讀曰嗜。」
〔三〕師古曰：「資謂天性也。侮，古侮字。」
〔四〕師古曰：「顧，念也。」
〔五〕師古曰：「眛音秣。且音子閭反。」
〔六〕師古曰：「間音居莧反。」

平既多以金縱反間於楚軍，宣言諸將鍾離眛等爲項王將，功多矣，然終不得列地而王，欲與漢爲一，以滅項氏，分王其地。項王果疑之，使使至漢。漢爲太牢之具，舉進，見楚使，〔一〕即陽驚曰：「以爲亞父使，乃項王使也！」復持去，以惡草具進楚使。〔二〕使歸，具以報項王，果大疑亞父。亞父欲急擊下滎陽城，項王不信，不肯聽亞父。亞父聞項王疑之，乃大怒曰：「天下事大定矣，君王自爲之！願乞骸骨歸！」歸未至彭城，疽發背而死。〔三〕

〔一〕師古曰：「舉鼎俎而來。」

〔二〕服虔曰：「去肴肉，更以惡草之具。」

〔三〕師古曰：「疽，癰瘡也，音千余反。」

平乃夜出女子二千人滎陽東門，楚因擊之。平乃與漢王從城西門出去。遂入關，收聚兵而復東。

明年，淮陰侯信破齊，自立爲假齊王，使使言之漢王。漢王怒而罵，平躡漢王。〔一〕漢王寤，乃厚遇齊使，使張良往立信爲齊王。於是封平以戶牖鄉。用其計策，卒滅楚。

〔一〕孟康曰：「躡謂躡漢王足。」

漢六年，人有上書告楚王韓信反。高帝問諸將，諸將曰：「亟發兵阬豎子耳。」〔一〕高帝默然。以問平，平固辭謝，曰：「諸將云何？」上具告之。平曰：「人之上書言信反，人有聞知者乎？」曰：「未有。」曰：「信知之乎？」曰：「弗知。」平曰：「陛下兵精孰與楚？」〔二〕上曰：「不能過也。」平曰：「陛下將用兵有能敵韓信者乎？」上曰：「莫及也。」平曰：「今兵不如楚精，將弗及，而舉兵擊之，是趣之戰也，〔三〕竊爲陛下危之。」上曰：「爲之柰何？」平曰：「古者天子巡狩，會諸侯。南方有雲夢，〔四〕陛下弟出，僞游雲夢，〔五〕會諸侯於陳。陳，楚之西界，信聞天子以好出游，其勢必郊迎謁。〔六〕而陛下因禽之，特一力士之事耳。」高帝以爲然，乃發使告諸侯會陳，「吾將南游雲夢」。上因隨以行。行至陳，楚王信果郊迎道中。高帝豫具武士，見信，卽執縛之。語在信傳。

〔一〕師古曰：「亟，急也，音居力反。」

〔二〕師古曰：「與，如也。」

〔三〕師古曰：「趣讀曰促。」

〔四〕師古曰：「楚澤名。夢音莫風反，又讀如本字。」

〔五〕師古曰：「弟，但也，語聲急也。它皆類此。」

〔六〕師古曰：「出〔其〕郊遠迎謁也。」

遂會諸侯於陳。還至雒陽，與功臣剖符定封，封平爲戶牖侯，世世勿絕。平辭曰：「此非臣之功也。」上曰：「吾用先生計謀，戰勝克敵，非功而何？」平曰：「非魏無知臣安得進？」上曰：「若子可謂不背本矣！」〔一〕乃復賞魏無知。

〔一〕師古曰：「若，如也。」

其明年，平從擊韓王信於代。至平城，爲匈奴圍，七日不得食。高帝用平奇計，使單于閼氏解，圍以得開。〔一〕高帝既出，其計祕，世莫得聞。高帝南過曲逆，〔二〕上其城，望室屋甚大，曰：「壯哉縣！吾行天下，獨見雒陽與是耳。」顧問御史：「曲逆戶口幾何？」對曰：「始秦時三萬餘戶，閒者兵數起，多亡匿，今見五千餘戶。」於是(召)〔詔〕御史，更封平爲曲逆侯，盡食之，除前所食戶牖。

〔一〕師古曰：「閼氏音焉支。」

〔二〕孟康曰：「中山蒲陰縣。」

平自初從，至天下定後，常以護軍中尉從擊臧荼、陳豨、黥布。凡六出奇計，輒益邑封。奇計或頗祕，世莫得聞也。

高帝從擊布軍還，病創，徐行至長安。燕王盧綰反，上使樊噲以相國將兵擊之。既行，人有短惡噲者。〔一〕高帝怒曰：「噲見吾病，乃幾我死也！」〔二〕用平計，召絳侯周勃受詔牀下，曰：「〔陳〕平乘馳傳載勃代噲將，〔三〕平至軍中卽斬噲頭！」二人既受詔，馳傳未至軍，行計曰：「樊噲，帝之故人，功多，〔四〕又呂后女弟呂須夫，有親且貴，帝以忿怒故欲斬之，卽恐後悔。寧囚而致上，令上自誅之。」未至軍，爲壇，以節召樊噲。噲受詔，卽反接，〔五〕載檻車詣長安，而令周勃代將兵定燕。

〔一〕師古曰：「陳其短失過惡於上，謂譖毁之。它皆類此。」
〔二〕孟康曰：「幾幸我死也。幾音冀。」
〔三〕師古曰：「傳音張戀反。」
〔四〕師古曰：「行計，謂於道中且計也。」
〔五〕師古曰：「反縛兩手也。」

平行聞高帝崩，〔一〕平恐呂后及呂須怒，乃馳傳先去。逢使者詔平與灌嬰屯於滎陽。平受詔，立復馳至宮，哭殊悲，因奏事喪前。呂后哀之，曰：「君出休矣！」平畏讒之就，〔二〕因固請之，得宿衞中。太后乃以爲郎中令，日傅教帝。〔三〕是後呂須讒乃不得行。樊噲至，卽赦復爵邑。

〔一〕師古曰：「未至京師，於道中聞高帝崩。」
〔二〕師古曰：「就，成也，言畏讒毒已著得（其成）〔成其〕計。」
〔三〕如淳曰：「傅相之。」

惠帝六年，相國曹參薨，安國侯王陵爲右丞相，平爲左丞相。

王陵，沛人也。始爲縣豪，高祖微時兄事陵。及高祖起沛，入咸陽，陵亦聚黨數千人，居南陽，不肯從沛公。及漢王之還擊項籍，陵乃以兵屬漢。項羽取陵母置軍中，陵使至，則東鄉坐陵母，欲以招陵。〔一〕陵母既私送使者，泣曰：「願爲老妾語陵，善事漢王。漢王長者，毋以老妾故持二心。妾以死送使者。」遂伏劍而死。項王怒，亨陵母。陵卒從漢王定天下。以善雍齒，雍齒，高祖之仇，陵又本無從漢之意，以故後封陵，爲安國侯。

〔一〕師古曰：「鄉讀曰嚮。」

陵爲人少文任氣，好直言。爲右丞相二歲，惠帝崩。高后欲立諸呂爲王，問陵。陵曰：「高皇帝刑白馬而盟曰：『非劉氏而王者，天下共擊之。』今王呂氏，非約也。」太后不說。〔一〕問〔左〕丞相平及絳侯周勃等，皆曰：「高帝定天下，王子弟；今太后稱制，欲王昆弟諸呂，無所不可。」太后喜。罷朝，陵讓平、勃曰：「始與高帝啑血而盟，諸君不在邪？〔二〕今高帝崩，太后女主，欲王呂氏，諸君縱欲阿意背約，何面目見高帝於地下乎！」平曰：「於面折廷爭，〔三〕臣不如君；全社稷，定劉氏後，君亦不如臣。」陵無以應之。於是呂太后欲廢陵，乃陽遷陵爲帝太傅，實奪之相權。陵怒，謝病免，杜門竟不朝請，〔四〕十年而薨。

〔一〕師古曰：「說讀曰悅。」
〔二〕師古曰：「啑，小歃也，音所甲反。」
〔三〕師古曰：「廷爭，謂當朝廷而諫爭。」
〔四〕師古曰：「杜，塞也，閉塞其門也。請音才性反。杜字本作敗，音同。」

陵之免，呂太后徙平爲右丞相，以辟陽侯審食其爲左丞相。〔一〕食其亦沛人也。漢王之敗彭城西，楚取太上皇、呂后爲質，食其以舍人侍呂后。其後從破項籍爲侯，幸於呂太后。及爲相，不治，〔二〕監宮中，如郎中令，公卿百官皆因決事。

〔一〕師古曰：「食其音異基。」

〔二〕鄭氏曰：「不立治處，使止宮中也。」李奇曰：「不治丞相職事也。」師古曰：「李說是也。」

呂須常以平前爲高帝謀執樊噲，數讒平曰：「爲丞相不治事，日飲醇酒，戲婦人。」平聞，日益甚。呂太后聞之，私喜。面質呂須於平前，〔一〕曰：「鄙語曰『兒婦人口不可用』，顧君與我何如耳，無畏呂須之譖。」〔二〕

〔一〕師古曰：「質，對也。」

〔二〕師古曰：「顧，念也。」

呂太后多立諸呂爲王，平僞聽之。〔一〕及呂太后崩，平與太尉勃合謀，卒誅諸呂，立文帝，平本謀也。審食其免相，文帝立，舉以爲相。〔二〕

〔一〕師古曰：「謂且順從之，不乖忤也。」

〔二〕如淳曰：「舉猶皆也。衆人之議皆以爲勃、平功多矣。」師古曰：「言文帝以平、勃俱舊臣，有功，皆欲以爲相。」

太尉勃親以兵誅呂氏，功多；平欲讓勃位，乃謝病。文帝初立，怪平病，問之。平曰：

「高帝時，勃功不如臣；及誅諸呂，臣功亦不如勃。願以相讓勃。」於是乃以太尉勃爲右丞相，位第一；平徙爲左丞相，位第二。賜平金千斤，益封三千戶。

居頃之，上益明習國家事，朝而問右丞相勃曰：「天下一歲決獄幾何？」〔一〕勃謝不知。問「天下錢穀一歲出入幾何？」勃又謝不知。汗出洽背，〔二〕媿不能對。上亦問左丞相平。平曰：「（各）有主者。」上曰：「主者爲誰乎？」平曰：「陛下卽問決獄，責廷尉；問錢穀，責治粟內史。」上曰：「苟各有主者，而君所主何事也？」平謝曰：「主臣！〔三〕陛下不知其駑下，使待罪宰相。〔四〕宰相者，上佐天子理陰陽，順四時，下遂萬物之宜，〔五〕外塡撫四夷諸侯，內親附百姓，使卿大夫各得任其職也。」上稱善。勃大慙，出而讓平曰：「君獨不素教我乎！」平笑曰：「君居其位，獨不知其任邪？且陛下卽問長安盜賊數，又欲彊對邪？」於是絳侯自知其能弗如平遠矣。居頃之，勃謝（病請）免相，而平顓爲丞相。〔六〕

〔一〕師古曰：「臨朝問也。幾音居豈反。」

〔二〕師古曰：「洽，霑也。」

〔三〕文穎曰：「惶恐之辭也，猶今言死罪也。」孟康曰：「主臣，主羣臣也，若今言人主。」晉灼曰：「主，擊也。臣，服也。言其擊服，惶恐之辭。」師古曰：「文、晉二說是也。」

〔四〕師古曰：「駑，凡馬之稱，非駿者也，故以自喻。駑音奴。」

〔五〕師古曰：「遂，申也。」
〔六〕師古曰：「顓與專同。」

孝文二年，平薨，謚曰獻侯。傳子至曾孫何，坐略人妻棄（主）〔市〕。王陵亦至玄孫，坐酎金國除。辟陽侯食其免後三歲而爲淮南王所殺，文帝令其子平嗣侯。淄川王反，辟陽近淄川，平降之，國除。

始平曰：「我多陰謀，道家之所禁。〔一〕吾世卽廢，亦已矣，終不能復起，以吾多陰禍也。」其後曾孫陳掌以衞氏親戚貴，〔二〕願得續封，然終不得也。

〔一〕師古曰：「此平謂陳平。」
〔二〕師古曰：「掌妻，衞子夫之姊。」

周勃，沛人。其先卷人也，〔一〕徙沛。勃以織薄曲爲生，〔二〕常以吹簫給喪事，〔三〕材官引彊。〔四〕

〔一〕師古曰：「卷，縣名也，地理志屬河南，音丘權反。其下亦同。」
〔二〕蘇林曰：「薄一名曲。月令曰『具曲植』。」師古曰：「許愼云葦薄爲曲也。」
〔三〕師古曰：「吹簫以樂喪賓，若樂人也。」
〔四〕服虔曰：「能引彊弓弩官也。」孟康曰：「如今挽彊司馬也。」師古曰：「彊音其兩反。」

高祖爲沛公初起，勃以中涓從攻胡陵，下方與。〔一〕方與反，與戰，卻敵。攻豐。擊秦軍碭東。還軍留及蕭。復攻碭，破之。下下邑，先登。賜爵五大夫 攻(蘭)〔蒙〕、虞，取之。擊章邯車騎殿。〔二〕略定魏地。攻轅戚、東緡，以往至栗，〔三〕取之。攻齧桑，先登。擊秦軍阿下，破之。追至濮陽，下甄城。攻都關、定陶，襲取宛朐，得單父令。〔四〕夜襲取臨濟，攻壽張，以前至卷，破李由雍丘下。攻開封，先至城下爲多。〔五〕後章邯破項梁，沛公與項羽引兵東如碭。自初起沛還至碭，一歲二月。楚懷王封沛公號武安侯，爲碭郡長。沛公拜勃爲襄賁令。〔六〕從沛公定魏地，攻東郡尉於成武，破之。攻長社，先登。攻潁陽、緱氏，絕河津。擊趙賁軍尸北。〔七〕南攻南陽守齮，破武關、嶢關。攻秦軍於藍田。至咸陽，滅秦。

〔一〕師古曰：「音房豫。」

〔二〕師古曰：「殿之言填也，謂鎮軍後以扞敵。勃擊破章邯之殿兵也。殿音丁見反。」

〔三〕師古曰：「緡音昏。」

〔四〕師古曰：「音善甫。」

〔五〕文穎曰：「勃士卒至者多也。」如淳曰：「周禮『戰功曰多』。」師古曰：「多謂功多也。」

〔六〕師古曰：「賁音肥。」

〔七〕師古曰：「賁音奔。尸即尸鄉。」

項羽至，以沛公爲漢王。漢王賜勃爵爲威武侯。從入漢中，拜爲將軍。還定三秦，賜食邑懷德。攻槐里、好畤，最。〔一〕北擊趙賁、內史保於咸陽，最。北救漆。〔二〕擊章平、姚卬軍。西定汧。〔三〕還下郿、頻陽。〔四〕圍章邯廢丘，破之。西擊益已軍，破之。〔五〕攻上邽。〔六〕東守嶢關。擊項籍。攻曲遇，最。〔七〕還守敖倉，追籍。籍已死，因東定楚地泗水、東海郡，凡得二十二縣。還守雒陽、櫟陽，賜與潁陰侯共食鍾離。以將軍從高祖擊燕王臧荼，破之易下。所將卒當馳道爲多。〔八〕賜爵列侯，剖符世世不絕。食緐八千二百八十戶。

〔一〕如淳曰：「於將卒之中功爲最也。」

〔二〕師古曰：「漆，扶風縣。」

〔三〕師古曰：「汧亦扶風縣，音口肩反。」

〔四〕師古曰：「郿即岐州郿縣也。頻陽在櫟陽東北。郿音媚。」

〔五〕如淳曰：「章邯將也。」

〔六〕師古曰：「邽音圭。」

〔七〕師古曰：「曲音丘禹反。遇音顒。」

〔八〕師古曰：「當高祖所行之前。」

以將軍從高帝擊韓王信於代，降下霍人。以前至武泉，〔一〕擊胡騎，破之武泉北。轉攻韓信軍銅鞮，破之。還，降太原六城。擊韓信胡騎晉陽下，破之，下晉陽。後擊韓信軍於硰石，〔三〕破之，追北八十里。還攻樓煩三城，因擊胡騎平城下，所將卒當馳道爲多。勃遷爲太尉。

〔一〕孟康曰：「縣屬雲中也。」

〔二〕應劭曰：「硰音沙。」孟康曰：「地名也。」齊恭曰：「硰音赤坐反。」師古曰：「齊音是也。」

〔擊〕陳豨，屠馬邑。所將卒斬豨將軍乘馬降。〔一〕轉擊韓信、陳豨、趙利軍於樓煩，破之。得豨將宋最、鴈門守圂。〔二〕因轉攻得雲中守遬、丞相箕肆、將軍博。〔三〕定鴈門郡十七縣，雲中郡十二縣。因復擊豨靈丘，破之，斬豨丞相程縱、將軍陳武、都尉高肆。定代郡九縣。

〔一〕師古曰：「姓乘馬，名降也。乘音食孕反。」

〔二〕師古曰：「圂者，鴈門守之名，音下頓反。」

〔三〕師古曰：「遬，古速字也。肆音弋二反。博者，亦豨將之名也。」

燕王盧綰反，勃以相國代樊噲將，擊下薊，〔一〕得綰大將抵、丞相偃、守陘、〔二〕太尉弱、御史大夫施屠渾都。〔三〕破綰軍上蘭，後擊綰軍沮陽。〔四〕追至長城，定上谷十二縣，右北平十六縣，遼東二十九縣，漁陽二十二縣。最從高帝得相國一人，〔五〕丞相二人，將軍、二千石各三人；別破軍二，下城三，定郡五，縣七十九，得丞相、大將各一人。

〔一〕師古曰：「即幽州薊縣也，音計。」

〔二〕張晏曰：「盧綰郡守，陘其名也。」師古曰：「陘音刑。」

〔三〕師古曰：「姓施屠，名渾都。渾音胡昆反。」

〔四〕服虔曰：「沮音阻。」師古曰：「縣名，屬上谷。」

〔五〕師古曰：「最者，凡也。總言其攻戰克獲之數。」

勃爲人木强敦厚，〔一〕高帝以爲可屬大事。〔二〕勃不好文學，每召諸生說士，東鄉坐責之：〔三〕「趣爲我語。」〔四〕其椎少文如此。〔五〕

〔一〕師古曰：「木謂質樸。强音其兩反。」

〔二〕師古曰：「屬，委也，音之欲反。」

〔三〕如淳曰：「勃自東鄉，責諸生說士，不以賓主之禮也。」師古曰：「鄉讀曰嚮。」

〔四〕蘇林曰：「音趣舍。」臣瓚曰：「令直言勿稱經書也。」師古曰：「二說皆非也。趣讀曰促。謂令速言也。」

〔五〕服虔曰：「謂訥鈍也。」應劭曰：「今俗名拙語爲椎儲。」師古曰：「椎謂樸鈍如椎也。音直推反。」

勃既定燕而歸，高帝已崩矣，以列侯事惠帝。惠帝六年，置太尉官，以勃爲太尉。十年，高后崩。呂祿以趙王爲漢上將軍，呂產以呂王爲相國，秉權，欲危劉氏。勃與丞相平、朱虛侯章共誅諸呂。語在高后紀。

於是陰謀（乃）〔以〕爲「少帝及濟川、淮陽、恆山王皆非惠帝子，呂太后以計詐名它人子，殺其母，養之後宮，令孝惠子之，立以爲後，用彊呂氏。今已滅諸呂，少帝卽長用事，吾屬無類矣，〔一〕不如視諸侯賢者立之。」遂迎立代王，是爲孝文皇帝。

〔一〕師古曰：「云被誅滅無遺種。」

東牟侯興居，朱虛侯章弟也，曰：「誅諸呂，臣無功，請得除宮。」乃與太僕汝陰滕公入宮。滕公前謂少帝曰：「足下非劉氏，不當立。」乃顧麾左右執戟，皆仆兵罷。〔一〕有數人不肯去，(官)〔宦〕者令張釋諭告，亦去。〔二〕滕公召乘輿車載少帝出。少帝曰：「欲持我安之乎？」〔三〕滕公曰：「就舍少府。」乃奉天子法駕，迎皇帝代邸，報曰：「宮謹除。」皇帝入未央宮，有謁者十人持戟衞端門，〔四〕曰：「天子在也，足下何爲者？」不得入。太尉往喻，乃引兵去，皇帝遂入。是夜，有司分部誅濟川、淮陽、常山王及少帝於邸。

〔一〕師古曰：「仆，頓也，音赴。」

〔二〕師古曰：「荊燕吳傳云張擇，今此作釋，參錯不同，未知孰是也？」

〔三〕師古曰：「言往何所也。」

〔四〕師古曰：「端門，殿之正門。」

文帝卽位，以勃爲右丞相，賜金五千斤，邑萬戶。居十餘月，人或說勃曰：「君既誅諸呂，立代王，威震天下，而君受厚賞處尊位以厭之，則禍及身矣。」〔一〕勃懼，亦自危，乃謝請歸相印。上許之。歲餘，陳丞相平卒，上復用勃爲(丞)相。十餘月，上曰：「前日吾詔列侯就國，或頗未能行，丞相朕所重，其爲朕率列侯之國。」乃免相就國。

〔一〕師古曰：「厭謂當之也。言既有大功，又受厚賞而居尊位，以久當之〔不去〕，即禍及矣。厭音一涉反，又音烏狎反。」

歲餘，每河東守尉行縣至絳，絳侯勃自畏恐誅，常被甲，令家人持兵以見。其後人有上書告勃欲反，下廷尉，逮捕勃治之。勃恐，不知置辭。〔一〕吏稍侵辱之。勃以千金與獄吏，獄吏乃書牘背示之，〔二〕曰「以公主爲證」。公主者，孝文帝女也，勃太子勝之尚之，〔三〕故獄吏教引爲證。初，勃之益封，盡以予薄昭。及繫急，薄昭爲言薄太后，太后亦以爲無反事。文帝朝，太后以冒絮提文帝，〔四〕曰：「絳侯綰皇帝璽，將兵於北軍，〔五〕不以此時反，今居一小縣，顧欲反邪！」〔六〕文帝既見勃獄辭，乃謝曰：「吏方驗而出之。」於是使使持節赦勃，復爵邑。勃既出，曰：「吾嘗將百萬軍，安知獄吏之貴也！」

〔一〕師古曰：「置，立也。辭，對獄之辭。」

〔二〕李奇曰：「吏所執簿也。」師古曰：「牘，木簡，以書辭也，音讀。」

〔三〕師古曰：「尚，配也，解在張耳傳。」

〔四〕應劭曰：「陌頟絮也。」晉灼曰：「巴蜀異志謂頭上巾爲冒絮。」師古曰：「冒，覆也，老人所以覆其頭。提，擲也。提音徒計反。」

〔五〕應劭曰：「言勃誅諸呂，廢少帝，手貫國璽時尚不反，況今更有異乎？」師古曰：「綰謂引結其組，音烏版反。」

〔六〕師古曰：「顧猶倒也。」

勃復就國，孝文十一年薨，謚曰武侯。子勝之嗣，尚公主不相中，〔一〕坐殺人，死，國絕。一年，〔文帝乃擇勃子賢者河內太守〕（弟）亞夫復爲侯。

〔一〕如淳曰：「猶言不相合當也。」師古曰：「意不相可也。中音竹仲反。」

亞夫爲河內守時，許負相之：〔一〕「君後三歲而侯。侯八歲，爲將相，持國秉，〔二〕貴重矣，於人臣無二。後九年而餓死。」亞夫笑曰：「臣之兄以代父侯矣，有如卒，子當代，我何說侯乎？然既已貴如負言，又何說餓死？指視我。」〔三〕負指其口曰：「從理入口，此餓死法也。」〔四〕居三歲，兄絳侯勝之有罪，文帝擇勃子賢者，皆推亞夫，乃封爲條侯。〔五〕

〔一〕應劭曰：「許負，河內溫人，老嫗也。」

〔二〕師古曰：「秉音彼命反。」

〔三〕師古曰：「視讀曰示。」

〔四〕師古曰：「從，豎也，音子容反。」

〔五〕師古曰：「縣在勃海。地理志作脩字，其音同耳。」

文帝後六年，匈奴大入邊。以宗正劉禮爲將軍軍霸上，祝茲侯徐厲爲將軍軍棘門，以河內守亞夫爲將軍軍細柳，以備胡。上自勞軍，至霸上及棘門軍，直馳入，將以下騎出入送迎。已而之細柳軍，軍士吏被甲，銳兵刃，彀弓弩，持滿。〔一〕天子先驅至，不得入。〔二〕先驅曰：「天子且至！」軍門都尉曰：「軍中聞將軍之令，不聞天子之詔。」有頃，上至，又不得入。於是上使使持節詔將軍曰：「吾欲勞軍。」亞夫乃傳言開壁門。壁門士請車騎曰：「將軍約，軍中不得驅馳。」於是天子乃按轡徐行。至中營，將軍亞夫揖，曰：「介冑之士不拜，請以軍禮見。」〔三〕天子爲動，改容式車。〔四〕使人稱謝：〔五〕「皇帝敬勞將軍。」成禮而去。既出軍門，羣臣皆驚。文帝曰：「嗟乎，此眞將軍矣！鄉者霸上、棘門如兒戲耳，〔六〕其將固可襲而虜也。至於亞夫，可得而犯邪！」稱善者久之。月餘，三軍皆罷。乃拜亞夫爲中尉。

〔一〕師古曰：「彀，張也，音遘。」
〔二〕師古曰：「先驅，導駕者也，若今之武候隊矣。」
〔三〕應劭曰：「禮，介者不拜。」
〔四〕師古曰：「古者立乘，凡言式車者，謂俛身撫式，以禮敬人。式，車前橫木也。」
〔五〕師古曰：「謝，告也。」
〔六〕師古曰：「鄉讀曰嚮。」

文帝且崩時，戒太子曰：「卽有緩急，周亞夫眞可任將兵。」文帝崩，亞夫爲車騎將軍。

孝景帝三年，吳楚反。亞夫以中尉爲太尉，東擊吳楚。因自請上曰：「楚兵剽輕，難與

爭鋒。〔一〕願以梁委之，絕其食道，乃可制也。」上許之。〔二〕

〔一〕師古曰：「剽音匹妙反。」

〔二〕師古曰：「吳王傳云亞夫至淮陽，問鄧都尉，爲畫此計，亞夫乃從之。今此云自請而後行。二傳不同，未知孰是。」

亞夫既發，至霸上，趙涉遮說亞夫曰：「將軍東誅吳楚，勝則宗廟安，不勝則天下危，能用臣之言乎？」亞夫下車，禮而問之。涉曰：「吳王素富，懷輯死士久矣。〔一〕此知將軍且行，必置間人於殽黽阸陿之間。且兵事上神密，將軍何不從此右去，走藍田，〔二〕出武關，抵雒陽，〔三〕間不過差一二日，〔四〕直入武庫，擊鳴鼓。諸侯聞之，以爲將軍從天而下也。」〔五〕太尉如其計。至雒陽，使吏搜殽黽間，果得吳伏兵。乃請涉爲護軍。

〔一〕師古曰：「輯與集同。」

〔二〕師古曰：「右謂少西去也。走音奏。」

〔三〕師古曰：「抵，至也。」

〔四〕師古曰：「謂右去行遲止一二日也。」

〔五〕師古曰：「不意其猝至。」

亞夫至，會兵滎陽。〔一〕吳方攻梁，梁急，請救。亞夫引兵東北走昌邑，〔二〕深壁而守。梁王使使請亞夫，亞夫守便宜，不往。梁上書言景帝，景帝詔使救梁。亞夫不奉詔，堅壁不出，而使輕騎兵弓高侯等絕吳楚兵後食道。吳楚兵乏糧，飢，欲退，數挑戰，終不出。夜，軍中驚，內相攻擊擾亂，至於帳下。亞夫堅臥不起。頃之，復定。吳奔壁東南陬，〔三〕亞夫使備西北。已而其精兵果奔西北，不得入。吳楚既餓，乃引而去。亞夫出精兵追擊，大破吳王濞。吳王濞棄其軍，與壯士數千人亡走，保於江南丹徒。漢兵因乘勝，遂盡虜之，降其縣，購吳王千金。月餘，越人斬吳王頭以告。凡相守攻三月，而吳楚破平。於是諸將乃以太尉計謀爲是。由此梁孝王與亞夫有隙。

〔一〕師古曰：「會，集也。」

〔二〕師古曰：「走音奏。」

〔三〕如淳曰：「陬，隅也。」師古曰：「音子侯反，又音鄒。」

歸，復置太尉官。五歲，遷爲丞相，景帝甚重之。上廢栗太子，亞夫固爭之，不(待)〔得〕。上由此疏之。而梁孝王每朝，常與太后言亞夫之短。

竇太后曰：「皇后兄王信可侯也。」上讓曰：「始南皮及章武先帝不侯，〔一〕及臣即位，乃侯之，信未得封也。」竇太后曰：「人生各以時行耳。〔二〕竇長君在時，竟不得封侯，死後，乃其子彭祖顧得侯。〔三〕吾甚恨之。帝趣侯信也！」〔四〕上曰：「請得與丞相計之。」亞夫曰：「高帝約『非劉氏不得王，非有功不得侯。不如約，天下共擊之』。今信雖皇后兄，無功，侯之，非約

也。」上默然而沮。〔五〕

〔一〕師古曰：「南皮竇彭祖，太后弟長君之子。章武，太后母弟廣國。」

〔二〕師古曰：「言富貴當及己身也。」

〔三〕師古曰：「顧，反也。」

〔四〕師古曰：「趣讀曰促。」

〔五〕師古曰：「沮者，止壞之意也，音才與反。」

其後匈奴王徐盧等五人降漢，〔一〕上欲侯之以勸後。亞夫曰：「彼背其主降陛下，陛下侯之，卽何以責人臣不守節者乎？」上曰：「丞相議不可用。」乃悉封徐盧等爲列侯。亞夫因謝病免相。

〔一〕師古曰：「功臣表云唯徐盧。」

頃之，上居禁中，召亞夫賜食。獨置大胾，〔一〕無切肉，又不置箸。亞夫心不平，顧謂尚席取箸。〔二〕上視而笑曰：「此非不足君所乎？」〔三〕亞夫免冠謝上。上曰：「起。」亞夫因趨出。上目送之，曰：「此鞅鞅，非少主臣也！」

〔一〕師古曰：「胾，大臠，音側吏反。」

〔二〕應劭曰：「尚席，主席者也。」

〔三〕孟康曰：「設胾無箸者，此非不足滿於君所乎？嫌恨之也。」如淳曰：「非故不足君之食具，偶失之也。」師古曰：

「孟說近之。帝言賜君食而不設箸，此由我意於君有不足乎？」

居無何，亞夫子爲父買工官尚方甲楯五百被可以葬者。〔一〕取庸苦之，不與錢。〔二〕庸知其盜買縣官器，怨而上變告子，事連汙亞夫。書既聞，上下吏。吏簿責亞夫，〔三〕亞夫不對。上罵之曰：「吾不用也。」〔四〕召詣廷尉。廷尉責問曰：「君侯欲反何？」亞夫曰：「臣所買器，乃葬器也，何謂反乎？」吏曰：「君縱不欲反地上，卽欲反地下耳。」吏侵之益急。初，吏捕亞夫，亞夫欲自殺，其夫人止之，以故不得死，遂入廷尉，因不食五日，歐血而死。國絕。

〔一〕如淳曰：「工官，官名也。」張晏曰：「被，具也。五百具甲楯也。」師古曰：「被音皮義反。」
〔二〕師古曰：「庸謂賃也。苦謂極苦使也。」
〔三〕如淳曰：「簿音主簿之簿，簿問其辭情。」師古曰：「簿問者，書之於簿，一一問之也。」
〔四〕孟康曰：「言不用汝對，欲殺之也。」如淳曰：「恐獄吏畏其復用事，不敢折辱也。」師古曰：「孟說是也。一云，帝責此吏云不勝其任，吾不用汝，故召亞夫令詣廷尉也。」

一歲，上乃更封絳侯勃它子堅爲平曲侯，續絳侯後。傳子建德，爲太子太傅，坐酎金免官。後有罪，國除。

亞夫果餓死。死後，上乃封王信爲蓋侯。至平帝元始二年，繼絕世，復封勃玄孫之子恭爲絳侯，千戶。

贊曰：聞張良之智勇，以爲其貌魁梧奇偉，〔一〕反若婦人女子。故孔子稱「以貌取人，失之子羽」。〔二〕學者多疑於鬼神，〔三〕如良受書老父，亦異矣。高祖數離困阸，良常有力，〔四〕豈可謂非天乎！陳平之志，見於社下，傾側擾攘楚、魏之間，卒歸於漢，而爲謀臣。及呂后時，事多故矣，〔五〕平竟自免，以智終。王陵廷爭，杜門自絕，亦各其志也。周勃爲布衣時，鄙樸庸人，至登輔佐，匡國家難，誅諸呂，立孝文，爲漢伊周，〔六〕何其盛也！始呂后問宰相，高祖曰：「陳平智有餘，王陵少戇，可以佐之；〔七〕安劉氏者必勃也。」又問其次，云「過此以後，非乃所及」。〔八〕終皆如言，聖矣夫！

〔一〕應劭曰：「魁梧，丘虛壯大之意也。」蘇林曰：「梧音悟。」師古曰：「魁，大貌也。梧者，言其可驚悟，今人讀爲吾，非也。」

〔二〕師古曰：「子羽，孔子弟子澹臺滅明字，貌惡而行善，故云然也。」

〔三〕師古曰：「謂無鬼神之事也。」

〔四〕師古曰：「離，遭也。」

〔五〕師古曰：「故謂中屯難也。」

〔六〕師古曰：「處伊尹、周公之任。」

〔七〕師古曰：「戇，愚也，舊音下紺反，今讀音竹巷反。」

〔八〕師古曰：「乃，汝也，言汝亦不及見也。」

校勘記

二〇二三頁四行　良（年）少，景祐、殿本都無「年」字。

二〇二四頁八行　良因怪（之），景祐、殿本都無「之」字。

二〇二四頁一三行　常習〔讀〕誦。宋祁說一本「習」下有「讀」字。按景祐本有。

二〇二七頁六行　今（有事）〔事有〕急，景祐、殿本都作「事有」。

二〇二八頁一一行　因舉燕、（伐）〔代〕、齊、趙。何焯說「伐」當作「代」。按各本都作「伐」，史記作「代」。

二〇三〇頁三行　（示）天下不復輸積，景祐、殿本都無「示」字。

二〇三〇頁四行　（左）〔離〕親戚，景祐、殿本都作「離」，注同。

二〇三四頁一三行　上〔曰〕『終不使不肖子居愛子上』，明〔其〕代太子位必矣。景祐、殿本都有「曰」字「其」字，史記同。

二〇三七頁七行　人生一世〔間〕，景祐、殿本都有「間」字，史記同。

二〇四一頁一六行　遂猶覺（也）。景祐、殿本都無「也」字。

二〇四四頁一三行　出〔其〕郊遠迎謁也。景祐、殿本都有「其」字。

二〇四五頁四行　於是（召）〔詔〕御史。景祐、殿本都作「詔」。王先謙說作「詔」是。

二〇四五頁二行　〔陳〕平乘馳傳　景祐、殿本都有「陳」字。

二〇四六頁二行　言畏讒毒已者得(其成)〔成其〕計。　王先謙說「其成」字誤倒。

二〇四七頁七行　問〔左〕丞相平　景祐、殿本都有「左」字。

二〇四九頁五行　(各)有主者。　宋祁說越本無「各」字。按景祐本亦無。　王念孫說無「各」字是。

二〇四九頁一〇行　勃謝(病請)免相,　宋祁說越本無「病請」二字。按景祐本亦無。

二〇五〇頁三行　坐略人妻棄(主)〔市〕。　景祐、汲古、殿、局本都作「市」,「主」字誤。

二〇五一頁二行　攻(蘭)〔蒙〕、虞,取之。　齊召南說史記作「攻蒙、虞」,「蘭」當作「蒙」。　王先謙說地無「蘭虞」名,齊說是。

二〇五三頁五行　〔擊〕陳豨,　景祐、殿本都有「擊」字,史記亦有,此脫。

二〇五四頁一五行　於是陰謀(乃)〔以〕爲　景祐、殿本都作「以」。　王先謙說作「以」是。

二〇五五頁五行　有數人不肯去,(官)〔宦〕者令張釋諭告,亦去。　景祐、殿、局本都作「宦」。　王先謙說作「宦」是。

二〇五五頁一五行　上復用勃爲(丞)相。　景祐、殿本都無「丞」字。

二〇五六頁二行　以久當之〔不去〕,卽禍及矣。　景祐、殿本都有「不去」二字。　王先謙說此脫。

二〇五七頁三行　一年,〔文帝乃擇勃子賢者河內太守〕(弟)亞夫復爲侯。　錢大昭說閩本無「弟」字,「亞夫」上多十二字。按景祐本同閩本。

二〇六〇頁一〇行 不〔待〕〔得〕。錢大昭説「待」當作「得」。按景祐、殿本都作「得」。

漢書卷四十一

樊酈滕灌傅靳周傳第十一

樊噲，沛人也，以屠狗爲事。〔一〕後與高祖俱隱於芒碭山澤間。

〔一〕師古曰：「時人食狗亦與羊豕同，故噲專屠以賣。」

陳勝初起，蕭何、曹參使噲求迎高祖，立爲沛公。〔一〕噲以舍人從攻胡陵、方與，〔二〕還守豐，擊泗水監豐下，破之。〔三〕復東定沛，破泗水守薛西。〔四〕與司馬𡰥戰碭東，〔五〕卻敵，斬首十五級，賜爵國大夫。〔六〕常從，沛公擊章邯軍濮陽，攻城先登，斬首二十三級，賜爵列大夫。〔七〕從攻（陽城）〔城陽〕，先登。下戶牖，〔八〕破李由軍，斬首十六級，賜上聞爵。〔九〕後攻圉都尉、東郡守尉於成武，〔一〇〕卻敵，斬首十四級，捕虜十六人，〔一一〕賜爵五大夫。從攻秦軍，出亳南。〔一二〕河間守軍於杠里，破之。〔一三〕擊破趙賁軍開封北，〔一四〕以卻敵先登，斬候一人，首六十八級，捕虜二十六人，〔一五〕賜爵卿。從攻破揚熊於曲遇。〔一六〕攻宛陵，先登，斬首八級，捕虜四十四人，賜爵封號賢成君。〔一七〕從攻長社、轘轅，絕河津，東攻秦軍尸鄉，南攻秦軍於犨。

破南陽守齮於陽城。東攻宛城，先登。西至酈，〔一三〕以卻敵，斬首十四級，捕虜四十（四）人，賜重封。〔一四〕攻武關，至霸上，斬都尉一人，首十級，捕虜百四十六人，降卒二千九百人。

〔一〕師古曰：「高祖時亡在外，故求而迎之。」
〔二〕師古曰：「皆縣名。方音房。與音豫。」
〔三〕師古曰：「泗水，郡名。監謂御史監郡者也，破之於豐縣下。」
〔四〕師古曰：「破郡守於薛縣之西。」
〔五〕師古曰：「秦將章邯之司馬也。尸讀與夷同。」
〔六〕文穎曰：「即官大夫也，爵第六級。」
〔七〕文穎曰：「即公大夫也，爵第七級。」
〔八〕師古曰：「陽武縣之鄉。」
〔九〕張晏曰：「得徑上聞也。」如淳曰：「呂氏春秋曰『魏文侯東勝齊於長城，天子賞文侯以上聞』。」晉灼曰：「名通於天子也。」
〔一〇〕師古曰：「圉即陳留圉縣。」
〔一一〕師古曰：「生獲曰虜。」
〔一二〕鄭氏曰：「亳，成湯封邑，今河南偃師湯亭是。」
〔一三〕師古曰：「杠音江。」
〔一四〕師古曰：「賁音奔。」

〔一五〕師古曰：「既斬候一人，又更斬乞首六十八。」

〔一六〕師古曰：「曲音丘羽反。遇音顒。」

〔一七〕張晏曰：「食祿比封君而無邑也。」臣瓚曰：「秦制，列侯乃有封爵。」師古曰：「瓚說非也。楚漢之際，權設寵榮，假其位號，或得邑地，或空受爵，此例多矣。約以秦制，於義不通。」

〔一八〕師古曰：「南陽之縣也，音直益反。」

〔一九〕張晏曰：「益祿也。」如淳曰：「正爵名也。」臣瓚曰：「增封也。」師古曰：「諸家之說皆非也。重封者，加二號耳。」

項羽在戲下，欲攻沛公。沛公從百餘騎因項伯面見項羽，謝無有閉關事。項羽既饗軍士，中酒，〔一〕亞父謀欲殺沛公，令項莊拔劍舞坐中，欲擊沛公，項伯常屏蔽之。時獨沛公與張良得入坐，樊噲居營外，聞事急，乃持盾入。初入營，營衞止噲，〔二〕噲直撞入，立帳下。〔三〕項羽目之，問爲誰。張良曰：「沛公參乘樊噲也。」項羽曰：「壯士。」賜之卮酒彘肩。噲既飲酒，拔劍切肉食之。項羽曰：「能復飲乎？」噲曰：「臣死且不辭，豈特卮酒乎！且沛公先入定咸陽，暴師霸上，以待大王。〔四〕大王今日至，聽小人之言，與沛公有隙，臣恐天下解心疑大王也。」項羽默然。沛公如廁，麾噲去。既出，沛公留車騎，〔五〕獨騎馬，噲等四人步從，從山下走歸霸上軍，而使張良謝項羽。羽亦因遂已，〔六〕無誅沛公之心。是日微樊噲奔入營誰讓項羽，沛公幾殆。〔七〕

〔一〕張晏曰：「酒酣也。」師古曰：「飲酒之中也。不醉不醒，故謂之中。中音竹仲反。」

〔二〕師古曰：「營衞，謂營壘之守衞者。」

〔三〕師古曰：「謂以盾撞擊人。撞音丈江反。」

〔四〕師古曰：「時項羽未爲王，故高紀云『以待將軍』。此言大王，史追書耳。」

〔五〕師古曰：「沛公所乘之車及從者之騎。」

〔六〕師古曰：「已，止也。」

〔七〕師古曰：「徼，無也。譙，責也。殆，危也。譙音才笑反。幾音鉅依反。」

後數日，項羽入屠咸陽，立沛公爲漢王。漢王賜噲爵爲列侯，號臨武侯。遷爲郎中，從入漢中。

還定三秦，別擊西丞白水北，〔一〕(擁)〔雍〕輕車騎雍南，破之。從攻雍、斄城，先登。〔二〕擊章平軍好畤，攻城，先登陷陣，斬縣令丞各一人，首十一級，虜二十人，遷爲郎中騎將。從擊秦車騎壤東，〔三〕卻敵，遷爲將軍。攻趙賁，下郿、槐里、柳中、咸陽；〔四〕灌廢丘，最。〔五〕至櫟陽，賜食邑杜之樊鄉。〔六〕從攻項籍，屠煮棗，〔七〕擊破王武、程處軍於外黃。攻鄒、魯、瑕丘、薛。項羽敗漢王於彭城，盡復取魯、梁地。噲還至滎陽，益食平陰二千戶，以將軍守廣武一歲。〔八〕項羽引東，從高祖擊項籍，下陽夏，〔九〕虜楚周將軍卒四千人。〔一〇〕圍項籍陳，大破之。〔一一〕屠胡陵。

〔一〕服虔曰：「西丞，縣名也。」晉灼曰：「白水，今廣平魏縣也。地理志無西丞，似秦將名也。」師古曰：「二說並非也。西謂隴西郡西縣也。白水，水名，經西縣東南流而過。言擊西縣之丞於白水之北。」

〔二〕師古曰：「斄讀與邰同，縣名，卽后稷所封，今武功故城是，音胎。」

〔三〕師古曰：「地名也。」

〔四〕師古曰：「柳中卽細柳地也，在長安西。」

〔五〕李奇曰：「以水灌廢丘也。」張晏曰：「最，功第一也。」晉灼曰：「京輔治華陰灌北也。」師古曰：「高紀言『引水灌廢丘』，李說是也。或者云漢王自彭城敗還始灌廢丘，此時未也。此說非矣。彭城還，更灌廢丘，始平定之，無廢丘。此時已當灌矣。」

〔六〕師古曰：「杜縣之鄉也，今曰樊川。」

〔七〕晉灼曰：「地理志無也。淸河有煮棗城，功臣表有煮棗侯。」師古曰：「旣云攻項籍，屠煮棗，則其地當在大河之南，非淸河之城明矣，但未詳其處耳。」

〔八〕師古曰：「卽滎陽之廣武。」

〔九〕師古曰：「夏音工雅反。」

〔一〇〕師古曰：「周殷。」

〔一一〕師古曰：「於陳縣圍之。」

項籍死，漢王卽皇帝位，以噲有功，益食邑八百戶。其秋，燕王臧荼反，噲從攻虜荼，定燕地。楚王韓信反，噲從至陳，取信，定楚。更賜爵列侯，與剖符，世世勿絕，食舞陽，號爲舞陽侯，除前所食。以將軍從攻反者韓王信於代。自霍人以往至雲中，與絳侯等共定之，益食千五百戶。因擊陳豨與曼丘臣軍，戰襄國，破柏人，先登，降（之）定清河、常山凡二十七縣，殘東垣，〔一〕遷爲左丞相。破得綦毋（印）〔卬〕、尹潘軍於無終、廣昌。〔二〕破豨別將胡人王黃軍代南，因擊韓信軍參合。軍所將卒斬韓信，擊豨胡騎橫谷，斬將軍趙旣，虜代丞相馮梁、守孫奮、大將王黃、將軍（大將）一人、太僕解福等十人。與諸將共定代鄉邑七十三。後燕王盧綰反，噲以相國擊綰，破其丞相抵薊南，〔三〕定燕縣十八，鄉邑五十一。益食千三百戶，定食舞陽五千四百戶。從，斬首百七十六級，虜二百八十七人。別，破軍七，下城五，定郡六，縣五十二，得丞相一人，將軍十三人，二千石以下至三百石十二人。

〔一〕張晏曰：「殘有所毀也。」臣瓚曰：「殘謂多所殺傷也。」師古曰：「瓚說是。」
〔二〕師古曰：「姓綦毋，名（印）〔卬〕也。綦音其。」
〔三〕師古曰：「抵，至也。一說，抵者，其丞相之名也，音丁禮反。」

噲以呂后弟呂須爲婦，生子伉，〔一〕故其比諸將最親。先黥布反時，高帝嘗病，〔二〕惡見人，臥禁中，詔戶者無得入羣臣。羣臣絳、灌等莫敢入。十餘日，噲乃排闥直入，〔三〕大臣隨之。上獨枕一宦者臥。噲等見上流涕曰：「始陛下與臣等起豐沛，定天下，何其壯也！今天下已定，又何憊也！〔四〕且陛下病甚，大臣震恐，不見臣等計事，顧獨與一宦者絕乎？〔五〕且陛下獨不見趙高之事乎？」〔六〕高帝笑而起。

〔一〕師古曰：「伉音抗，又音剛。」
〔二〕師古曰：「黥布未反之前。」
〔三〕師古曰：「闥，宮中小門也，一曰門屏也，音土曷反。」
〔四〕師古曰：「憊，力極也，音蒲拜反。」
〔五〕師古曰：「顧猶反也。」
〔六〕師古曰：「謂始皇崩，趙高矯爲詔命，殺扶蘇而立胡亥。」

其後盧綰反，高帝使噲以相國擊燕。是時高帝病甚，人有惡噲黨於呂氏，〔一〕即上一日宮車晏駕，則噲欲以兵盡誅戚氏、趙王如意之屬。高帝大怒，乃使陳平載絳侯代將，而即軍中斬噲。〔二〕陳平畏呂后，執噲詣長安。至則高帝已崩，呂后釋噲，〔三〕得復爵邑。

〔一〕師古曰：「惡謂毀譖，言其罪惡也。」
〔二〕師古曰：「即，就也。」
〔三〕師古曰：「釋，解也，解免其罪。」

孝惠六年，噲薨，謚曰武侯，子伉嗣。而伉母呂須亦爲臨光侯，〔噲〕高后時用事顓權，〔一〕大臣盡畏之。高后崩，大臣誅呂須等，因誅伉，舞陽侯中絕數月。孝文帝立，乃復封噲庶子市人爲侯，復故邑。薨，謚曰荒侯。子佗廣嗣。六歲，其舍人上書言：「荒侯市人病不能爲人，〔三〕令其夫人與其弟亂而生佗廣，佗廣實非荒侯子。」下吏，免。平帝元始二年，繼絕世，封噲玄孫之子章爲舞陽侯，邑千戶。

〔一〕師古曰：「顓與專同。」

〔二〕師古曰：「言無人道也。」

酈商，高陽人也。〔一〕陳勝起，商聚少年得數千人。沛公略地六月餘，商以所將四千人屬沛公於岐。從攻長社，先登，賜爵封信成君。從攻緱氏，絕河津，破秦軍雒陽東。從下宛、穰，定十七縣。別將攻旬關，〔二〕西定漢中。〔三〕

〔一〕師古曰：「酈音歷。」

〔二〕師古曰：「漢中旬水上之關也，今在洵陽縣。」

〔三〕師古曰：「先言攻旬關，定漢中，然後云沛公爲漢王，是則沛公從武關、藍田而來，商時別從西道平定漢中。」

沛公爲漢王，賜商爵信成君，以將軍爲隴西都尉。別定北地郡，破章邯別將於烏氏、栒邑、泥陽，〔一〕賜食邑武城六千戶。從擊項籍軍，與鍾離眛戰，受梁相國印，〔二〕益食四千戶。從擊項羽二歲，攻胡陵。

〔一〕師古曰：「烏氏，安定縣也。栒邑今在豳州。泥陽，北地縣。氏音支。栒音荀。」

〔三〕師古曰：「漢以梁相國印授之。」

漢王卽帝位，燕王臧荼反，商以將軍從擊荼，戰龍脫，〔一〕先登陷陣，破荼軍易下，〔二〕卻敵，遷爲右丞相，賜爵列侯，與剖符，世世勿絕，食邑涿郡五千戶。別定上谷，因攻代，受趙相國印。〔三〕與絳侯等定代郡、鴈門，得代丞相程縱、守相郭同、〔四〕將軍以下至六百石十九人。還，以將軍將太上皇衞一歲。十月，以右丞相擊陳豨，殘東垣。又從擊黥布，攻其前垣，〔五〕陷兩陳，得以破布軍，更封爲曲周侯，食邑五千一百戶，除前所食。凡別破軍三，降定郡六，縣七十三，得丞相、守相、大將（軍）各一人，小將（軍）二人，二千石以下至六百石十九人。

〔一〕孟康曰：「地名也。」

〔二〕師古曰：「今易縣。」

〔三〕師古曰：「初受梁相國印，今又受趙相國印。」

〔四〕師古曰：「守相，謂爲相而居守者。」

〔五〕李奇曰：「前鋒堅蔽若垣牆也。或曰，軍前以大（軍）〔車〕自障若垣也。」師古曰：「二說皆非也。謂攻其壁壘之前垣。」

商事孝惠帝、呂后。呂后崩，商疾不治事。〔一〕其子寄，字況，與呂祿善。及高后崩，大臣欲誅諸呂，呂祿爲將軍，軍於北軍，太尉勃不得入北軍，於是乃使人劫商，令其子寄紿呂祿。呂祿信之，與出游，而太尉勃乃得入據北軍，遂以誅諸呂。商是歲薨，謚曰景侯。子寄嗣。

天下稱酈況賣友。

〔一〕文穎曰：「商有疾病，不能治官事。」

孝景時，吳、楚、齊、趙反，上以寄爲將軍，圍趙城，七月不能下。欒布自平齊來，乃滅趙。孝景中二年，寄欲取平原君（姊）爲夫人，〔一〕景帝怒，下寄吏，免。上乃封商它子堅爲繆侯，〔二〕奉商後。傳至玄孫終根，武帝時爲太常，坐巫蠱誅，國除。元始中，賜高祖時功臣自酈商以下子孫爵（乎）〔皆〕關內侯，食邑凡百餘人。

〔一〕蘇林曰：「景帝王皇后母臧兒也。」

〔二〕師古曰：「繆，所封邑名。」

夏侯嬰，沛人也。爲沛廄司御，每送使客，還過泗上亭，與高祖語，未嘗不移日也。嬰已而試補縣吏，與高祖相愛。高祖戲而傷嬰，人有告高祖。高祖時爲亭長，重坐傷人，〔一〕告故不傷嬰，〔二〕嬰證之。移獄覆，嬰坐高祖繫歲餘，掠笞數百，終脫高祖。

〔一〕如淳曰：「爲吏傷人，其罪重。」

〔二〕蘇林曰：「自告情故，不傷嬰也。」

高祖之初與徒屬欲攻沛也，〔一〕嬰時以縣令史爲高祖使。上降沛一日，〔二〕高祖爲沛公，賜爵七大夫，以嬰爲太僕，常奉車。〔三〕從攻胡陵，嬰與蕭何降泗水監平，〔四〕平以胡陵降，賜嬰爵五大夫。從擊秦軍碭東，攻濟陽，下戶牖，破李由軍雍丘，以兵車趣攻戰疾，破之，〔五〕賜爵執帛。從擊章邯軍東阿、濮陽下，以兵車趣攻戰疾，破之，賜爵執圭。從擊趙賁軍開封，楊熊軍曲遇。嬰從捕虜六十八人，降卒八百五十人，得印一匱。〔六〕又擊秦軍雒陽東，以兵車趣攻戰疾，賜爵封 轉爲滕令。〔七〕因奉車〔八〕從攻定南陽，戰於藍田、芷陽，〔九〕至霸上。沛公爲漢王，賜嬰爵列侯，號昭平侯，復爲太僕，從入蜀漢。

〔一〕師古曰：「謂始亡在外，未被樊噲召時。」
〔二〕師古曰：「謂父老開城門迎高祖時也。」
〔三〕師古曰：「爲沛公御車。」
〔四〕張晏曰：「胡陵，平所止縣，何嘗給之，故與降。」
〔五〕師古曰：「趣讀曰促，謂急速也。次下亦同。」
〔六〕師古曰：「時自相署置官之印。」
〔七〕鄧展曰：「今沛郡公丘縣。」
〔八〕師古曰：「因此又每奉車從攻戰，以至霸上。」
〔九〕師古曰：「芷陽後爲霸陵縣。」

還定三秦，從擊項籍。至彭城，項羽大破漢軍。漢王不利，馳去。見孝惠、魯元，載之。

漢王急，馬罷，虜在後，〔一〕常蹶兩兒棄之，〔二〕嬰常收載行，面雍樹馳。〔三〕漢王怒，欲斬嬰者十餘，卒得脫，而致孝惠、魯元於豐。

〔一〕師古曰：「罷讀曰疲。」

〔二〕服虔曰：「蹶音撥。」晉灼曰：「音足蹶物之蹶。」師古曰：「服音是。」

〔三〕服虔曰：「高祖欲斬之，故嬰圍樹走，面向樹也。」應劭曰：「古者立乘，嬰恐小兒墮墜，各置一面擁持之。樹，立也。」蘇林曰：「南方人謂抱小兒為雍樹。面者，以面首向臨之也。」師古曰：「面，偝也。雍，抱持之。言取兩兒，令面背己，而抱持之以馳，故云面雍樹馳。服言圍樹而走，義尤疎越。雍讀曰擁。」

漢王既至滎陽，收散兵，復振，賜嬰食邑沂陽。〔一〕擊項籍下邑，追至陳，卒定楚。至魯，益食茲氏。〔二〕

〔一〕師古曰：「沂音魚依反。」

〔二〕師古曰：「茲氏，縣名，地理志屬太原。」

漢王即帝位，燕王臧荼反，嬰從擊荼。明年，從至陳，取楚王信。更食汝陰，剖符，世世勿絕。從擊代，至武泉、雲中，益食千戶。因從擊韓信軍胡騎晉陽旁，大破之。追北至平城，為胡所圍，七日不得通。高帝使使厚遺閼氏，冒頓乃開其圍一角。高帝出欲馳，嬰固徐行，弩皆持滿外鄉，〔一〕卒以得脫。〔二〕益食嬰細陽千戶。〔三〕從擊胡騎句注北，大破之。擊胡騎平城南，三陷陳，功爲多，〔四〕〔賜〕所奪邑五百戶。〔四〕從擊陳豨、黥布軍，陷陳卻敵，益千戶，定食汝陰六千九百戶，除前所食。

〔一〕師古曰：「故示閑暇，所以固士卒心，而令敵不測也。鄉讀曰嚮。」

〔二〕師古曰：「卒，終也。」

〔三〕師古曰：「益其邑使食之。」

〔四〕孟康曰：「時有罪過奪邑者，以賜之。」

嬰自上初起沛，常爲太僕從，竟高祖崩。以太僕事惠帝。惠帝及高后德嬰之脫孝惠、魯元於下邑閒也，乃賜嬰北第第一，〔一〕曰「近我」，以尊異之。惠帝崩，以太僕事高后。高后崩，代王之來，嬰以太僕與東牟侯入清宮，廢少帝，以天子法駕迎代王代邸，與大臣共立文帝，復爲太僕。八歲薨，謚曰文侯。傳至曾孫頗，〔二〕尚平陽公主，坐與父御婢姦，自殺，國除。

〔一〕師古曰：「北第者，近北闕之第，嬰最第一也。故張衡西京賦云『北闕甲第，當道直啟』。」

〔二〕師古曰：「頗音普河反。」

初嬰爲滕令奉車，故號滕公。及曾孫頗尚主，主隨外家姓，號孫公主，故滕公子孫更爲孫氏。

灌嬰，睢陽販繒者也。〔一〕高祖爲沛公，略地至雍丘，章邯殺項梁，而沛公還軍於碭，嬰以中涓從，擊破東郡尉於成武及秦軍於杠里，疾鬬，賜爵七大夫。又從攻秦軍亳南、開封、曲遇，戰疾力，〔二〕賜爵執帛，號宣陵君。從攻陽武以西至雒陽，破秦軍尸北。北絕河津，南破南陽守齮陽城東，遂定南陽郡。西入武關，戰於藍田，疾力，至霸上，賜爵執圭，號昌文君。

〔一〕師古曰：「繒者，帛之總名。」

〔二〕孟康曰：「攻戰速疾也。」師古曰：「疾，急速也。力，強力也。」

沛公爲漢王，拜嬰爲郎中，從入漢中，十月，拜爲中謁者。從還定三秦，下櫟陽，降塞王。還圍章邯廢丘，未拔。從東出臨晉關，擊降殷王，定其地。擊項羽將龍且、魏相項佗軍定陶南，疾戰，破之。賜嬰爵列侯，號昌文侯，食杜平鄉。〔一〕

〔一〕師古曰：「杜縣之平鄉。」

復以中謁者從降下碭，以北至彭城。項羽擊破漢王，漢王遁而西，嬰從還，軍於雍丘。王武、魏公申徒反，〔一〕從擊破之。攻下外黃，西收軍於滎陽。楚騎來衆，漢王乃擇軍中可爲騎將者，皆推故秦騎士重泉人李必、駱甲〔二〕習騎兵，今爲校尉，可爲騎將。漢王欲拜之，必、甲曰：「臣故秦民，恐軍不信臣，臣願得大王左右善騎者傅之。」〔三〕嬰雖少，然數力戰，乃拜嬰爲中大夫，令李必、駱甲爲左右校尉，將郎中騎兵擊楚騎於滎陽東，大破之。受詔別擊楚軍後，絶其饟道，〔四〕起陽武至襄邑。擊項羽之將項冠於魯下，破之，所將卒斬右司馬、騎將各一人。〔五〕擊破柘公王武軍燕西，〔六〕所將卒斬樓煩將五人，〔七〕連尹一人。〔八〕擊王武別將桓嬰白馬下，破之，所將卒斬都尉一人。以騎度河南，送漢王到雒陽，從北迎相國韓信軍於邯鄲。還至敖倉，嬰遷爲御史大夫。

〔一〕張晏曰：「故秦將，降爲公，今反。」

〔二〕師古曰：「重泉，縣名也，地理志屬左馮翊。」

〔三〕如淳曰：「傅音附，猶言隨從者。」

〔四〕師古曰：「饟，古餉字。」

〔五〕張晏曰：「主右方之馬，左亦如之。」晉灼曰：「下所謂左右千人之騎。」

〔六〕師古曰：「柘，縣名。公者，柘之令也。王武，其人姓名也。燕亦縣名，古南燕國也。音一千反。」

〔七〕李奇曰：「樓煩，縣名，其人善騎射，故名射士爲樓煩，取其稱也。」師古曰：「解在項羽傳。」

〔八〕蘇林曰：「楚官也。」

三年，以列侯食邑杜平鄉。受詔將郎中騎兵東屬相國韓信，擊破齊軍於歷下，所將卒虜〔單〕〔車〕騎將〔軍〕華毋傷〔一〕及將吏四十六人。降下臨淄，得相田光。追齊相田橫至嬴、博，〔二〕擊破其騎，所將卒斬騎將一人，生得騎將四人。攻下嬴、博，破齊將軍田吸於千乘，斬之。東從韓信攻龍且、留公於假密，〔三〕卒斬龍且，〔四〕生得右司馬、連尹各一人，樓煩將十人，身生得亞將周蘭。〔五〕

〔一〕師古曰：「華音下化反。」

〔二〕師古曰：「二縣名。」

〔三〕師古曰：「留，縣名。公，留令也。攻龍且及留令於假密。」

〔四〕師古曰：「嬰所將之卒也。其下亦同。」

〔五〕師古曰：「亞，次也。」

齊地已定，韓信自立爲齊王，使嬰別將擊楚將公杲於魯北，破之。轉南，破薛郡長，〔一〕身虜騎將(八)〔一人〕。攻(博)〔傅〕陽，前至下相以東南僮、取慮、徐。〔二〕度淮，盡降其城邑，至廣陵。〔三〕項羽使項聲、薛公、郯公復定淮北，嬰度淮擊破項聲、郯公下邳，斬薛公，下下邳、壽春。擊破楚騎平陽，〔四〕遂降彭城。虜柱國項佗，〔五〕降留、薛、沛、酇、蕭、相。〔六〕攻苦、譙，〔七〕復得亞將。與漢王會頤鄉。從擊項籍軍陳下，破之。所將卒斬樓煩將二人，虜將八人。賜益食邑二千五百戶。

〔一〕師古曰：「長，亦如郡守也，時每郡置長。」

〔二〕師古曰：「僮及取慮及徐，三縣名也。取音趨，又音秋。慮音廬。」

〔三〕蘇林曰：「別將兵屯廣陵也。」師古曰：「此說非也。謂從下相以東南盡降城邑，乃至廣陵皆平定。」

〔四〕師古曰：「此平陽在東郡。」

〔五〕師古曰：「佗音徒何反。」

〔六〕師古曰：「凡六縣也，酇音才何反。」

〔七〕師古曰：「二縣也。」

項籍敗垓下去也，嬰以御史大夫將車騎別追項籍至東城，破之。所將卒五人共斬項籍，皆賜爵列侯。降左右司馬各一人，卒萬二千人，盡得其軍將吏。下東城、歷陽。度江，破吳郡長吳下，〔一〕得吳守，遂定吳、豫章、會稽郡。還定淮北，凡五十二縣。

〔一〕如淳曰：「雄長之長也。」師古曰：「此說非也。吳郡長，當時爲吳郡長，嬰破之於吳下。」

漢王即帝位，賜益嬰邑三千戶。以車騎將軍從擊燕王荼。明年，從至陳，取楚王信。還，剖符，世世勿絕，食潁陰二千五百戶。

從擊（漢）〔韓〕王信於代，至馬邑，別降樓煩以北六縣，斬代左將，破胡騎將於武泉北。復從擊信胡騎晉陽下，所將卒斬胡白題將一人。〔二〕又受詔并將燕、趙、齊、梁、楚車騎，擊破胡騎於硰石。〔三〕至平城，爲胡所困。

〔一〕師古曰：「胡名也。」

〔二〕師古曰：「鄀音千坐反。」

從擊陳豨，別攻豨丞相侯敞軍曲逆下，破之，卒斬敞及特將五人。〔一〕降曲逆、盧奴、上曲陽、安國、安平。攻下東垣。

〔一〕師古曰：「卒謂所將之卒也。特，獨也，各(特)〔獨〕爲將。」

黥布反，以車騎將軍先出，攻布別將於相，破之，斬亞將樓煩將三人。又進擊破布上柱國及大司馬軍。又進破布別將肥銖。嬰身生得左司馬一人，所將卒斬其小將十人，追北至淮上。益食邑二千五百戶。布已破，高帝歸，定令嬰食潁陰五千戶，除前所食邑。凡從所得二千石二人，別破軍十六，降城四十六，定國一，郡二，縣五十二，得將軍二人，柱國、相各一人，二千石十人。

嬰自破布歸，高帝崩，以列侯事惠帝及呂后。呂后崩，呂祿等欲爲亂。齊哀王聞之，舉兵西，呂祿等以嬰爲大將軍往擊之。嬰至滎陽，乃與絳侯等謀，因屯兵滎陽，風齊王以誅呂氏事，〔一〕齊兵止不前。絳侯等既誅諸呂，齊王罷兵歸。嬰自滎陽還，與絳侯、陳平共立文帝。於是益封嬰三千戶，賜金千斤，爲太尉。

〔一〕師古曰：「風讀曰諷。」

三歲，絳侯勃免相，嬰爲丞相，罷太尉官。是歲，匈奴大入北地，上令丞相嬰將騎八萬五千擊匈奴。匈奴去，濟北王反，詔罷嬰兵。後歲餘，以丞相薨，謚曰懿侯。傳至孫(疆)〔彊〕，有罪，絕。武帝復封嬰孫賢爲臨汝侯，奉嬰後，後有罪，國除。

傅寬，以魏五大夫騎將從，爲舍人，起橫陽。從攻安陽、杠里，趙賁軍於開封，及擊楊熊曲遇、陽武，斬首十二級，賜爵卿。從至霸上。沛公爲漢王，賜寬封號共德君。〔一〕從入漢中，爲右騎將。定三秦，賜食邑雕陰。〔二〕從擊項籍，待懷，〔三〕賜爵通德侯。從擊項冠、周蘭、龍且，所將卒斬騎將一人敖下，〔四〕益食邑。

〔一〕師古曰：「共讀曰恭。」

〔二〕孟康曰：「縣名，屬上郡。」

〔三〕服虔曰：「(侍)〔待〕高帝於懷。懷，縣(召)〔名〕也。」師古曰：「地理志屬河內，即今懷州。」

〔四〕師古曰：「敖，地名。敖倉蓋取此名也。左氏傳曰『敖、鄗之間』。」

屬淮陰，〔一〕擊破齊歷下軍，擊田解。屬相國參，殘博，〔二〕益食邑。因定齊地，剖符世世勿絕，封陽陵侯，二千六百戶，除前所食。爲齊右丞相，備齊。〔三〕五歲爲齊相國。

〔一〕張晏曰：「韓信也。信時爲相國，云淮陰者，終言之也。」

〔二〕師古曰：「參，曹參也。博，太山縣也。」

〔三〕張晏曰：「時田橫未降，故設屯備。」

四月，擊陳豨，屬太尉勃，以相國代丞相噲擊豨。一月，徙爲代相國，將屯。〔一〕二歲，爲丞相，將屯。孝惠五年薨，謚曰景侯。傳至曾孫偃，謀反，誅，國除。

〔一〕如淳曰：「既爲相國，有警則將卒而屯守也。」師古曰：「此說非也。時代國常有屯兵以備邊寇，寬爲代相，兼將此屯兵也。」

靳歙，以中涓從，起宛朐。〔一〕攻濟陽。破李由軍。擊秦軍開封東，斬騎千人將一人，〔二〕首五十七級，捕虜七十三人，賜爵封臨平君。又戰藍田北，斬車司馬二人，〔三〕騎長一人，〔四〕首二十八級，捕虜五十七人。至霸上。沛公爲漢王，賜歙爵建武侯，遷騎都尉。

〔一〕師古曰：「歙音翕。宛音於元反。朐音其于反。」

〔二〕如淳曰：「騎將率號爲千人。漢儀注邊郡置部都尉、千人、司馬、候也。」

〔三〕張晏曰：「主車也。」

〔四〕張晏曰：「騎之長。」

從定三秦。別西擊章平軍於隴西，破之，定隴西六縣，所將卒斬車司馬、候各四人，騎長十二人。從東擊楚，至彭城。漢軍敗還，保雍丘，擊反者王武等。略梁地，別西擊邢說軍菑南，破之，〔一〕身得說都尉二人，司馬、候十二人，降吏卒四千六百八十人。破楚軍滎陽東。食邑四千二百戶。

〔一〕師古曰：「菑，縣名也，後爲考城。說讀曰悅。」

別之河內，擊趙賁軍朝歌，破之，所將卒得騎將二人，車馬二百五十匹。從攻安陽以東，至棘蒲，下十縣。別攻破趙軍，得其將司馬二人，候四人，降吏卒二千四百人。從降下邯鄲。別下平陽，身斬守相，所將卒斬兵守郡一人，〔一〕降鄴。從攻朝歌、邯鄲，又別擊破趙〔郡〕〔軍〕，降邯鄲郡六縣。還軍敖倉，破項籍軍成皋南，擊絕楚饟道，起滎陽至襄邑。破項冠魯下。略地東至鄫、郯、下邳，南至蘄、竹邑。擊項悍濟陽下。還擊項籍軍陳下，破之。別定江陵，降柱國、大司馬以下八人，身得江陵王，致雒陽，〔二〕因定南郡。從至陳，取楚王信，剖符世世勿絕，定食四千六百戶，爲信武侯。

〔一〕李奇曰：「或以爲郡守也，字反耳。」晉灼曰：「將兵郡守也。」師古曰：「當言兵郡守一人也。」

〔二〕師古曰：「江陵王謂共敖之子共尉也，得而送致於雒陽。」

以騎都尉〔從〕擊代，攻韓信平城下，還軍東垣。有功，遷爲車騎將軍，幷將梁、趙、齊、燕、楚車騎，別擊陳豨丞相敞，破之，〔一〕因降曲逆。從擊黥布有功，益封，定食邑五千三百戶。

凡斬首九十級，虜百四十二人，別破軍十四，降城五十九，定郡、國各一，縣二十三，得王、柱國各一人，〔一〕二千石以下至五〔百〕石三十九人。高后五年，薨，謚曰肅侯。子亭嗣，有罪，國除。

〔一〕師古曰：「侯敞。」

周緤，沛人也。〔一〕以舍人從高祖起沛。至霸上，西入蜀漢，還定三秦，常爲參乘，賜食邑池陽。〔二〕從東擊項羽滎陽，絕甬道，從出度平陰，遇韓信軍襄國，戰有利不利，終亡離上心。上以緤爲信武侯，〔三〕食邑三千三百戶。

〔一〕師古曰：「緤音息列反。」

〔二〕師古曰：「即馮翊池陽縣。」

〔三〕師古曰：「以其忠信，故加此號。」

上欲自擊陳豨，緤泣曰：「始秦攻破天下，未曾自行，今上常自行，是亡人可使者乎？」上以爲「愛我」，賜入殿門不趨。十二年，更封緤爲鄘城侯，〔一〕孝文五年薨，謚曰貞侯。子昌嗣，有罪，國除。景帝復封緤子應爲鄲侯，〔二〕薨，謚曰康侯。子仲居嗣，坐爲太常有罪，國除。

〔一〕服虔曰：「音菅蒯之蒯。」蘇林曰：「音簿催反。」晉灼曰：「功臣表屬長沙。」師古曰：「此字從崩，從邑，音蒯，非也。呂忱音陪，而楚漢春秋作憑城侯。陪、憑聲相近，此其實也。又音普肯反。」

〔二〕蘇林曰：「音多，屬沛國。」

贊曰：仲尼稱「犂牛之子騂且角，雖欲勿用，山川其舍諸？」〔一〕言士不繫於世類也。語曰「雖有茲基，不如逢時」，〔二〕信矣！樊噲、夏侯嬰、灌嬰之徒，方其鼓刀僕御販繒之時，〔三〕豈自知附驥之尾，〔四〕（勤）〔勒〕功帝籍，慶流子孫哉？當孝文時，天下以酈寄爲賣友。夫賣友者，謂見利而忘義也。若寄父爲功臣而又執劫，〔五〕雖摧呂祿，以安社稷，誼存君親，可也。

〔一〕師古曰：「論語載孔子爲弟子仲弓發此言也。犂，雜色；騂，赤色也。舍，置也。言牛色純而角美，堪爲犧牲，雖以其母犂色而不欲用，山川寧肯置之？喻父雖不材，不害子之美。」

〔二〕張晏曰：「茲基，鉏也。言雖有田具，值時乃獲。」

〔三〕師古曰：「鼓刀謂屠狗。」

〔四〕師古曰：「蓋以蚊䖟爲喻，言託驥之尾，則涉千里。」

〔五〕師古曰：「周勃等劫其父而令寄行說。」

校勘記

二〇六七頁八行　從攻(陽城)〔城陽〕，史記作「城陽」，正義說漢書作「陽城」，大錯誤。

二〇六八頁一行　捕虜四十(四)人，景祐、殿本都作「四十人」，史記同。

二〇七〇頁九行　(擁)〔雍〕輕車騎雍南，景祐本作「雍」，史記同。王念孫說作「雍」是。

二〇七二頁二行　降(之)定清河、常山凡二十七縣，王先謙說「之」字衍，史記無。

二〇七二頁三行　破得綦母(印)〔卬〕，景祐、殿本都作「卬」。王先謙說作「卬」是。注同。

二〇七三頁五行　將軍(大將)一人、史記作「將軍太卜」，王先謙疑「大將」即「太卜」之誤。但汲古本史記無「太卜」二字，則此「大將」二字當是衍文。

二〇七三頁一四行　(噲)高后時用事顓權，景祐、殿本都無「噲」字。錢大昭說無「噲」字是。

二〇七五頁七行　得丞相、守相、大將(軍)各一人，小將(軍)二人，景祐本無二「軍」字。王念孫說景祐本是，史記亦無二「軍」字。

二〇七五頁一三行　軍前以大(軍)〔車〕自障若垣也。景祐、殿本都作「車」。王先謙說作「車」是。

二〇七六頁四行　寄欲取平原君(姊)爲夫人，王先謙說各本無「姊」字，是。

二〇七六頁六行　酈商以下子孫爵(乎)〔皆〕關內侯，景祐、殿本都作「皆」。王先謙說作「皆」是。

二〇七九頁一行　(閼)〔賜〕所奪邑五百戶。景祐、殿本都作「賜」。王先謙說「閼」字誤。

二〇八二頁一六行 所將卒虜(單)〔車〕騎將(軍)華毋傷 景祐、殿本都作「車」。王先謙說「單」字誤。「華」字上景祐本無「軍」字。

二〇八二頁一〇行 身虜騎將(入)〔一人〕。攻(博)〔傅〕陽， 齊召南說「入」字係「一人」兩字傳寫誤併。沈欽韓說「博陽」當作「傅陽」。

二〇八三頁一三行 從擊(漢)〔韓〕王信於代， 景祐、殿、局本都作「韓」，「漢」字誤。

二〇八四頁五行 各(特)〔獨〕爲將。 景祐、殿本都作「獨」。王先謙說作「獨」是。

二〇八五頁二行 傳至孫(疆)〔彊〕， 景祐、殿本都作「彊」。

二〇八五頁一〇行 (侍)〔待〕高帝於懷。懷，縣(召)〔名〕也。 景祐、殿、局本都作「待」作「名」，此誤。

二〇八七頁七行 又別擊破趙(郡)〔軍〕， 景祐、殿本都作「軍」。王先謙說作「軍」是。

二〇八七頁一四行 以騎都尉〔從〕擊代， 景祐、殿本都有「從」字。

二〇八八頁二行 至五〔百〕石三十九人。 景祐、殿本都有「百」字，此脫。

二〇八九頁六行 (勤)〔勒〕功帝籍， 景祐、殿本都作「勒」。王先謙說作「勒」是。

漢書卷四十二

張周趙任申屠傳第十二

張蒼，陽武人也，好書律曆。秦時爲御史，主柱下方書。〔一〕有罪，亡歸。及沛公略地過陽武，蒼以客從攻南陽。蒼當斬，解衣伏質，〔二〕身長大，肥白如瓠，時王陵見而怪其美士，乃言沛公，赦勿斬。遂西入武關，至咸陽。

〔一〕如淳曰：「方，板也，謂事在板上者也。秦置柱下史，蒼爲御史，主其事。或曰主四方文書也。」師古曰：「下云蒼自秦時爲柱下御史，明習天下圖書計籍，則主四方文書是也。柱下，居殿柱之下，若今侍立御史矣。」

〔二〕師古曰：「質，鑕也。」

沛公立爲漢王，入漢中，還定三秦。陳餘擊走常山王張耳，耳歸漢，漢以蒼爲常山守。從韓信擊趙，蒼得陳餘。趙地已平，漢王以蒼爲代相，備邊寇。已而徙爲趙相，相趙王耳。耳卒，相其子敖。復徙相代。燕王臧荼反，蒼以代相從攻荼有功，（六年）封爲北平侯，食邑千二百戶。

遷爲計相，〔一〕一月，更以列侯爲主計四歲。〔二〕是時蕭何爲相國，而蒼乃自秦時爲柱下御史，明習天下圖書計籍，又善用算律曆，故令蒼以列侯居相府，領主郡國上計者。黥布反，漢立皇子長爲淮南王，而蒼相之。十四年，遷爲御史大夫。

〔一〕文穎曰：「以能計，故號曰計相。」師古曰：「專主計籍，故號計相。」

〔二〕張晏曰：「以列侯典校郡國簿書。」如淳曰：「以其所主，因以爲官號，與計相同。時所卒立，非久施也。」師古曰：「去計相之名，更號主計。」

周昌者，沛人也。其從兄苛，〔一〕秦時皆爲泗水卒史。及高祖（沛起）〔起沛〕，擊破泗水守監，於是苛、昌（自）〔以〕卒史從沛公，沛公以昌爲職志，〔二〕苛爲客。〔三〕從入關破秦。沛公立爲漢王，以苛爲御史大夫，昌爲中尉。

〔一〕師古曰：「苛音何。」

〔二〕應劭曰：「掌主職也。」鄭氏曰：「主旗志也。」師古曰：「志與幟同，音式異反。」

〔三〕張晏曰：「爲帳下賓客，不掌官也。」

漢三年，楚圍漢王滎陽急，漢王出去，而使苛守滎陽城。楚破滎陽城，欲令苛將，苛罵曰：「若趣降漢王！不然，今爲（慮）〔虜〕矣！」〔一〕項羽怒，亨苛。漢王於是拜昌爲御史大夫。常從擊破項籍。六年，與蕭、曹等俱封，爲汾陰侯。苛子成以父死事，封爲高景侯。

〔一〕師古曰：「若，汝也。趣讀曰促。」

昌爲人强力，敢直言，自蕭、曹等皆卑下之。〔一〕昌嘗燕入奏事，〔二〕高帝方擁戚姬，〔三〕昌還走。〔四〕高帝逐得，騎昌項上，問曰：「我何如主也？」昌仰曰：「陛下卽桀紂之主也。」於是上笑之，然尤憚昌。及高帝欲廢太子，而立戚姬子如意爲太子，大臣固爭莫能得，上以留侯策止。而昌庭爭之强，上問其說，昌爲人吃，〔五〕又盛怒，曰：「臣口不能言，然臣（心）〔期期〕知其（其）不可。陛下欲廢太子，臣期期不奉詔。」〔六〕上欣然而笑，卽罷。呂后側耳於東箱聽，〔七〕見昌，爲跪謝曰：「微君，太子幾廢。」〔八〕

〔一〕師古曰：「下音胡駕反。」

〔二〕孟康曰：「以上宴時入奏事。」師古曰：「燕謂安閑之居也。」

〔三〕師古曰：「擁，抱也。」

〔四〕師古曰：「還謂卻退也。」

〔五〕師古曰：「吃，言之難也，音訖。」

〔六〕師古曰：「以口吃，故每重言期期。」

〔七〕師古曰：「正寢之東西室皆曰箱，言似箱篋之形。」

〔八〕師古曰：「微，無也。幾音鉅依反。」

是歲，戚姬子如意爲趙王，年十歲，高祖憂萬歲之後不全也。趙堯爲符璽御史，趙人方與公〔一〕謂御史大夫周昌曰：「君之史趙堯，年雖少，然奇士，君必異之，是且代君之位。」昌笑曰：「堯年少，刀筆吏耳，何至是乎！」居頃之，堯侍高祖，高祖獨心不樂，悲歌，羣臣不知上所以然。堯進請（間）〔問〕曰：「陛下所爲不樂，非以趙王年少，而戚夫人與呂后有隙，備萬歲之後而趙王不能自全乎？」高祖曰：「我私憂之，不知所出。」〔二〕堯曰：「陛下獨爲趙王置貴彊相，及呂后、太子、羣臣素所敬憚者乃可。」高祖曰：「然。吾念之欲如是，而羣臣誰可者？」堯曰：「御史大夫昌，其人堅忍伉直，自呂后、太子及大臣皆素嚴憚之。獨昌可。」高祖曰：「善。」於是召昌謂曰：「吾固欲煩公，〔三〕公彊爲我相趙。」〔四〕昌泣曰：「臣初起從陛下，陛下獨奈何中道而棄之於諸侯乎？」高祖曰：「吾極知其左遷，〔五〕然吾私憂趙，念非公無可者。公不得已彊行！」〔六〕於是徙御史大夫昌爲趙相。

〔一〕孟康曰：「方與，縣名。公，其號也。」師古曰：「音房豫。」
〔二〕師古曰：「不知計所出。」
〔三〕師古曰：「固，必也，言必欲勞煩公。」
〔四〕師古曰：「彊音其兩反。次下亦同。」

〔五〕師古曰：「是時尊右而卑左，故謂貶秩位爲左遷。佗皆類此。」

〔六〕師古曰：「已，止也。」

既行久之，高祖持御史大夫印弄之，曰：「誰可以爲御史大夫者？」孰視堯曰：「無以易堯。」〔一〕遂拜堯爲御史大夫。堯亦前有軍功食邑，及以御史大夫從擊陳豨有功，封爲江邑侯。

〔一〕師古曰：「言堯可爲之，餘人不能勝也。易，代也。」

高祖崩，太后使使召趙王，其相昌令王稱疾不行。使者三反，昌曰：「高帝屬臣趙王，〔一〕王年少，竊聞太后怨戚夫人，欲召趙王并誅之。臣不敢遣王，王且亦疾，不能奉詔。」太后怒，乃使使召趙相。相至，謁太后，太后罵昌曰：「爾不知我之怨戚氏乎？而不遣趙王！」昌既被徵，高后使使召趙王。王果來，至長安月餘，見鴆殺。昌謝病不朝見，三歲而薨，謚曰悼侯。傳子至孫意，有罪，國除。景帝復封昌孫左車爲安陽侯，有罪，國除。

〔一〕師古曰：「屬，委也，音之欲反。」

初，趙堯既代周昌爲御史大夫，高祖崩，事惠帝終世。高后元年，怨堯前定趙王如意之畫，〔一〕乃抵堯罪，以廣阿侯任敖爲御史大夫。

〔一〕師古曰：「畫謂畫策令周昌爲相。」

任敖，沛人也，少爲獄吏。高祖嘗避吏，吏繫呂后，遇之不謹。任敖素善高祖，怒，擊傷主呂后吏。及高祖初起，敖以客從爲御史，守豐二歲。高祖立爲漢王，東擊項羽，敖遷爲上黨守。陳豨反，敖堅守，封爲廣阿侯，食邑千八百戶。高后時爲御史大夫，三歲免。孝文元年薨，謚曰懿侯。傳子至曾孫越人，坐爲太常廟酒酸不敬，國除。

初任敖免，平陽侯曹窋代敖爲御史大夫。〔一〕高后崩，與大臣共誅諸呂。後坐事免，以淮南相張蒼爲御史大夫。蒼與絳侯等尊立孝文皇帝，四年，代灌嬰爲丞相。

〔一〕師古曰：「窋音竹律反。」

漢興二十餘年，天下初定，公卿皆軍吏。蒼爲計相時，緒正律曆。〔一〕以高祖十月始至霸上，故因秦時本十月爲歲首，不革。〔二〕推五德之運，以爲漢當水德之時，上黑如故。吹律調樂，入之音聲，及以比定律令。〔三〕若百工，天下作程品。〔四〕至於爲丞相，卒就之。〔五〕故漢家言律曆者本張蒼。蒼(尤)〔凡〕好書，無所不觀，無所不通，而尤邃律曆。〔六〕

〔一〕文穎曰：「緒，尋也，謂本其統緒而正之。」

〔二〕師古曰：「革，改也。」

〔三〕如淳曰：「比音比次之比。謂五音清濁，各有所比，不相錯入，以定十二律之法令於樂官，使長行之。或曰，比謂比方之比，音必履反。」臣瓚曰：「謂以比故取類，以定法律與條令也。」師古曰：「依如氏之說，比音頻二反。」

〔四〕如淳曰：「若，順也。百工爲器物皆有尺寸斤兩斛斗輕重之宜，使得其法，此之謂順。」晉灼曰：「若，豫及之辭。」師古曰：「言吹律調音以定法令，及百工程品，皆取則也。若，晉說是。」

〔五〕師古曰：「卒，終也。就，成也。」

〔六〕師古曰：「邃，深也，音先遂反。」

蒼德安國侯王陵，〔一〕及貴，父事陵。陵死後，蒼爲丞相，洗沐，常先朝陵夫人上食，然後敢歸家。

〔一〕師古曰：「以救其死刑故也。」

蒼爲丞相十餘年，魯人公孫臣上書，陳終始五德傳，〔一〕言漢土德時，其符黃龍見，當改正朔，易服色。事下蒼，蒼以爲非是，罷之。其後黃龍見成紀，於是文帝召公孫臣以爲博士，草立土德時曆制度，〔二〕更元年。蒼由此自絀，謝病稱老。蒼任人爲中候，〔三〕大爲姦利，上以爲讓，〔四〕蒼遂病免。孝景五年薨，謚曰文侯。傳子至孫類，有罪，國除。

〔一〕師古曰：「傳謂傳次也，音直戀反。」

〔二〕張晏曰：「以秦水德，漢土勝之。」晉灼曰：「草，創始也。」

〔三〕張晏曰：「所選舉保任也。按中候，官名。」師古曰：「蒼有所保舉，而其人爲中候之官。」

〔四〕師古曰：「用此事責蒼。」

初蒼父長不滿五尺，蒼長八尺餘，蒼子復長八尺，及孫類長六尺餘。蒼免相後，口中無齒，食乳，女子爲乳母。〔一〕妻妾以百數，嘗孕者不復幸。年百餘歲乃卒。著書十八篇，言陰陽律曆事。

〔一〕師古曰：「言每就飲之。」

申屠嘉，梁人也。以材官蹶張〔一〕從高帝擊項籍，遷爲隊率。〔二〕從擊黥布，爲都尉。孝惠時，爲淮陽守。孝文元年，舉故以二千石從高祖者，悉以爲關內侯，食邑二十四人，而嘉食邑五百戶。十六年，遷爲御史大夫。張蒼免相，文帝以皇后弟竇廣國賢有行，欲相之，曰：「恐天下以吾私廣國。」久念不可，而高帝時大臣餘見無可者，〔三〕乃以御史大夫嘉爲丞相，因故邑封爲故安侯。

〔一〕如淳曰：「材官之多力，能脚踏彊弩張之，故曰蹶張。律有蹶張士。」師古曰：「今之弩，以手張者曰擘張，以足蹋者曰蹶張。蹶音厥。擘音布麥反。」

〔二〕師古曰：「一隊之率也，音所類反。」

〔三〕師古曰：「見謂見在之人。」

嘉爲人廉直，門不受私謁。是時太中大夫鄧通方愛幸，賞賜累鉅萬。文帝常燕飲通家，其〔見〕寵如是。是時嘉入朝，而通居上旁，有怠慢之禮。嘉奏事畢，因言曰：「陛下幸愛羣臣則富貴之，至於朝廷之禮，不可以不肅！」〔一〕上曰：「君勿言，吾私之。」〔二〕罷朝坐府中，嘉爲檄召通詣丞相府，〔三〕不來，且斬通。通恐，入言上。上曰：「汝弟往，〔四〕吾今使人召若。」〔五〕通至〔詣〕丞相府，免冠，徒跣，頓首謝嘉。嘉坐自如，〔六〕弗爲禮，責曰：「夫朝廷者，高皇帝之朝廷也，通小臣，戲殿上，大不敬，當斬。史今行斬之！」〔七〕通頓首，首盡出血，不解。上度丞相已困通，〔八〕使使持節召通，而謝丞相：「此吾弄臣，君釋之。」鄧通既至，爲上泣曰：「丞相幾殺臣。」〔九〕

〔一〕師古曰：「肅，敬也。」
〔二〕師古曰：「言欲私戒敎之。」
〔三〕師古曰：「檄，木書也，長二尺。」
〔四〕師古曰：「弟，但也。」
〔五〕師古曰：「若亦汝也。」
〔六〕師古曰：「如其故。」
〔七〕如淳曰：「嘉語其史曰：『今便行斬之。』」
〔八〕師古曰：「度音徒各反。」
〔九〕師古曰：「幾音巨依反。」

嘉爲丞相五歲，文帝崩，孝景即位。二年，鼂錯爲內史，貴幸用事，諸法令多所請變更，議以適罰侵削諸侯。〔一〕而丞相嘉自絀，〔二〕所言不用，疾錯。錯爲內史，門東出，不便，更穿一門，南出。南出者，太上皇廟堧垣也。〔三〕嘉聞錯穿宗廟垣，爲奏請誅錯。客有語錯，錯恐，夜入宮上謁，自歸上。〔四〕至朝，嘉請誅內史錯。上曰：「錯所穿非眞廟垣，乃外堧垣，故冗官居其中，〔五〕且又我使爲之，錯無罪。」罷朝，嘉謂長史曰：「吾悔不先斬錯乃請之，〔六〕爲錯所賣。」至舍，因歐血而死。謚曰節侯。傳子至孫臾，有罪，國除。

〔一〕師古曰：「適讀曰讁。」

〔二〕師古曰：「絀，退也。」

〔三〕服虔曰：「宮外垣餘地也。」如淳曰：「堧音畏愞之愞。」師古曰：「堧音如椽反，解在食貨志。」

〔四〕師古曰：「歸首於天子。」

〔五〕師古曰：「冗謂散聾也，如今之散官，音如勇反。」

〔六〕師古曰：「言先斬而後奏。」

自嘉死後，開封侯陶青、桃侯劉舍及武帝時柏至侯許昌、平棘侯薛澤、武彊侯莊青翟、商陵侯趙周，皆以列侯繼踵，齺齺廉謹，〔一〕爲丞相備員而已，無所能發明功名著於世者。

〔一〕師古曰：「齺齺，持整之貌也。齺音初角反。」

贊曰：張蒼文好律曆，爲漢名相，〔一〕而專遵用秦之顓頊曆，何哉？〔二〕周昌，木强人也。〔三〕任敖以舊德用。〔四〕申屠嘉可謂剛毅守節，然無術學，殆與蕭、曹、陳平異矣。〔五〕

〔一〕師古曰：「文好律曆，猶言名爲好律曆也。」

〔二〕張晏曰：「不考經典，專用顓頊曆，何哉？」師古曰：「何哉，何爲其然哉？」

〔三〕師古曰：「言其强（直）〔質〕如木石然。强音其兩反。」

〔四〕張晏曰：「謂傷辱呂后吏。」

〔五〕師古曰：「殆，近也，言其識見不如蕭、曹等也。」

校勘記

二〇九三頁二行　（六年）封爲北平侯，景祐、殿本都無「六年」二字。

二〇九四頁七行　及高祖（沛起）〔起沛〕，景祐、殿本都作「起沛」，此誤倒。

二〇九四頁八行　於是苛、昌（自）〔以〕卒史從沛公，宋祁說越本「自」作「以」。按景祐本作「以」。

二〇九五頁一行　今爲（慮）〔虜〕矣！景祐、殿本都作「虜」。錢大昭說當爲「虜」。

二〇九五頁七行　然臣（心）〔期期〕知其（其）不可。景祐、殿本都無「心」字及下「其」字，「知」上有「期期」二字。

問」。

二〇九六頁五行　堯進請(間)〔問〕曰：景祐、殿本都作「問」。王念孫說「請問」義自可通，史記亦作「請問」。

二〇九八頁二行　蒼(尤)〔凡〕好書，無所不觀，景祐本作「凡」。王念孫說「凡」當讀爲「汎」。

二一〇〇頁一行　其(見)寵如是。宋祁說越本無「見」字。按景祐本亦無。

二一〇一頁四行　通至(詣)丞相府，王先謙說「詣」字誤衍。

二一〇三頁五行　言其強(直)〔質〕如木石然。景祐、殿本都作「質」。

漢書卷四十三

酈陸朱劉叔孫傳第十三

酈食其，陳留高陽人也。〔一〕好讀書，家貧落魄，無衣食業。〔二〕爲里監門，然吏縣中賢豪不敢役，〔三〕皆謂之狂生。

〔一〕師古曰：「食音異。其音基。」

〔二〕鄭氏曰：「魄音薄。」應劭曰：「志行衰惡之貌也。」師古曰：「落魄，失業無次也。酈音是。」

〔三〕師古曰：「吏及賢者豪者皆不敢使役食其。」

及陳勝、項梁等起，諸將徇地過高陽者數十人，〔一〕食其聞其將皆握齱好荷禮〔二〕自用，不能聽大度之言，食其乃自匿。後聞沛公略地陳留郊，沛公麾下騎士適食其里中子，〔三〕沛公時時問邑中賢豪。騎士歸，食其見，謂曰：「吾聞沛公嫚易人，有大略，此眞吾所願從游，莫爲我先。〔四〕若見沛公，〔五〕謂曰『臣里中有酈生，年六十餘，長八尺，人皆謂之狂生』，自謂我非狂。」騎士曰：「沛公不喜儒，〔六〕諸客冠儒冠來者，沛公輒解其冠，溺其

中。〔七〕與人言，常大罵。未可以儒生說也。」食其曰：「第言之。」〔八〕騎士從容言食其所戒者。〔九〕

〔一〕師古曰：「徇亦略也，音辭峻反。」

〔二〕應劭曰：「握齱，急促之貌。」師古曰：「荷與苛同。苛，細也。齱音初角反。」

〔三〕服虔曰：「食其里中子適會作沛公騎士。」

〔四〕師古曰：「先謂紹介也。」

〔五〕師古曰：「若，汝也。」

〔六〕師古曰：「喜，好也，音許吏反。」

〔七〕師古曰：「溺讀曰尿，音乃鈞反。」

〔八〕師古曰：「第，但也。」

〔九〕師古曰：「從音千容反。」

沛公至高陽傳舍，〔一〕使人召食其。食其至，入謁，沛公方踞牀令兩女子洗，〔二〕而見食其。食其入，卽長揖不拜，曰：「足下欲助秦攻諸侯乎？欲率諸侯（攻）〔破〕秦乎？」沛公罵曰：「豎儒！〔三〕夫天下同苦秦久矣，故諸侯相率攻秦，何謂助秦？」食其曰：「必欲聚徒合義兵誅無道秦，不宜踞見長者。」於是沛公輟洗，起衣，〔四〕延食其上坐，謝之。食其因言六國從衡時。〔五〕沛公喜，賜食其食，問曰：「計安出？」食其曰：「足下起瓦合之卒，〔六〕收散亂之兵，不滿萬人，欲以徑入彊秦，此所謂探虎口者也。夫陳留，天下之衝，四通五達之郊也，〔七〕今其城中又多積粟。臣知其令，〔八〕今請使，令下足下。〔九〕即不聽，足下舉兵攻之，臣爲內應。」於是遣食其往，沛公引〔兵〕隨之，遂下陳留。號食其爲廣野君。

〔一〕師古曰：「傳舍者，人所止息，前人已去，後人復來，轉相傳也。一音張戀反，謂傳置之舍也，其義兩通。它皆類此。」

〔二〕師古曰：「洗足也，音先典反。」

〔三〕師古曰：「言其賤劣如僮豎。」

〔四〕師古曰：「輟，止也。起衣，著衣也。」

〔五〕師古曰：「從音子容反。衡，橫也。」

〔六〕師古曰：「瓦合，謂如破瓦之相合，雖曰聚合而不齊同。」

〔七〕如淳曰：「四面往來通之，并數中央，凡五達也。」臣瓚曰：「四通五達，言無險阻也。」

〔八〕師古曰：「素與其縣令相知。」

〔九〕師古曰：「下，降也。」

食其言弟商，使將數千人從沛公西南略地。食其（嘗）〔常〕爲說客，馳使諸侯。

漢三年秋，項羽擊漢，拔滎陽，漢兵遁保鞏。楚人聞韓信破趙，彭越數反梁地，則分兵救之。〔一〕韓信方東擊齊，漢王數困滎陽、成皋，計欲捐成皋以東，屯鞏、雒以距楚。食其因曰：「臣聞之，知天之天者，王事可成；不知天之天者，王事不可成。王者以民爲天，而民以食爲天。夫敖倉，天下轉輸久矣，臣聞其下乃有臧粟甚多。楚人拔滎陽，不堅守敖倉，乃引而東，令適卒分守成皋，〔二〕此乃天所以資漢。方今楚易取而漢反郤，自奪便，〔三〕臣竊以爲過矣。且兩雄不俱立，楚漢久相持不決，百姓騷動，海內搖蕩，農夫釋耒，紅女下機，〔四〕天下之心未有所定也。願足下急復進兵，收取滎陽，據敖庾之粟，〔五〕塞成皋之險，杜太行之道，〔六〕距飛狐之口，〔七〕守白馬之津，以示諸侯形制之勢，〔八〕則天下知所歸矣。方今燕、趙已定，唯齊未下。今田廣據千里之齊，田間將二十萬之衆軍於歷城，諸田宗彊，負海岱，阻河濟，〔九〕南近楚，齊人多變詐，足下雖遣數十萬師，未可以歲月破也。臣請得奉明詔說齊王使爲漢而稱東藩。」上曰：「善。」

〔一〕師古曰：「〔反〕〔救〕趙及梁。」

〔二〕師古曰：「適讀曰謫。謫卒謂卒之有罪謫者，即所謂謫戍。」

〔三〕師古曰：「不圖進取，是爲自奪便利也。郤音丘略反。」

〔四〕師古曰：「耒，手耕曲木也，音盧對反。紅讀曰工。」

〔五〕師古曰：「敖庾即敖倉。」

〔六〕師古曰：「太行，山名，在河內野王之北，上黨之南。行音胡剛反。」

〔七〕如淳曰：「上黨壺關也。」臣瓚曰：「飛狐在代郡西南。」師古曰：「瓚說是。壺關無飛狐之名。」

〔八〕師古曰：「以地形而制服。」

〔九〕師古曰：「負，背也。岱，泰山也。」

乃從其畫，復守敖倉，而使食其說齊王，曰：「王知天下之所歸乎？」曰：「不知也。」曰：「知天下之所歸，則齊國可得而有也；若不知天下之所歸，卽齊國未可保也。」齊王曰：「天下何歸？」食其曰：「天下歸漢。」齊王曰：「先生何以言之？」曰：「漢王與項王勠力西面擊秦，約先入咸陽者王之，項王背約不與，而王之漢中。項王遷殺義帝，漢王起蜀漢之兵擊三秦，出關而責義帝之負處，收天下之兵，立諸侯之後。降城卽以侯其將，得賂則以分其士，與天下同其利，豪英賢材皆樂爲之用。諸侯之兵四面而至，蜀漢之粟方船而下。〔一〕項王有背約之名，殺義帝之負；於人之功無所記，於人之罪無所忘；〔二〕戰勝而不得其賞，拔城而不得其封；非項氏莫得用事；〔三〕爲人刻印，玩而不能授；〔四〕攻城得賂，積財而不能賞。天下畔之，賢材怨之，而莫爲之用。故天下之士歸於漢王，可坐而策也。夫漢王發蜀漢，定三秦；涉西河之外，援上黨之兵；〔五〕下井陘，誅成安君；破北魏，〔六〕舉三十二城：此黃帝之兵，非人之力，天之福也。今已據敖庾之粟，塞成皋之險，守白馬之津，杜太行之阸，距飛狐之口，天下後服者先亡矣。王疾下漢王，齊國社稷可得而保也；不下漢王，危亡可立而待也。」田廣以爲然，乃聽食其，罷歷下兵守戰備，與食其日縱酒。〔七〕

〔一〕師古曰：「方，併也。」

〔二〕師古曰：「言項羽吝爵賞而念舊惡。」

〔三〕師古曰：「言唯任同姓之親。」

〔四〕孟康曰：「刻斷無復廉鍔也。」臣瓚曰：「項羽吝於爵賞，玩惜侯印，不能以封人。」師古曰：「韓信傳作刓，此作玩，其義各通。孟說非也。」

〔五〕師古曰：「援，引也，音爰。」

〔六〕師古曰：「謂魏豹也。梁地既有魏名，故謂此爲北。」

〔七〕師古曰：「日日縱意而飲酒。」

韓信聞食其馮軾下齊七十餘城，〔一〕乃夜度兵平原襲齊。齊王田廣聞漢兵至，以爲食其賣己，〔二〕乃亨食其，引兵走。

〔一〕師古曰：「馮讀曰憑。憑，據也。軾，車前橫板隆起者也。云憑軾者，言但安坐乘車而游說，不用兵衆。」

〔二〕師古曰：「言其與韓信通謀。」

漢十二年，曲周侯酈商以丞相將兵擊黥布，有功。高祖舉功臣，思食其。食其子疥〔一〕數將兵，上以其父故，封疥爲高梁侯。後更食武陽，卒，子遂嗣。三世，侯平有罪，國除。

〔一〕師古曰：「疥音介。」

陸賈，楚人也。以客從高祖定天下，名有口辯，〔一〕居左右，常使諸侯。

〔一〕師古曰：「時人皆謂其口辯。」

時中國初定，尉佗平南越，因王之。〔二〕高祖使賈賜佗印爲南越王。賈至，尉佗魋結箕踞見賈。〔三〕賈因說佗曰：「足下中國人，親戚昆弟墳墓在眞定。今足下反天性，棄冠帶，〔三〕欲以區區之越與天子（伉）〔抗〕衡爲敵國，〔四〕禍且及身矣。夫秦失其正，諸侯豪桀並起，〔五〕唯漢王先入關，據咸陽。項籍背約，自立爲西楚霸王，諸侯皆屬，可謂至彊矣。然漢王起巴蜀，鞭笞天下，劫諸侯，遂誅項羽。五年之間，海內平定，此非人力，天之所建也。天子聞君王王南越，而不助天下誅暴逆，將相欲移兵而誅王，天子憐百姓新勞苦，且休之，遣臣授君王印，剖符通使。君王宜郊迎，北面稱臣，〔六〕乃欲以新造未集之越〔七〕屈彊於此。〔八〕漢誠聞之，掘燒君王先人（家）〔冢〕墓，夷種宗族，〔九〕使一偏將將十萬衆臨越，卽越殺王降漢，如反覆手耳。」〔10〕

〔一〕師古曰：「佗音徒河反。」

〔二〕服虔曰：「魋音椎，今兵士椎頭髻也。」師古曰：「結讀曰髻。椎髻者，一撮之髻，其形如椎。箕踞，謂伸其兩脚而坐。亦曰箕踞其形似箕。」

〔三〕師古曰：「倍父母之國，無骨肉之恩，是反天性也。」

〔四〕師古曰：「區區，小貌。」

〔五〕師古曰：「正亦政也。」

〔六〕師古曰：「郊迎，謂出郊而迎。」

〔七〕師古曰：「集猶成也。」

〔八〕師古曰：「屈音其勿反。屈强，謂不柔服也。」

〔九〕師古曰：「夷，平也，謂平除其種族。」

〔10〕師古曰：「言其易。」

於是佗乃蹶然起坐，〔一〕謝賈曰：「居蠻夷中久，殊失禮義。」因問賈曰：「我孰與蕭何、曹參、韓信賢？」〔二〕賈曰：「王似賢也。」復問曰：「我孰與皇帝賢？」賈曰：「皇帝起豐沛，討暴秦，誅彊楚，爲天下興利除害，繼五帝三王之業，統天下，理中國。中國之人以億計，地方萬里，居天下之膏腴，人衆車輿，萬物殷富，政由一家，自天地剖判未始有也。〔三〕今王衆不過數萬，皆蠻夷，崎嶇山海間，〔四〕譬如漢一郡，王何乃比於漢！」佗大笑曰：「吾不起中國，故王此。使我居中國，何遽不若漢？」〔五〕乃大說賈，〔六〕留與飲數月。曰：「越中無足與語，至生來，令我日聞所不聞。」〔七〕賜賈橐中裝直千金，〔八〕它送亦千金。〔九〕賈卒拜佗爲南越王，令稱臣奉漢約。歸報，高帝大說，〔10〕拜賈爲太中大夫。

〔一〕師古曰：「蹶然，驚起之貌也，音厥。」

〔二〕師古曰：「與，如也。」

〔三〕師古曰：「言自開闢以來未嘗有也。」

〔四〕師古曰：「崎音丘宜反，嶇音區。」

〔五〕師古曰：「言有何迫促而不如漢也。遽音其庶反。」

〔六〕師古曰：「說讀曰悅，謂愛悅之。」

〔七〕師古曰：「言素所不聞者，日聞之。」

〔八〕張晏曰：「珠玉之寶也。裝，裹也。」如淳曰：「明月珠之屬也。」師古曰：「有底曰囊，無底曰橐。言其寶物質輕而價重，可入囊橐以齎行，故曰橐中裝也。」

〔九〕（師古）〔蘇林〕曰：「非橐中物，故曰它送也。」師古曰：「它猶餘也。」

〔一〇〕師古曰：「說讀曰悅。」

賈時時前說稱詩書。高帝罵之曰：「乃公居馬上得之，安事詩書！」賈曰：「馬上得之，寧可以馬上治乎？且湯武逆取而以順守之，文武並用，長久之術也。昔者吳王夫差、智伯極武而亡；〔一〕秦任刑法不變，卒滅趙氏。〔二〕鄉使秦以并天下，行仁義，法先聖，陛下安得而有之？」〔三〕高帝不懌，〔四〕有慙色，謂賈曰：「試為我著秦所以失天下，吾所以得之者，〔五〕及古成敗之國。」賈凡著十二篇。每奏一篇，高帝未嘗不稱善，左右呼萬歲，稱其書曰新語。〔六〕

〔一〕師古曰：「夫差，吳王闔閭子也，好用兵，卒爲越所滅。智伯，晉卿荀瑤也，貪而好勝，率韓、魏共攻趙襄子，襄子與韓、魏約，反而喪之。夫音扶。差音楚宜反。」

〔二〕鄭氏曰：「秦之先造父封於趙城，其後以爲(信)〔姓〕。」張晏曰：「莊襄王爲質於趙，還爲太子，遂稱趙氏。」師古曰：「據秦本紀，鄭說是。」

〔三〕師古曰：「鄉讀曰嚮。安，焉也。」

〔四〕師古曰：「懌，和樂也。」

〔五〕師古曰：「著，明也，謂作書明言(也)〔之〕。」

〔六〕師古曰：「其書今見存。」

孝惠時，呂太后用事，欲王諸呂，畏大臣及有口者。〔一〕賈自度不能爭之，〔二〕乃病免。以好畤田地善，往家焉。〔三〕有五男，乃出所使越槖中裝，賣千金，分其子，子二百金，令爲生產。賈常乘安車駟馬，從歌鼓瑟侍者十人，寶劍直百金，謂其子曰：「與女約：過女，女給人馬酒食極(飲)〔欲〕，十日而更。〔四〕所死家，得寶劍車騎侍從者。一歲中以往來過它客，率不過再過，〔五〕數擊鮮，毋久溷女爲也。」〔六〕

〔一〕師古曰：「有口謂辯士。」

〔二〕師古曰：「度音徒各反。」

〔三〕師古曰：「好畤即今雍州好畤縣。」

〔四〕師古曰：「又改向一子處。」

〔五〕師古曰：「非徒至諸子所，又往來經過它處爲賓客，率計一歲之中，每子不過再過至也。上過音工禾反。」

〔六〕服虔曰：「溷，辱也。吾常行，數擊新美食，不久辱汝也。」師古曰：「鮮謂新殺之肉也。溷，亂也。言我至之時，汝宜數數擊殺牲牢，與我鮮食，我不久住，亂累汝也。數音所角反。溷音下困反。」

呂太后時，王諸呂，諸呂擅權，欲劫少主，危劉氏。右丞相陳平患之，力不能爭，恐禍及己。平（嘗）〔常〕燕居深念。〔一〕賈往，不請，直入坐，〔二〕陳平方念，不見賈。〔三〕賈曰：「何念深也？」平曰：「生揣我何念？」〔四〕賈曰：「足下位爲上相，食三萬戶侯，可謂極富貴無欲矣。然有憂念，不過患諸呂、少主耳。」陳平曰：「然。爲之奈何？」賈曰：「天下安，注意相；天下危，注意將。將相和，則士豫附；〔五〕士豫附，天下雖有變，則權不分。權不分，爲社稷計，在兩君掌握耳。臣常欲謂太尉絳侯，〔六〕絳侯與我戲，易吾言。〔七〕君何不交驩太尉，深相結？」爲陳平畫呂氏數事。平用其計，乃以五百金爲絳侯壽，厚具樂飲太尉，〔八〕太尉亦報如之。兩人深相結，呂氏謀益壞。陳平乃以奴婢百人，車馬五十乘，錢五百萬，遺賈爲食飲費。賈以此游漢廷公卿間，〔九〕名聲籍甚。〔一〇〕及誅呂氏，立孝文，賈頗有力。

〔一〕師古曰：「念，思也。以國家不安，故靜居獨慮，思其方策。」

〔二〕師古曰：「言不因門人將命，而徑入自坐。」

〔三〕師古曰：「思慮之際，故不覺賈至。」

〔四〕孟康曰：「揣，度也。」韋昭曰：「揣音初委反。」
〔五〕師古曰：「豫，素也。」
〔六〕師古曰：「謂者，與之言。」
〔七〕師古曰：「言絳侯與我相戲狎，輕易其言耳。」
〔八〕師古曰：「厚爲（其）〔共〕具，而與太尉樂飲。」
〔九〕師古曰：「廷謂朝廷。」
〔10〕孟康曰：「言狼籍（之）〔甚〕盛。」

孝文即位，欲使人之南越，丞相平乃言賈爲太中大夫，往使尉佗，去黃屋稱制，〔一〕令比諸侯，皆如意指。語在南越傳。陸生竟以壽終。

〔一〕師古曰：「黃屋，謂車上之蓋也。黃屋及稱制，皆天子之儀，故令去之。」

朱建，楚人也。故嘗爲淮南王黥布相，有罪去，後復事布。布欲反時，問建，建諫止之。布不聽，聽梁父侯，遂反。〔一〕漢既誅布，聞建諫之，高祖賜建號平原君，家徙長安。

〔一〕如淳曰：「遂者，布臣也。」臣瓚曰：「布用梁甫侯之計而遂反。」師古曰：「瓚說是也。」

爲人辯有口，刻廉剛直，行不苟合，義不取容。辟陽侯行不正，得幸呂太后，〔一〕欲知建，〔二〕建不肯見。及建母死，貧未有以發喪，方假貣服具。〔三〕陸賈素與建善，乃見辟陽侯，賀曰：「平原君母死。」〔辟陽侯曰：「平原君母死」，何乃賀我？」陸生曰：「前日君侯欲知平原君，平原君義不知君，以其母故。〔四〕今其母死，君誠厚送喪，則彼爲君死矣。」辟陽侯乃奉百金稅，〔五〕列侯貴人以辟陽侯故，往賻凡五百金。〔六〕

〔一〕師古曰：「審食其。」
〔二〕師古曰：「欲與相知。」
〔三〕師古曰：「貸音土得反。」
〔四〕張晏曰：「相知當同恤災危，以母在，故義不知君也。」
〔五〕師古曰：「贈終者之衣被曰稅。言以百金爲衣被之具。稅音式芮反，其字從衣。」
〔六〕師古曰：「布帛曰賻。」

久之，人或毀辟陽侯，惠帝大怒，下吏，欲誅之。太后慙，不可言。〔一〕大臣多害辟陽侯行，欲遂誅之。辟陽侯困急，使人欲見建。建辭曰：「獄急，不敢見君。」建乃求見孝惠幸臣閎籍孺，〔二〕說曰：「君所以得幸帝，天下莫不聞。〔三〕今辟陽侯幸太后而下吏，〔四〕道路皆言君讒，欲殺之。今日辟陽侯誅，且日太后含怒，亦誅君。君何不肉袒爲辟陽侯言帝？〔五〕帝聽君出辟陽侯，太后大驩。兩主俱幸君，君富貴益倍矣。」於是閎籍孺大恐，從其計，言帝，帝果出辟陽侯。辟陽侯之囚，欲見建，建不見，辟陽侯以爲背之，大怒。及其成功出之，大驚。

〔一〕師古曰：「不可自言之。」

〔二〕師古曰：「佞幸傳云高祖時則有籍孺，孝惠有閎孺，斯則二人皆名爲孺，而姓各別。今此云閎籍孺，誤剩籍字，後人所妄加耳。」

〔三〕師古曰：「言不以材德進。」

〔四〕師古曰：「下音胡嫁反。它皆類此。」

〔五〕師古曰：「肉袒，謂脫其衣袖而見肉。肉袒者，自挫辱之甚，冀見哀憐。」

呂太后崩，大臣誅諸呂，辟陽侯與諸呂至深，〔一〕卒不誅。計畫所以全者，皆陸生、平原君之力也。

〔一〕如淳曰：「辟陽侯與諸呂相親信，爲罪宜誅者至深也。」師古曰：「直言辟陽侯與諸呂相知，情義至深重耳。如說非也。」

孝文時，淮南厲王殺辟陽侯，以黨諸呂故。孝文聞其客朱建爲其策，使吏捕欲治。聞吏至門，建欲自殺。諸子及吏皆曰：「事未可知，何自殺爲？」建曰：「我死禍絕，不及乃身矣。」〔一〕遂自剄。文帝聞而惜之，曰：「吾無殺建意也。」乃召其子，拜爲中大夫。使匈奴，單于無禮，罵單于，遂死匈奴中。

〔一〕師古曰：「乃，汝也。」

婁敬，齊人也。漢五年，戍隴西，過雒陽，高帝在焉。敬脫輓輅，〔一〕見齊人虞將軍曰：「臣願見上言便宜。」虞將軍欲與鮮衣，敬曰：「臣衣帛，衣帛見，〔二〕衣褐，衣褐見，〔三〕不敢易衣。」虞將軍入言上，上召見，賜食。

〔一〕蘇林曰：「輅音凍洛之洛。一木橫遮車前，二人挽之，一人推之。」孟康曰：「輅音胡格反。」師古曰：「二音同聲也。」

〔二〕師古曰：「衣，著也。帛謂繒也。」

〔三〕師古曰：「此褐謂織毛布之衣。」

已而問敬，敬說曰：「陛下都雒陽，豈欲與周室比隆哉？」上曰：「然。」敬曰：「陛下取天下與周異。周之先自后稷，堯封之郃，〔一〕積德絫善十餘世。〔二〕公劉避桀居豳。大王以狄伐故，去豳，杖馬箠去居岐，〔三〕國人爭歸之。及文王爲西伯，斷虞芮訟，〔四〕始受命，呂望、伯夷自海濱來歸之。〔五〕武王伐紂，不期而會孟津上八百諸侯，遂滅殷。成王即位，周公之屬傅相焉，乃營成周都雒，以爲此天下中，〔六〕諸侯四方納貢職，道里鈞矣，有德則易以王，無德則易以亡。凡居此者，欲令務以德致人，不欲阻險，令後世驕奢以虐民也。及周之衰，分而爲二，〔七〕天下莫朝周，周不能制。非德薄，形勢弱也。今陛下起豐沛，收卒三千人，以之徑往，卷蜀漢，定三秦，與項籍戰滎陽，大戰七十，小戰四十，使天下之民肝腦塗地，父子暴骸中野，不可勝數，哭泣之聲不絕，傷夷者未起，〔八〕而欲比隆成康之時，臣竊以爲不侔矣。〔九〕且夫秦地被山帶河，四塞以爲固，卒然有急，百萬之衆可具。〔一〇〕因秦之故，資甚美膏腴之地，此所謂天府。〔一一〕陛下入關而都之，山東雖亂，秦故地可全而有也。夫與人鬬，不搤其亢，拊其背，未能全勝。〔一二〕今陛下入關而都，按秦之故，此亦搤天下之亢而拊其背也。」

〔一〕師古曰：「邰，邑名也，即今武功故城是其處，音吐材反。」

〔二〕師古曰：「纍，古累字。」

〔三〕師古曰：「箠，馬策也。杖謂柱之也。云杖馬箠者，以示無所攜持也。箠音止蘂反。」

〔四〕文穎曰：「二國爭田，見文王之德而自和也。」師古曰：「虞，今虞州是也。芮，今芮城縣是也。」

〔五〕師古曰：「濱，涯也，音賓，又音頻。」

〔六〕師古曰：「中音竹仲反。」

〔七〕師古曰：「謂東周君、西周君。」

〔八〕師古曰：「夷，創也，音痍。」

〔九〕師古曰：「侔，等也。」

〔一〇〕師古曰：「卒讀曰猝。」

〔二〕師古曰：「府，聚也，萬物所聚。」

〔三〕張晏曰：「亢，喉嚨也。」師古曰：「搤與扼同，謂捉持之也。亢音岡，又音下郎反。」

高帝問羣臣，羣臣皆山東人，爭言周王數百年，秦二世則亡，不如都周。上疑未能決。及留侯明言入關便，即日駕西都關中。

於是上曰：「本言都秦地者婁敬，婁者劉也。」賜姓劉氏，拜爲郎中，號曰奉春君。〔一〕

〔一〕張晏曰：「春，歲之始，以其首勸都關中。」

漢七年，韓王信反，高帝自往擊。至晉陽，聞信與匈奴欲擊漢，上大怒，使人使匈奴。匈奴匿其壯士肥牛馬，〔一〕徒見其老弱及羸畜。使者十輩來，皆言匈奴易擊。上使劉敬復往使匈奴，還報曰：「兩國相擊，此宜夸矜見所長。〔二〕今臣往，徒見羸瘠老弱，〔三〕此必欲見短，伏奇兵以爭利。愚以爲匈奴不可擊也。」是時漢兵以踰句注，三十餘萬衆，〔四〕兵已業行。上怒，罵敬曰：「齊虜！以舌得官，乃今妄言沮吾軍。」〔五〕械繫敬廣武。〔六〕遂往，至平城，匈奴果出奇兵圍高帝白登，七日然後得解。高帝至廣武，赦敬，曰：「吾不用公言，以困平城。吾已斬先使十輩言可擊者矣。」乃封敬二千戶，爲關內侯，號建信侯。

〔一〕師古曰：「匿，藏也。」

〔二〕師古曰：「見，示也。」

〔三〕師古曰：「胔音漬，謂(見)〔死〕者之肉也。一說胔讀曰瘠。瘠，瘦也。」

〔四〕師古曰：「句注，山名，在雁門。」

〔五〕師古曰：「沮謂止壞也，音材汝反。」

〔六〕師古曰：「械謂桎梏也。廣武，縣名，屬雁門。」

高帝罷平城歸，韓王信亡入胡。當是時，冒頓單于兵彊，控弦四十萬騎，〔一〕數苦北邊。上患之，問敬。敬曰：「天下初定，士卒罷於兵革，〔二〕未可以武服也。冒頓殺父代立，妻羣母，以力爲威，未可以仁義說也。獨可以計久遠子孫爲臣耳，然陛下恐不能爲。」上曰：「誠可，何爲不能！顧爲奈何？」〔三〕敬曰：「陛下誠能以適長公主妻單于，〔四〕厚奉遺之，彼知漢女送厚，蠻夷必慕，以爲閼氏，生子必爲太子，代單于。何者？貪漢重幣。陛下以歲時漢所餘彼所鮮數問遺，〔五〕使辯士風諭以禮節。〔六〕冒頓在，固爲子壻；死，外孫爲單于。豈曾聞(外)孫敢與大父亢禮哉？可毋戰以漸臣也。若陛下不能遣長公主，而(今)〔令〕宗室及後宮詐稱公主，彼亦知不肯貴近，無益也。」〔七〕高帝曰：「善。」欲遣長公主。呂后泣曰：「妾唯以一太子、一女，〔八〕奈何棄之匈奴！」上竟不能遣長公主，而取家人子爲公主，妻單于。〔九〕使敬往結和親約。

〔一〕師古曰：「控，引也，謂皆引弓也，音口弄反。」

〔二〕師古曰：「罷讀曰疲。」

〔三〕師古曰：「顧，思念也。」

〔四〕師古曰：「適讀曰嫡，謂皇后所生。」

〔五〕師古曰：「鮮，少也。問遺，謂餉饋之也。鮮音息善反。遺音弋季反。」

〔六〕師古曰：「風讀曰諷。」

〔七〕師古曰：「近音其靳反。」

〔八〕師古曰：「言唯以此自慰。」

〔九〕師古曰：「於外庶人之家取女而名之爲公主。」

敬從匈奴來，因言「匈奴河南白羊、樓煩王，〔一〕去長安近者七百里，輕騎一日一夕可以至。〔二〕秦中新破，〔三〕少民，地肥饒，可益實。夫諸侯初起時，非齊諸田，楚昭、屈、景莫與。〔四〕今陛下雖都關中，實少人。北近胡寇，東有六國彊族，一日有變，陛下亦未得安枕而臥也。臣願陛下徙齊諸田，楚昭、屈、景，燕、趙、韓、魏後，及豪傑名家，且實關中。無事，可以備胡；諸侯有變，亦足率以東伐。此彊本弱末之術也。」上曰：「善。」乃使劉敬徙所言關中十餘萬口。〔五〕

〔一〕張晏曰：「白羊，匈奴國名也。」

〔二〕師古曰：「言匈奴欲來爲寇者。」

〔三〕師古曰：「秦中謂關中，故秦地也。新破，謂經兵革之後未殷實。」
〔四〕師古曰：「皆二國之王族。」
〔五〕師古曰：「今高陵、櫟陽諸田，華陰、好時諸景，及三輔諸屈、諸懷尚多，皆此時所徙。」

叔孫通，薛人也。〔一〕秦時以文學徵，待詔博士。〔二〕數歲，陳勝起，二世召博士諸儒生問曰：「楚戍卒攻蘄入陳，於公何如？」博士諸生三十餘人前曰：「人臣無將，將則反，罪死無赦。〔三〕願陛下急發兵擊之。」二世怒，作色。〔四〕通前曰：「諸生言皆非。夫天下爲一家，毀郡縣城，鑠其兵，視天下弗復用。〔五〕且明主在上，法令具於下，吏人人奉職，四方輻輳，〔六〕安有反者！此特羣盜鼠竊狗盜，〔七〕何足置齒牙間哉？郡守尉（令）〔今〕捕誅，何足憂？」二世喜，盡問諸生，諸生或言反，或言盜。於是二世令御史按諸生言反者下吏，非所宜言。諸生言盜者皆罷之。乃賜通帛二十疋，衣一襲，〔八〕拜爲博士。通已出，反舍，〔九〕諸生曰：「生何言之諛也？」通曰：「公不知，我幾不免虎口！」〔一〇〕乃亡去之薛，薛已降楚矣。

〔一〕晉灼曰：「楚漢春秋名何。」師古曰：「薛，縣名，屬魯國。」
〔二〕師古曰：「於博士中待詔。」

〔三〕臣瓚曰：「將謂爲逆亂也。」師古曰：「將有其意。」
〔四〕師古曰：「不許其言陳勝爲反。作色，謂變動其色。」
〔五〕師古曰：「鑠，銷也。視讀曰示。」
〔六〕師古曰：「輳，聚也，言如車輻之聚於轂也。字或作湊，並音千豆反。」
〔七〕師古曰：「如鼠之竊，如狗之盜。」
〔八〕師古曰：「一襲，上下皆具也，今人呼爲一副也。」
〔九〕師古曰：「還其所居也。」
〔一〇〕師古曰：「幾音鉅依反。」

及項梁之薛，通從之。敗定陶，從懷王。懷王爲義帝，徙長沙，通留事項王。漢二年，漢王從五諸侯入彭城，通降漢王。

通儒服，漢王憎之，乃變其服，服短衣，楚製。〔一〕漢王喜。

〔一〕師古曰：「製謂裁衣之形製。」

通之降漢，從弟子百餘人，然無所進，剸言諸故羣盜壯士進之。〔一〕弟子皆曰：「事先生數年，幸得從降漢，今不進臣等，剸言大猾，何也？」〔二〕通乃謂曰：「漢王方蒙矢石爭天下，〔三〕諸生寧能鬭乎？故先言斬將搴旗之士。〔四〕諸生且待我，我不忘矣。」漢王拜通爲博士，號稷嗣君。〔五〕

〔一〕師古曰：「剸與專同，又音之兗反。此則言專擊之急上者耳。」
〔二〕師古曰：「狡猾之人。」
〔三〕師古曰：「蒙猶被也，冒也。」
〔四〕師古曰：「搴，拔取，音騫。」
〔五〕張晏曰：「后稷佐唐，欲令復如之。」

漢王已幷天下，諸侯共尊爲皇帝於定陶，通就其儀號。〔一〕高帝悉去秦儀法，爲簡易。羣臣飲爭功，醉或妄呼，〔二〕拔劍擊柱，上患之。通知上益饜之，說上曰：「夫儒者難與進取，可與守成。臣願徵魯諸生，與臣弟子共起朝儀。」高帝曰：「得無難乎？」通曰：「五帝異樂，三王不同禮。禮者，因時世人情爲之節文者也。故夏、殷、周禮所因損益可知者，謂不相復也。〔三〕臣願頗采古禮與秦儀雜就之。」上曰：「可試爲之，令易知，度吾所能行爲之。」〔四〕

〔一〕師古曰：「就，成也。」
〔二〕師古曰：「呼音火故反。」
〔三〕師古曰：「復，重也，因也，音扶目反。」
〔四〕師古曰：「度音徒各反。」

於是通使徵魯諸生三十餘人。〔一〕魯有兩生不肯行，曰：「公所事者且十主，皆面諛親貴。今天下初定，死者未葬，傷者未起，又欲起禮樂。禮樂所由起，百年積德而後可興也。〔一〕吾不忍爲公所爲。公所爲不合古，吾不行。公往矣，毋汚我！」通笑曰：「若眞鄙儒，不知時變。」〔二〕

〔一〕師古曰：「通爲使者，而徵諸生。」

〔二〕師古曰：「言（德行）〔行德〕致百年，然後可定禮樂也。」

〔三〕師古曰：「若，汝也。鄙，言不通。」

遂與所徵三十人西，〔一〕及上左右爲學者〔二〕與其弟子百餘人爲緜蕞野外。〔三〕習之月餘，通曰：「上可試觀。」上使行禮，曰：「吾能爲此。」乃令羣臣習肄，〔四〕會十月。

〔一〕師古曰：「西入關。」

〔二〕師古曰：「左右，謂近臣也。爲學，謂素有學術。」

〔三〕應劭曰：「立竹及茅索營之，習禮儀其中也。」如淳曰：「謂以茅翦樹地，爲纂位尊卑之次也。春秋傳曰『置茅蕝』。」師古曰：「蕞與蕝同，並音子悅反。如說是。」

〔四〕師古曰：「肄亦習也，音弋二反。」

漢七年，長樂宮成，諸侯羣臣朝十月。〔一〕儀：〔二〕先平明，〔三〕謁者治禮，引以次入殿門，廷中陳車騎戍卒衞官，設兵，張旗志。〔四〕傳曰「趨」。〔五〕殿下郎中俠陛，陛數百人。〔六〕功臣列侯諸將軍軍吏以次陳西方，東鄉；文官丞相以下陳東方，西鄉。〔七〕大行設九賓，臚句傳。〔八〕於是皇帝輦出房，百官執戟傳警，〔九〕引諸侯王以下至吏六百石以次奉賀。自諸侯王以下莫不震恐肅敬。至禮畢，盡伏，置法酒。〔一〇〕諸侍坐殿上皆伏抑首，〔一一〕以尊卑次起上壽。觴九行，謁者言「罷酒」。御史執法舉不如儀者輒引去。竟朝置酒，無敢讙譁失禮者。於是高帝曰：「吾乃今日知爲皇帝之貴也。」拜通爲奉常，〔一二〕賜金五百斤。

〔一〕師古曰：「適會七年十月，而長樂宮新成也。漢時尙以十月爲正月，故行朝歲之禮，史家追書十月。」

〔二〕師古曰：「欲敍其下儀法，先言儀如此也。」

〔三〕師古曰：「未平明之前。」

〔四〕師古曰：「志與幟同，音式餌反。」

〔五〕師古曰：「傳聲敎入者皆令趨，謂疾行爲敬也。」

〔六〕師古曰：「俠與挾同。挾其兩旁，每陛皆數百人也。」

〔七〕師古曰：「鄉皆讀曰嚮。」

〔八〕蘇林曰：「上傳語告下爲臚，下告上爲句也。」韋昭曰：「大行掌賓客之禮，今之鴻臚也。九賓則周禮九儀也。謂公、侯、伯、子、男、孤、卿、大夫、士也。」師古曰：「臚音廬。」

〔九〕師古曰：「傳聲而唱警。」

〔一〇〕師古曰：「法酒者，猶言禮酌，謂不飲之至醉。」

〔一一〕師古曰：「抑，屈也。謂依禮法不敢平坐而視。」

〔三〕師古曰：「解在百官公卿表。後改爲太常也。」

通因進曰：「諸弟子儒生隨臣久矣，與共爲儀，願陛下官之。」高帝悉以爲郎。通出，皆以五百金賜諸生。諸生乃喜曰：「叔孫生聖人，知當世務。」

九年，高帝徙通爲太子太傅。十二年，高帝欲以趙王如意易太子，通諫曰：「昔者晉獻公以驪姬故，廢太子，立奚齊，晉國亂者數十年，爲天下笑。秦以不早定扶蘇，胡亥詐立，自使滅祀，此陛下所親見。今太子仁孝，天下皆聞之；呂后與陛下（共）〔攻〕苦食啖，〔一〕其可背哉！陛下必欲廢適而立少，〔二〕臣願先伏誅，以頸血汙地。」高帝曰：「公罷矣，吾特戲耳。」〔三〕通曰：「太子天下本，本壹搖天下震動，奈何以天下戲！」高帝曰：「吾聽公。」及上置酒，見留侯所招客從太子入見，上遂無易太子志矣。

〔一〕如淳曰：「食無菜茹爲啖。」師古曰：「啖當作淡。淡謂無味之食也。言共攻擊勤苦之事，而食無味之食也。淡音大敢反。」

〔二〕師古曰：「適讀曰嫡。」

〔三〕師古曰：「特，但也。」

高帝崩，孝惠卽位，乃謂通曰：「先帝園陵寢廟，羣臣莫習。」徙通爲奉常，〔一〕定宗廟儀法。及稍定漢諸儀法，皆通所論著也。惠帝爲東朝長樂宮，〔二〕及間往，〔三〕數蹕煩民，〔四〕

作復道，方築武庫南，〔五〕通奏事，因請間，〔六〕曰：「陛下何自築復道高帝寢，衣冠月出游高廟？〔七〕子孫奈何乘宗廟道(以)〔上〕行哉！」惠帝懼，曰：「急壞之。」通曰：「人主無過舉。〔八〕今已作，百姓皆知之矣。願陛下為原廟〔九〕渭北，衣冠月出游之，益廣宗廟，大孝之本。」上乃詔有司立原廟。

〔一〕師古曰：「又重為之也。」

〔二〕孟康曰：「朝太后於長樂宮。」

〔三〕師古曰：「非大朝時，中間小謁見。」

〔四〕孟康曰：「妨其往來也。」

〔五〕如淳曰：「作復道，方始築武庫南也。」師古曰：「復音方目反。」

〔六〕師古曰：「請空隙之時，不欲對衆言之。」

〔七〕服虔曰：「持高廟中衣，月旦以游於衆廟，已而復之。」應劭曰：「月旦出高帝衣冠，備法駕，名曰游衣冠。」如淳曰：「高祖之衣冠藏在宮中之寢，三月出游，其道正值今之所作復道下，故言乘宗廟道上行也。」晉灼曰：「黃圖高廟在長安城門街東，寢在桂宮北。服言衣藏於廟中，如言宮中，皆非也。」師古曰：「諸家之說皆未允也。謂從高帝陵寢出衣冠，游於高廟，每月一為之，漢制則然。而後之學者不曉其意，謂以月出之時而夜游衣冠，失之遠也。」

〔八〕師古曰：「舉事不當有過失。」

〔九〕師古曰：「原，重也。先以有廟，今更立之，故云重也。」

惠帝常出游離宮，通曰：「古者有春嘗菓，方今櫻桃孰，可獻，〔一〕願陛下出，因取櫻桃獻宗廟。」上許之。諸菓獻由此興。

〔一〕師古曰：「禮記曰『仲春之月，羞以含桃，先薦寢廟』，卽此櫻桃也。今所謂朱櫻者是也。櫻音於耕反。」

贊曰：高祖以征伐定天下，而縉紳之徒騁其知辯，〔一〕並成大業。語曰「廊廟之材非一木之枝，帝王之功非一士之略」，〔二〕信哉！劉敬脫輓輅而建金城之安，叔孫通舍枹鼓而立一王之儀，〔三〕遇其時也。酈生自匿監門，待主然後出，猶不免鼎鑊。〔四〕朱建始名廉直，旣距辟陽，不終其節，亦以喪身。陸賈位止大夫，致仕諸呂，〔五〕不受憂責，從容平、勃之間，〔六〕附會將相以彊社稷，身名俱榮，其最優乎！

〔一〕師古曰：「縉紳，儒者之服也，解在郊祀志。」

〔二〕師古曰：「此語本出愼子。」

〔三〕師古曰：「枹者鼓椎，所以擊鼓也。舍枹鼓者，言新罷戰陣之事，別創漢代之禮，故云一王之儀也。枹音桴，其字從木。」

〔四〕師古曰：「鼎大而無足曰鑊，音胡郭反。」

〔五〕師古曰：「以諸呂僭差，託病歸家。」

〔六〕師古曰：「謂和韓陳平、周勃以安漢朝也。從音七容反。」

校勘記

二〇六頁一三行　欲率諸侯(攻)〔破〕秦乎？　景祐、殿本都作「破」，史記同。

二〇七頁三行　沛公引〔兵〕隨之，　景祐、殿本都有「兵」字。王先謙說此脫。

二〇七頁一四行　食其(嘗)〔常〕爲說客，　王先謙說「嘗」字誤，當依史記作「常」。

二〇八頁一〇行　(反)〔救〕趙及梁。　景祐、殿本都作「救」。王先謙說作「救」是。

二一二頁五行　與天子(伉)〔抗〕衡爲敵國，　景祐、殿本都作「抗」。

二一二頁一〇行　掘燒君王先人(家)〔冢〕墓，　景祐、殿、局本都作「冢」，此誤。

二一三頁九行　(師古)〔蘇林〕曰：　景祐、殿本都作「蘇林」。

二一四頁三行　其後以爲(信)〔姓〕。　景祐、殿本都作「姓」，此誤。

二一四頁七行　謂作書明言(也)〔之〕。　景祐本「也」作「之」。

二一四頁一三行　女給人馬酒食極(飲)〔欲〕，　景祐、殿本都作「欲」。

二一五頁六行　乎(嘗)〔常〕燕居深念。　景祐本作「嘗」，殿本作「常」，史記同。王先謙說作「嘗」是。

二一六頁五行　厚爲(其)〔共〕具，　景祐、殿本都作「共」。王先謙說作「共」是。

二一六頁七行　言狠籍(之)〔甚〕盛。　景祐、殿本都作「甚」。

二一七頁一行　〔辟陽侯曰：「平原君母死」，何乃賀我？」　景祐、殿本都有「何」上九字。王先謙說史記同，此奪。

二一三三頁一行　眥音漬，謂（見）〔死〕者之肉也。　景祐、殿本都作「死」。王先謙說作「死」是。

二一三三頁二行　豈嘗聞（外）孫敢與大父亢禮哉？　宋祁說越本無「外」字。按景祐本無。

二一三三頁二行　而（今）〔令〕宗室及後宮詐稱公主，　景祐、殿、局本都作「令」，此誤。

二一三四頁八行　郡守尉（令）〔今〕捕誅，何足憂？　景祐、殿本都作「今」。王先謙說作「今」是。

二一三七頁五行　言（德行）〔行德〕數百年，　景祐、殿本都作「行德」。王先謙說作「行德」是。

二一三九頁六行　呂后與陛下（共）〔攻〕苦食啖，　景祐、殿本都作「攻」。王先謙說作「攻」是。

二一三〇頁二行　子孫奈何乘宗廟道（以）〔上〕行哉！　景祐、殿本都作「上」。王先謙說作「上」是。

漢書卷四十四

淮南衡山濟北王傳第十四

淮南厲王長，高帝少子也，其母故趙王張敖美人。高帝八年，從東垣過趙，趙王獻美人，厲王母也，幸，有身。趙王不敢內宮，〔一〕爲築外宮舍之。〔二〕及貫高等謀反事覺，并逮治王，盡捕王母兄弟美人，繫之河內。厲王母亦繫，告吏曰：「日得幸上，有子。」〔三〕吏以聞，上方怒趙，未及理厲王母。厲王母弟趙兼因辟陽侯言呂后，呂后妒，不肯白，辟陽侯不彊爭。厲王母已生厲王，恚，卽自殺。吏奉厲王詣上，上悔，〔四〕令呂后母之，而葬其母眞定。眞定，厲王母家縣也。

〔一〕師古曰：「不敢更內之於宮中。」

〔二〕師古曰：「舍，止也。」

〔三〕師古曰：「日謂往日。」

〔四〕師古曰：「（以）〔悔〕不理其母。」

十一年，淮南王布反，上自將擊滅布，卽立子長爲淮南王。王早失母，常附呂后，孝惠、呂后時以故得幸無患，然常心怨辟陽侯，不敢發。及孝文初卽位，自以爲最親，〔一〕驕蹇，數不奉法。〔二〕上寬赦之。三年，入朝，甚橫。〔三〕從上入苑獵，與上同輦，常謂上「大兄」。厲王有材力，力扛鼎，〔四〕乃往請辟陽侯。辟陽侯出見之，卽自袖金椎椎之，〔五〕命從者刑之。〔六〕馳詣闕下，肉袒而謝曰：「臣母不當坐趙時事，辟陽侯力能得之呂后，不爭，罪一也。趙王如意子母無罪，呂后殺之，辟陽侯不爭，罪二也。呂后王諸呂，欲以危劉氏，辟陽侯不爭，罪三也。臣謹爲天下誅賊，報母之仇，伏闕下請罪。」文帝傷其志爲親，故不治，赦之。

〔一〕師古曰：「時高帝子唯二人在。」
〔二〕師古曰：「蹇謂不順也。」
〔三〕師古曰：「橫音胡孟反。」
〔四〕師古曰：「扛，舉也，音江。」
〔五〕師古曰：「褎，古袖字也。謂以金椎藏置褎中，出而椎之。」
〔六〕如淳曰：「刻其形體，備五刑也。」師古曰：「直斷其首，非五刑也。事見史記。」

當是時，自薄太后及太子諸大臣皆憚厲王。厲王以此歸國益恣，不用漢法，出入警蹕，稱制，自作法令，數上書不遜順。〔一〕文帝重自切責之。〔二〕時帝舅薄昭爲將軍，尊重，

上令昭予厲王書諫數之，曰：〔三〕

〔一〕師古曰：「數音所角反。」

〔二〕如淳曰：「重，難也。」

〔三〕師古曰：「數音所具反。」

竊聞大王剛直而勇，慈惠而厚，貞信多斷，是天以聖人之資奉大王也甚盛，不可不察。今大王所行，不稱天資。皇帝初即位，易侯邑在淮南者，〔一〕大王不肯。皇帝卒易之，〔二〕使大王得三縣之實，甚厚。大王以未嘗與皇帝相見，求入朝見，未畢昆弟之歡，〔三〕而殺列侯以自爲名。皇帝不使吏與其間，〔四〕赦大王，甚厚。漢法，二千石缺，輒言漢補，大王逐漢所置，而請自置相、二千石。皇帝骫天下正法而許大王，甚厚。〔五〕大王欲屬國爲布衣，守冢眞定。〔六〕皇帝不許，使大王毋失南面之尊，甚厚。〔七〕大王宜日夜奉法度，修貢職，以稱皇帝之厚德，今乃輕言恣行，以負謗於天下，甚非計也。

〔一〕晉灼曰：「侯邑在淮南者，更易以它郡地封之，不欲使錯在王國。」

〔二〕師古曰：「卒，終也。」

〔三〕師古曰：「畢，盡也。」

〔四〕師古曰：「與讀曰豫，謂不令吏干豫治其事。」

〔五〕蘇林曰：「不從正法，聽王自置二千石。」師古曰：「骫，古委字。骫謂曲也。」

〔六〕師古曰：「屬謂委棄之也，音之欲反。」

〔七〕師古曰：「毋失，不失也。南面之尊，謂王位也。」

夫大王以千里爲宅居，以萬民爲臣妾，此高皇帝之厚德也。高帝蒙霜露，沫風雨，〔一〕赴矢石，野戰（攻）〔攻〕城，身被創痍，〔二〕以爲子孫成萬世之業，艱難危苦甚矣。大王不思先帝之艱苦，日夜怵惕，修身正行，養犧牲，豐潔粢盛，奉祭祀，以無忘先帝之功德，而欲屬國爲布衣，甚過。且夫貪讓國土之名，輕廢先帝之業，不可以言孝。父爲之基，而不能守，不賢。不求守長陵，而求之眞定，先母後父，不誼。數逆天子之令，不順。言節行以高兄，無禮。〔三〕幸臣有罪，大者立斷，小者肉刑，不仁。〔四〕貴布衣一劍之任，賤王侯之位，不知。不好學問大道，觸情妄行，不（詳）〔祥〕。〔五〕此八者，危亡之路也，而大王行之。棄南面之位，奮諸、賁之勇，〔六〕常出入危亡之路，臣之所見，高皇帝之神必不廟食於大王之手，明白。

〔一〕師古曰：「沫亦頮字也。蒙，冒也。沫，洗面也，音胡內反，字從午未之未。」

〔二〕師古曰：「痍音夷。」

〔三〕鄭氏曰：「淮南王呼帝爲大兄也。」師古曰：「鄭說非也。謂請守母冢，自爲名節而表異行，用此矜高於兄耳。」

〔四〕師古曰：「斷謂斬也。」

〔五〕師古曰：「任情意所欲則行之妄行。行音下更反。」

〔六〕應劭曰：「吳專諸、衞孟賁也。」師古曰：「賁音奔。」

昔者，周公誅管叔，放蔡叔，以安周；齊桓殺其弟，以反國；〔一〕秦始皇殺兩弟，遷其母，以安秦；〔二〕頃王亡代，高帝奪之國，以便事；〔三〕濟北舉兵，皇帝誅之，以安漢。〔四〕故周、齊行之於古，秦、漢用之於今，大王不察古今之所以安國便事，而欲以親戚之意望於太上，不可得也。〔五〕亡之諸侯，游宦事人，及舍匿者，論皆有法。〔六〕其在王所，吏主者坐。〔七〕今諸侯子爲吏者，御史主；〔八〕爲軍吏者，中尉主；客出入殿門者，衞尉大行主；諸從蠻夷來歸誼及以亡名數自〔古〕〔占〕者，內史縣令主。相欲委下吏，無與其禍，不可得也。〔九〕王若不改，漢繫大王邸，論相以下，爲之奈何？夫墮父大業，退爲布衣所哀，〔一〇〕幸臣皆伏法而誅，爲天下笑，以羞先帝之德，〔一一〕甚爲大王不取也。

〔一〕韋昭曰：「子糾兄也，言弟者諱也。」

〔二〕應劭曰：「始皇母與嫪毐私通生二子，事覺誅毒，并殺二弟，遷其母於咸陽宮也。」

〔三〕應劭曰：「頃王，高帝兄仲也。匈奴入代不能守，走歸京師。高帝奪其國，退爲郃陽侯，以便國法也。」師古曰：「便音頻面反。」

〔四〕應劭曰：「濟北王興居與大臣共誅諸呂，自以功大，怨其賞薄，故反。」

〔五〕如淳曰：「太上，天子也。」
〔六〕師古曰：「舍匿，謂容止而藏隱也。」
〔七〕師古曰：「言各有所主，而坐其罪。」
〔八〕如淳曰：「主御史也。自此以下至縣令主皆謂王官屬。」
〔九〕師古曰：「言諸侯王之相欲委罪於在下小吏，而身不干豫之，不可得也。與讀曰豫。」
〔一〇〕師古曰：「墮，毀也。布衣，貧賤之人。王既伏法，則貧賤之人反哀憐之。墮音火規反。」
〔一一〕師古曰：「羞，辱也。」

宜急改操易行，上書謝罪，曰：「臣不幸早失先帝，少孤，呂氏之世，未嘗忘死。〔一〕陛下即位，臣怙恩德驕盈，行多不軌。〔二〕追念辠過，恐懼，伏地待誅不敢起。」皇帝聞之必喜。大王昆弟歡欣於上，羣臣皆得延壽於下；上下得宜，海內常安。願孰計而疾行之。行之有疑，禍如發矢，不可追已。〔三〕

〔一〕服虔曰：「常恐畏死也。」
〔二〕師古曰：「軌，法也。」
〔三〕師古曰：「發矢，喻速也。已，語終辭。」

王得書不說。〔一〕六年，令男子但等七十人與棘蒲侯柴武太子奇謀，以輂車四十乘反谷口，〔二〕令人使閩越、匈奴。事覺，治之，乃使使召淮南王。

〔一〕師古曰：「說讀曰悅。」

〔三〕孟康曰：「谷口在長安北，故縣也，處多險阻。」師古曰：「輦車，人輓行以載兵器也。」

王至長安，丞相張蒼、典客馮敬行御史大夫事，與宗正、廷尉雜奏：「長廢先帝法，不聽天子詔，居處無度，爲黃屋蓋儗天子，〔一〕擅爲法令，不用漢法。及所置吏，以其郎中春爲丞相，收聚漢諸侯人及有罪亡者，匿與居，爲治家室，賜與財物爵祿田宅，爵或至關內侯，奉以二千石所當得。〔二〕大夫但、〔三〕士伍開章等七十人〔四〕與棘蒲侯太子奇謀反，欲以危宗廟社稷，謀使閩越及匈奴發其兵。事覺，長安尉奇等往捕開章，長匿不予，與故中尉蕑忌謀，殺以閉口，〔五〕爲棺槨衣衾，葬之肥陵，〔六〕謾吏曰『不知安在』。〔七〕又陽聚土，樹表其上曰『開章死，葬此下』。〔八〕及長身自賊殺無罪者一人；令吏論殺無罪者六人；爲亡命棄市詐捕命者以除罪；〔九〕擅罪人，無告劾繫治城旦以上十四人；赦免罪人死罪十八人，城旦舂以下五十八人；賜人爵關內侯以下九十四人。前日長病，陛下心憂之，使使者賜棗脯，長不肯見拜使者。南海民處廬江界中者反，淮南吏卒擊之。陛下遣使者齎帛五十匹，以賜吏卒勞苦者。長不欲受賜，謾曰『無勞苦者』。南海王織上書獻璧帛皇帝，忌擅燔其書，不以聞。〔一〇〕吏請召治忌，長不遣，謾曰『忌病』。長所犯不軌，當棄市，臣請論如法。」

〔一〕師古曰：「儗，比也。」

〔二〕如淳曰：「賜亡畔來者，如賜其國二千石也。」臣瓚曰：「率畔者以二千石之秩祿也。」師古曰：「瓚說是也。率音扶用反。」

〔三〕張晏曰：「大夫，姓也，上云『男子但』，明其本姓大夫也。」如淳曰：「但，大夫名也。」師古曰：「既曰大夫但，又士伍開章，明其爲大夫也。上言男子但等者，總謂反人耳，不妨但爲大夫也。」

〔四〕如淳曰：「律，有罪失官爵，稱士伍也。開章，名。」

〔五〕師古曰：「姓蕑，名忌。蕑音姧，嚴助傳作間字，音同耳。今流俗書本此蕑字或有作簡者，非也，蓋後人所改。既殺開章，所有口語皆無端緒，故云閉口。」

〔六〕師古曰：「肥陵，地名，在肥水之上。」

〔七〕師古曰：「謾，誑也。實葬肥陵，誑云不知處。謾音慢，又音莫連反。次下亦同。」

〔八〕師古曰：「表者，豎木爲之，若柱形也。」

〔九〕晉灼曰：「亡命者當棄市，而王藏之。詐捕不命者而言命，以脫命者之罪。」師古曰：「爲音于僞反。」

〔一〇〕文穎曰：「忌，蕑忌也。」

制曰：「朕不忍置法於王，其與列侯吏二千石議。」列侯吏二千石臣嬰等四十三人議，皆曰：「宜論如法。」制曰：「其赦長死罪，廢勿王。」有司奏：「請處蜀嚴道邛郵，〔一〕遣其子、子母從居，〔二〕縣爲築蓋家室，皆日三食，給薪菜鹽炊食器席蓐。」〔三〕制曰：「食長，給肉日五斤，〔四〕酒二斗。令故美人材人得幸者十人從居。」〔五〕於是盡誅所與謀者。乃遣長，載以輜車，〔六〕令縣次傳。

〔一〕張晏曰：「嚴道，蜀郡縣也。邛，郵置名也。」師古曰：「郵，行書之舍，音尤。」

〔二〕師古曰：「子母者，所生子之姬妾。」

〔三〕師古曰：「炊器，釜鬲之屬。食器，盃椀之屬。」

〔四〕師古曰：「食音飤。」

〔五〕師古曰：「上言子母，則有子者令從之。今此云美人材人，則無子者亦令從之。」

〔六〕師古曰：「輜，衣車也，音甾。」

爰盎諫曰：「上素驕淮南王，不爲置嚴相傅，以故至此。且淮南王爲人剛，今暴摧折之，臣恐其逢霧露病死，陛下有殺弟之名，奈何！」上曰：「吾特苦之耳，令復之。」〔一〕淮南王謂侍者曰：「誰謂乃公勇者？吾以驕不聞過，故至此。」乃不食而死。縣傳者不敢發車封。〔二〕至雍，〔三〕雍令發之，以死聞。上悲哭，謂爰盎曰：「吾不從公言，卒亡淮南王。」盎曰：「淮南王不可奈何，願陛下自寬。」上曰：「爲之奈何？」曰：「獨斬丞相、御史以謝天下乃可。」上即令丞相、御史逮諸縣傳淮南王不發封餽侍者，〔四〕皆棄市。乃以列侯葬淮南王于雍，置守冢三十家。

〔一〕師古曰：「暫困苦之，令其自悔，即追還也。復音扶目反。」

〔二〕孟康曰：「檻車有封也。」

〔三〕師古曰：「雍，扶風雍縣。」

〔四〕師古曰：「逮，追捕之也。餽亦饋字耳。」

孝文八年，憐淮南王，王有子四人，年皆七八歲，乃封子安爲阜陵侯，子勃爲安陽侯，子賜爲陽周侯，子良爲東城侯。

十二年，民有作歌歌淮南王曰：「一尺布，尚可縫；一斗粟，尚可舂。兄弟二人，不相容！」〔一〕上聞之曰：「昔堯舜放逐骨肉，周公殺管蔡，〔二〕天下稱聖，不以私害公。天下豈以爲我貪淮南地邪？」乃徙城陽王王淮南故地，而追尊謚淮南王爲厲王，置園如諸侯儀。

〔一〕孟康曰：「尺帛斗粟猶尚不棄，況於兄弟而更相逐乎！」臣瓚曰：「一尺帛可縫而共衣，一斗粟可舂而共食，況以天下之廣，而不相容也。」師古曰：「瓚說是。」

〔二〕師古曰：「鯀及共工皆堯舜之同姓，故云骨肉。」

十六年，上憐淮南王廢法不軌，自使失國早夭，乃徙淮南王喜復王故城陽，而立厲王三子王淮南故地，三分之：阜陵侯安爲淮南王，安陽侯勃爲衡山王，陽周侯賜爲廬江王。東城侯良前薨，無後。

孝景三年，吳楚七國反，吳使者至淮南，（淮南）王欲發兵應之。其相曰：「王必欲應吳，臣願爲將。」王乃屬之。〔一〕相已將兵，因城守，不聽王而爲漢。漢亦使曲城侯將兵救淮南，〔二〕

淮南以故得完。吳使者至廬江，廬江王不應，而往來使越；至衡山，衡山王堅守無二心。孝景四年，吳楚已破，衡山王朝，上以爲貞信，乃勞苦之〔三〕曰：「南方卑溼。」徙王王於濟北以褒之。及薨，遂賜謚爲貞王。廬江王以邊越，數使使相交，〔四〕徙爲衡山王，王江北。

〔一〕師古曰：「屬謂以兵委之也。屬音之欲反。」

〔二〕晉灼曰：「功臣表蟲達也。」師古曰：「晉說非。此蟲達之子耳，名（揵）〔捷〕。達已先薨也。」

〔三〕師古曰：「勞音來到反。」

〔四〕師古曰：「邊越者，邊界與越相接。」

淮南王安爲人好書，鼓琴，不喜弋獵狗馬馳騁，〔一〕亦欲以行陰德拊循百姓，流名譽。招致賓客方術之士數千人，作爲內書二十一篇，外書甚衆，又有中篇八卷，言神仙黃白之術，〔二〕亦二十餘萬言。時武帝方好藝文，以安屬爲諸父，〔三〕辯博善爲文辭，甚尊重之。每爲報書及賜，〔四〕常召司馬相如等視草乃遣。〔五〕初，安入朝，獻所作內篇，新出，上愛祕之。使爲離騷傳，〔六〕旦受詔，日食時上。又獻頌德及長安都國頌。每宴見，談說得失及方技賦頌，昏莫然後罷。

〔一〕師古曰：「喜音許吏反。」

〔二〕張晏曰：「黃，黃金；白，白銀也。」

〔三〕師古曰：「安於天子服屬爲從父叔父。」

〔四〕師古曰：「賜，賜書也。」
〔五〕師古曰：「草謂爲文之藁草。」
〔六〕師古曰：「傳謂解說之，若毛詩傳。」

安初入朝，雅善太尉武安侯，〔一〕武安侯迎之霸上，與語曰：「方今上無太子，王親高皇帝孫，行仁義，天下莫不聞。宮車一日晏駕，非王尚誰立者！」淮南王大喜，厚遺武安侯寶賂。其羣臣賓客，江淮間多輕薄，以厲王遷死感激安。建元六年，彗星見，淮南王心怪之。或說王曰：「先吳軍時，彗星出，長數尺，然尚流血千里。今彗星竟天，天下兵當大起。」王心以爲上無太子，天下有變，諸侯並爭，愈益治攻戰具，積金錢賂遺郡國。遊士妄作妖言阿諛王，王喜，多賜予之。

〔一〕師古曰：「田蚡。」

王有女陵，慧有口。〔一〕王愛陵，多予金錢，爲中詗長安，〔二〕約結上左右。元朔二年，上賜淮南王几杖，不朝。后荼愛幸，〔三〕生子遷爲太子，取皇太后外孫修成君女爲太子妃。〔四〕王謀爲反具，畏太子妃知而內泄事，乃與太子謀，令詐不愛，三月不同席。王陽怒太子，閉使與妃同內，終不近妃。妃求去，王乃上書謝歸之。后荼、太子遷及女陵擅國權，奪民田宅，妄致繫人。〔五〕

〔一〕師古曰：「性慧了而口辯。」

〔二〕孟康曰：「詗音偵。西方人以反間爲詗。王使其女爲偵於中也。」如淳曰：「詗音朽政反。」師古曰：「詗，有所候伺也。如音是矣。偵者，義與詗同，然音則異。音丑政反。」

〔三〕師古曰：「荼者，后名也，音塗。」

〔四〕服虔曰：「武帝異姓姊之女也。」應劭曰：「修成君，王太后先適金氏女也。」

〔五〕師古曰：「致，至也，牽引而致之。」

太子學用劍，自以爲人莫及，聞郎中雷被巧，〔一〕召與戲。被壹再辭讓，誤中太子。〔二〕太子怒，被恐。此時有欲從軍者輒詣長安，被卽願奮擊匈奴。太子數惡被，〔三〕王使郎中令斥免，欲以禁後。〔四〕元朔五年，被遂亡之長安，上書自明。事下廷尉、河南。河南治，〔五〕逮淮南太子。〔六〕王、王后計欲毋遣太子，〔七〕遂發兵。計未定，猶與十餘日。〔八〕會有詔卽訊太子，〔九〕淮南相怒壽春丞留太子逮不遣，〔一〇〕劾不敬。王請相，相不聽。王使人上書告相，事下廷尉治。從迹連王，〔一一〕王使人候司。〔一二〕漢公卿請逮捕治王，王恐，欲發兵。太子遷謀曰：「漢使卽逮王，令人衣衞士衣，持戟居王旁，有非是者，卽刺殺之，臣亦使人刺殺淮南中尉，乃舉兵，未晚也。」是時上不許公卿，而遣漢中尉宏卽訊驗王。〔一三〕王視漢中尉顏色和，問斥雷被事耳，自度無何，〔一四〕不發。中尉還，以聞。公卿治者曰：「淮南王安雍閼求奮擊匈奴者雷被等，格明詔，〔一五〕當棄市。」詔不許。請廢勿王，上不許。請削五縣，可二縣。使中尉宏赦其罪，罰以削地。中尉入淮南界，宣言赦王。王初聞公卿請誅之，未知得削地，聞漢使來，恐其捕之，乃與太子謀如前計。中尉至，即賀王，王以故不發。其後自傷曰：「吾行仁義見削地，寡人甚恥之。」為反謀益甚。諸使者道長安來，〔一〇〕為妄言，言上無男，即喜；言漢廷治，有男，即怒，〔一一〕以為妄言，非也。〔一二〕

〔一〕師古曰：「被音皮義反。伾者，善用劍也。」

〔二〕師古曰：「中音竹仲反。」

〔三〕師古曰：「謂譖毀之於王也。」

〔四〕師古曰：「令後人更不敢效之。」

〔五〕師古曰：「章下廷尉及河南令，於河南雜治其事。」

〔六〕師古曰：「追赴河南也。」

〔七〕師古曰：「王與王后共計也。」

〔八〕師古曰：「與讀曰豫。」

〔九〕師古曰：「即，就也。訊，問也。就淮南問之，不逮詣河南。」

〔一〇〕如淳曰：「承順王意，不遣太子應逮書。」

〔一一〕師古曰：「從讀曰縱。」

〔一二〕師古曰：「入京師候司其事。」

〔三〕師古曰：「即亦就也。」
〔四〕師古曰：「自計度更無罪。度音徒各反。」
〔五〕師古曰：「雍讀曰壅。格音閣，謂歧閣不行之。」
〔六〕師古曰：「道，從也。」
〔七〕師古曰：「漢廷治者，朝廷皆治理也。治音丈吏反。」
〔八〕師古曰：「云治及有男皆妄言耳，非真實也。」

日夜與左吳等按輿地圖，〔一〕部署兵所從入。王曰：「上無太子，宮車即晏駕，大臣必徵膠東王，不即常山王，諸侯並爭，吾可以無備乎！且吾高帝孫，親行仁義，陛下遇我厚，吾能忍之；萬世之後，吾寧能北面事豎子乎！」

〔一〕蘇林曰：「輿猶盡載之意。」

王有孽子不害，最長，〔一〕王不愛，后、太子皆不以爲子兄數。〔二〕不害子建，材高有氣，常怨望太子不省其父。〔三〕時諸侯皆得分子弟爲侯，〔四〕淮南王有兩子，一子爲太子，而建父不得爲侯。陰結交，〔五〕欲害太子，以其父代之。太子知之，數捕繫笞建。建具知太子之欲謀殺漢中尉，即使所善壽春嚴正上書天子曰：「毒藥苦口利病，忠言逆耳利行。今淮南王孫建材能高，淮南王后荼、荼子遷常疾害建。建父不害無罪，擅數繫，欲殺之。今建在，可徵問，具知淮南王陰事。」書既聞，上以其事下廷尉、河南治。是歲元朔六年也。故辟陽侯孫審卿善丞相公孫弘，怨淮南厲王殺其大父，陰求淮南事而搆之於弘。弘乃疑淮南有畔逆計，深探其獄。〔六〕河南治建，辭引太子及黨與。

〔一〕師古曰：「孽，庶也。」
〔二〕如淳曰：「后不以爲子，太子不以爲兄秩數。」
〔三〕服虔曰：「不省錄著兄弟數中也。」
〔四〕師古曰：「分國邑以封之。」
〔五〕師古曰：「與外人交通爲援。」
〔六〕張晏曰：「探窮其根原。」

初，王數以舉兵謀問伍被，被常諫之，以吳楚七國爲效。〔一〕王引陳勝、吳廣，被復言形勢不同，必敗亡。及建見治，王恐國陰事泄，欲發，復問被，被爲言發兵權變。語在被傳。於是王銳欲發，〔二〕乃令官奴入宮中，作皇帝璽，丞相、御史大夫、將軍、吏中二千石、都官令、丞印，及旁近郡太守、都尉印，漢使節法冠。〔三〕欲如伍被計，使人爲得罪而西，〔四〕事大將軍、丞相；一日發兵，卽刺大將軍衞青，〔五〕而說丞相弘下之，如發蒙耳。〔六〕欲發國中兵，恐相、二千石不聽，王乃與伍被謀，爲失火宮中，相、二千石救火，因殺之。又欲令人衣求盜衣，〔七〕持羽檄從南方來，〔八〕呼言曰「南越兵入」，〔九〕欲因以發兵。乃使人之廬江、會稽爲求盜，未決。

〔一〕師古曰：「言反事不成。」

〔二〕師古曰：「王意欲發兵如鋒刃之銳利，故云銳也。」

〔三〕師古曰：「法冠，御史冠也。本楚王冠，秦滅楚，以其君冠賜御史。」

〔四〕蘇林曰：「詐作得罪人而西也。」師古曰：「爲得罪之狀而去也。西謂如京師也。」

〔五〕師古曰：「發兵謂王發兵反。」

〔六〕如淳曰：「以物蒙覆其頭，而爲發去之，則其人欲之耳。」晉灼曰：「如發去物上之蒙，直取其易也。」師古曰：「晉說是。」

〔七〕師古曰：「求盜，卒之掌逐捕賊盜者。」

〔八〕師古曰：「羽檄，徵兵之書也，解在高紀。」

〔九〕師古曰：「呼音火故反。」

廷尉以建辭連太子遷聞，上遣廷尉監與淮南中尉逮捕太子。至，淮南王聞，與太子謀召相、二千石，欲殺而發兵。召相，相至；內史以出爲解。〔一〕中尉曰：「臣受詔使，不得見王。」王念獨殺相而內史、中尉不來，無益也，卽罷相。〔二〕計猶與未決。〔三〕太子念所坐者謀殺漢中尉，所與謀殺者已死，以爲口絕，乃謂王曰：「羣臣可用者皆前繫，今無足與舉事者。王以非時發，恐無功，臣願會逮。」〔四〕王亦愈欲休，卽許太子。太子自刑，不殊。〔五〕伍被自詒吏，具告與淮南王謀反。吏因捕太子、王后，圍王宮，盡捕王賓客在國中者，索得反具以聞。〔六〕上下公卿治，所連引與淮南王謀反列侯、二千石、豪桀數千人，皆以罪輕重受誅。

〔一〕師古曰：「不應召而云已出也。解者，解說也，若今言分疏矣。」
〔二〕師古曰：「遣出去。」
〔三〕師古曰：「與讀曰豫。」
〔四〕師古曰：「會謂應逮書而往也。」
〔五〕晉灼曰：「不殊，不死也。」師古曰：「殊，絕也，雖自刑殺，而身首不絕也。」
〔六〕師古曰：「索，搜也，音山客反。」

衡山王賜，淮南王弟，當坐收。有司請逮捕衡山王，上曰：「諸侯各以其國爲本，不當相坐。與諸侯王列侯議。」趙王彭祖、列侯讓等四十三人皆曰：「淮南王安大逆無道，謀反明白，當伏誅。」膠西王端議曰：「安廢法度，行邪辟，〔一〕有詐僞心，以亂天下，營惑百姓，〔二〕背畔宗廟，妄作妖言。春秋曰『臣毋將，將而誅』。安罪重於將，謀反形已定。臣端所見，其書印圖及它逆亡道事驗明白，當伏法。論國吏二百石以上及比者，〔三〕宗室近幸臣不在法中者，不能相教，皆當免，〔四〕削爵爲士伍，毋得官爲吏。其非吏，它贖死金二斤八兩，〔五〕

以章安之罪，〔六〕使天下明知臣子之道，毋敢復有邪僻背畔之意。」丞相弘、廷尉湯等以聞，上使宗正以符節治王。未至，安自刑殺。后、太子諸所與謀皆收夷。國除爲九江郡。〔七〕

〔一〕師古曰：「辟讀曰僻。下皆類此。」

〔二〕師古曰：「營謂回繞之。」

〔三〕師古曰：「謂眞二百石及秩比二百石以上。」

〔四〕師古曰：「若本有重罪，自從其法，縱無反狀者，亦皆免。」

〔五〕蘇林曰：「非吏故曰乞。」師古曰：「爲近幸之人，非吏人者。」

〔六〕師古曰：「章，明也。」

〔七〕師古曰：「夷謂誅滅之。」

衡山王賜，后乘舒生子三人，長男爽爲太子，次女無采，少男孝。姬徐來生子男女四人，美人厥姬生子二人。淮南、衡山相責望禮節，間不相能。〔一〕衡山王聞淮南王作爲畔逆具，亦心結賓客以應之，恐爲所并。

〔一〕師古曰：「兄弟相責故有嫌。」

元光六年入朝，謁者衞慶有方術，欲上書事天子，王怒，故劾慶死罪，彊榜服之。〔二〕內史以爲非是，卻其獄。〔三〕王使人上書告內史，內史治，言王不直。〔三〕又數侵奪人田，壞人冢以爲田。有司請逮治衡山王，上不許，爲置吏二百石以上。〔四〕衡山王以此恚，與奚慈、張廣昌謀，求能爲兵法候星氣者，日夜縱臾王謀反事。〔五〕

〔一〕師古曰：「榜，擊也。擊笞之，令其自服死罪也。榜音彭。」
〔二〕師古曰：「卻，退也。」
〔三〕師古曰：「內史被治而具言王之意狀。」
〔四〕如淳曰：「漢儀注吏四百石已下自除國中。今以王之惡，天子皆爲置。」
〔五〕如淳曰：「臾讀曰勇。縱臾，猶言勉强也。」師古曰：「縱音子勇反。縱臾謂奬勸也。」

后乘舒死，立徐來爲后，厥姬俱幸。兩人相妒，厥姬乃惡徐來於太子，〔一〕曰「徐來使婢蠱殺太子母。」太子心怨徐來。徐來兄至衡山，太子與飮，以刃刑傷之。后以此怨太子，數惡之於王。女弟無采嫁，棄歸，〔二〕與客姦。太子數以數讓之，〔三〕無采怒，不與太子通。后聞之，卽善遇無采及孝。孝少失母，附后，后以計愛之，〔四〕與共毀太子，王以故數繫笞太子。元朔四年中，人有賊傷后假母者，〔五〕王疑太子使人傷之，笞太子。後王病，太子時稱病不侍。孝、無采惡太子：「實不病，自言，有喜色。」王於是大怒，欲廢太子而立弟孝。后知王決廢太子，又欲并廢孝。后有侍者善舞，王幸之，后欲令與孝亂以汚之，欲并廢二子而以己子廣代之。太子知之，念后數惡己無已時，〔六〕欲與亂以止其口。后飮太子，太子前為壽，因據后股求與臥。后怒，以告王。王乃召，欲縛笞之。太子知王常欲廢己而立孝，乃謂王曰：「孝與王御者姦，無采與奴姦，王强食，請上書。」即背王去。王使人止之，莫能禁，王乃自追捕太子。太子妄惡言，王械繫宮中。

〔一〕師古曰：「惡謂讒毀之也。下皆類此。」

〔二〕師古曰：「為夫所棄而歸也。」

〔三〕師古曰：「上數音所角反，下數音所具反。」

〔四〕師古曰：「非心實慈念，但以事計須撫之。」

〔五〕師古曰：「繼母也。一曰父之旁妻。」

〔六〕師古曰：「已，止也，數見讒譖無休止。」

孝日益以親幸。王奇孝材能，乃佩之王印，號曰將軍，（今）〔令〕居外家，多給金錢，招致賓客。賓客來者，微知淮南、衡山有逆計，皆將養勸之。〔一〕王乃使孝客江都人枚赫、陳喜作輣車鍛矢，刻天子璽，將、相、軍吏印。王日夜求壯士如周丘等，〔二〕數稱引吳楚反時計畫約束。衡山王非敢效淮南王求即天子位，畏淮南起并其國，以為淮南已西，發兵定江淮間而有之，望如是。

〔一〕師古曰：「將讀曰獎。」

〔二〕師古曰：「下邳人，吳王反時請得漢節下下邳者。」

元朔五年秋，當朝，六年，過淮南。淮南王乃昆弟語，〔一〕除前隙，約束反具。〔二〕衡山王卽上書謝病，上賜不朝。乃使人上書請廢太子爽，立孝爲太子。爽聞，卽使所善白嬴之長安上書，言衡山王與子謀逆，言孝作兵車鍛矢，與王御者姦。至長安未及上書，卽吏捕嬴，以淮南事繫。〔三〕王聞之，恐其言國陰事，卽上書告太子，以爲不道。事下沛郡治。元狩元年冬，有司求捕與淮南王謀反者，得陳喜於孝家。吏劾孝首匿喜。〔四〕孝以爲陳喜雅數與王計反，〔五〕恐其發之，聞律先自告除其罪，又疑太子使白嬴上書發其事，卽先自告所與謀反者枚赫、陳喜等。廷尉治，事驗，請逮捕衡山王治。上曰：「勿捕。」遣中尉安、大行息卽問王，〔六〕王具以情實對。吏皆圍王宮守之。中尉、大行還，以聞。公卿請遣宗正、大行與沛郡雜治王。王聞，卽自殺。孝先自告反，告除其罪。〔七〕孝坐與王御婢姦，及后徐來坐蠱前后乘舒，及太子爽坐告王父不孝，皆棄市。諸坐與王謀反者皆誅。國除爲郡。

〔一〕師古曰：「爲相親愛之言。」
〔二〕師古曰：「（莫）〔共〕契約爲反具。」
〔三〕師古曰：「漢有司捕繫之。」
〔四〕師古曰：「爲頭首而藏匿之。」
〔五〕師古曰：「數音所角反。」

〔六〕師古曰：「就問之。」
〔七〕師古曰：「先告有反謀，又告人與己反，而自得除反罪。」

濟北貞王勃者，景帝四年徙。徙二年，因前王衡山，凡十四年薨。子式王胡嗣，五十四年薨。子寬嗣。十二年，寬坐與父式王后光、姬孝兒姦，誖人倫，〔一〕又祠祭祝詛上，有司請誅。上遣大鴻臚利召王，王以刃自剄死。國除爲北安縣，屬泰山郡。

〔一〕師古曰：「誖，亂也，音布內反。」

贊曰：詩云「戎狄是膺，荊舒是懲」，〔一〕信哉是言也！淮南、衡山親爲骨肉，疆土千里，列在諸侯，不務遵蕃臣職，以丞輔天子，而剸懷邪辟之計，〔二〕謀爲畔逆，仍父子再亡國，〔三〕各不終其身。此非獨王也，亦其俗薄，臣下漸靡使然。〔四〕夫荊楚剽輕，好作亂，乃自古記之矣。〔五〕

〔一〕師古曰：「此魯頌閟宮之章也。膺，當也，懲，艾也。荊，楚也。舒，羣舒也。言北有戎狄，南有荊舒，土俗彊獷，好爲寇亂，常須以兵膺當而懲艾也。」
〔二〕師古曰：「剸與專同，音之兗反。」

〔三〕師古曰：「仍，頻也。」

〔四〕師古曰：「靡謂相隨從。」

〔五〕師古曰：「剽音匹妙反。」

校勘記

二一三五頁三行 （以）〔悔〕不理其母。 景祐、殿本都作「悔」。

二一三八頁五行 野戰（次）〔攻〕城。 錢大昭說「次」當作「攻」。按景祐、殿、局本都作「攻」。

二一三八頁一〇行 觸情妄行，不（詳）〔祥〕。 景祐、殿本都作「祥」。

二一三九頁八行 諸從蠻夷來歸誼及以亡名數自（古）〔占〕者， 景祐、殿、局本都作「占」。此誤。

二一四四頁一四行 吳使者至淮南，（淮南）王欲發兵應之。 錢大昭說「淮南」二字閩本不重。按景祐、殿本都不重。

二一四五頁五行 此蟲達之子耳，名（揵）〔捷〕。 景祐本作「捷」，與功臣表同。

二一五五頁一〇行 號曰將軍，（今）〔令〕居外家， 景祐、殿、局本都作「令」。

二一五六頁三行 （兲）〔共〕契約爲反具。 景祐、殿、局本都作「共」。王先謙說作「共」是。

漢書卷四十五

蒯伍江息夫傳第十五

蒯通，范陽人也，〔一〕本與武帝同諱。〔二〕楚漢初起，武臣略定趙地，號武信君。通說范陽令徐公曰：「臣，范陽百姓蒯通也，竊閔公之將死，故弔之。雖然，賀公得通而生也。」徐公再拜曰：「何以弔之？」通曰：「足下爲令十餘年矣，殺人之父，孤人之子，斷人之足，黥人之首，甚衆。慈父孝子所以不敢事刃於公之腹者，畏秦法也。〔三〕今天下大亂，秦政不施，〔四〕然則慈父孝子將爭接刃於公之腹，以復其怨而成其（功）名。〔五〕此通之所以弔者也。」曰：「何以賀得子而生也？」曰：「趙武信君不知通不肖，使人候問其死生，通且見武信君而說之，〔六〕曰：『必將戰勝而後略地，攻得而後下城，臣竊以爲殆矣。〔七〕用臣之計，毋戰而略地，不攻而下城，傳檄而千里定，可乎？』彼將曰：『何謂也？』〔八〕臣因對曰：『范陽令宜整頓其士卒以守戰者也，怯而畏死，貪而好富貴，故欲以其城先下君。先下君而君不利〔之〕，則邊地之城皆將相告曰「范陽令先降而身死」，必將嬰城固守，〔九〕皆爲金城湯池，不可攻也。〔10〕為君計者，莫若以黃屋朱輪迎范陽令，使馳騖於燕趙之郊，〔11〕則邊城皆將相告曰「范陽令先下而身富貴」，必相率而降，猶如阪上走丸也。〔12〕此臣所謂傳檄而千里定者也。』」徐公再拜，具車馬遣通。通遂以此說武臣。武臣以車百乘，騎二百，侯印迎徐公。燕趙聞之，降者三十餘城，如通策焉。

〔一〕師古曰：「涿郡之縣也，舊屬燕。通本燕人，後游於齊，故高祖云齊辯士蒯通。」

〔二〕師古曰：「本名為徹，其後史家追書為通。」

〔三〕李奇曰：「東方人以物臿地中為事。」師古曰：「事音側吏反。字本作傳，周官考工記又作葘，音皆同耳。」

〔四〕師古曰：「施，設也，立也。」

〔五〕師古曰：「復猶報也，音扶目反。」

〔六〕師古曰：「今將欲見之。」

〔七〕師古曰：「殆，危也。」

〔八〕師古曰：「彼謂武信君也。」

〔九〕孟康曰：「嬰，以城自繞。」

〔10〕師古曰：「金以喻堅，湯喻沸熱不可近。」

〔11〕師古曰：「令衆皆見。」

〔12〕師古曰：「言乘勢便易。」

後漢將韓信虜魏王，破趙、代，降燕，定三國，引兵將東擊齊。未度平原，聞漢王使酈食其說下齊，信欲止。通說信曰：「將軍受詔擊齊，而漢獨發間使下齊，寧有詔止將軍乎？〔一〕何以得無行！且酈生一士，伏軾掉三寸舌，下齊七十餘城，〔二〕將軍將數萬之衆，乃下趙五十餘城。爲將數歲，反不如一豎儒之功乎！」於是信然之，從其計，遂度河。齊已聽酈生，卽留之縱酒，罷備漢守禦。信因襲歷下軍，遂至臨菑。齊王以酈生爲欺己而亨之，因敗走。信遂定齊地，自立爲齊假王。漢方困於滎陽，遣張良卽立信爲齊王，以安固之。項王亦遣武涉說信，欲與連和。

〔一〕師古曰：「間使，謂使人伺間隙而單行。」

〔二〕師古曰：「掉，搖也，音徒釣反。」

蒯通知天下權在信，欲說信令背漢，乃先微感信曰：「僕嘗受相人之術，相君之面，不過封侯，又危而不安；相君之背，貴而不可言。」〔一〕信曰：「何謂也？」通因請間，〔二〕曰：「天下初作難也，俊雄豪桀建號壹呼，〔三〕天下之士雲合霧集，魚鱗雜襲，〔四〕飄至風起。〔五〕當此之時，憂在亡秦而已。〔六〕今劉、項分爭，使人肝腦塗地，流離中野，不可勝數。漢王將數十萬衆，距鞏、雒，岨山河，一日數戰，無尺寸之功，折北不救，〔七〕敗滎陽，傷成皋，〔八〕還走宛、葉之間，此所謂智勇俱困者也。楚人起彭城，轉鬭逐北，至滎陽，乘利席勝，威震天下，〔九〕

然兵困於京、索之間，〔一〇〕迫西山而不能進，三年於此矣。〔一一〕銳氣挫於嶮塞，糧食盡於內藏，百姓罷極，無所歸命。〔一二〕以臣料之，〔一三〕非天下賢聖，其勢固不能息天下之禍。當今之時，兩主縣命足下。足下為漢則漢勝，與楚則楚勝。臣願披心腹，墮肝膽，〔一四〕效愚忠，恐足下不能用也。方今為足下計，莫若兩利而俱存之，參分天下，鼎足而立，其勢莫敢先動。夫以足下之賢聖，有甲兵之衆，據彊齊，從燕、趙，出空虛之地以制其後，因民之欲，西鄉為百姓請命，〔一五〕天下孰敢不聽！足下按齊國之故，有淮泗之地，懷諸侯以德，深拱揖讓，〔一六〕則天下君王相率而朝齊矣。蓋聞『天與弗取，反受其咎；時至弗行，反受其殃。』願足下孰圖之。」

〔一〕張晏曰：「言背者，云背畔則大貴。」

〔二〕師古曰：「不欲顯言，故請間隙而私說。」

〔三〕師古曰：「建號者，自立為侯王。呼音火故反。」

〔四〕師古曰：「雜襲猶雜沓，言相雜而累積。」

〔五〕師古曰：「飄讀曰猋，謂疾風，音必遙反。」

〔六〕師古曰：「志滅秦，所憂者唯此。」

〔七〕師古曰：「折，挫也。北，奔也。不救，謂無援助也。」

〔八〕張晏曰：「於成皋戰傷胸也。」

〔九〕師古曰：「席，因也，若人之在席上。」
〔一〇〕師古曰：「索音山客反。」
〔一一〕師古曰：「至今已三年。」
〔一二〕師古曰：「罷讀曰疲。」
〔一三〕師古曰：「料，量也。」
〔一四〕師古曰：「墮，毀也，音火規反。」
〔一五〕師古曰：「鄉讀曰嚮。齊國在東，故曰西嚮。止楚漢之戰鬭，士卒不死亡，故云請命。」
〔一六〕師古曰：「深拱猶高拱。」

信曰：「漢遇我厚，吾豈可見利而背恩乎！」通曰：「始常山王、成安君故相與爲刎頸之交，及爭張黶、陳釋之事，〔一〕常山王奉頭鼠竄，以歸漢王。〔二〕借兵東下，戰於鄗北，成安君死於泜水之南，〔三〕頭足異處。此二人相與，天下之至驩也，而卒相滅亡者，何也？患生於多欲而人心難測也。今足下行忠信以交於漢王，必不能固於二君之相與也，而事多大於張黶、陳釋之事者，故臣以爲足下必漢王之不危足下，過矣。〔四〕大夫種存亡越，伯句踐，〔五〕立功名而身死。語曰：『野禽殫，走犬亨；〔六〕敵國破，謀臣亡。』故以交友言之，則不過張王與成安君；以忠臣言之，則不過大夫種。此二者，宜足以觀矣。願足下深慮之。且臣聞之，勇略震主者身危，功蓋天下者不賞。足下涉西河，虜魏王，禽夏說，〔七〕下井陘，誅成安君之罪，以令於趙，脅燕定齊，南摧楚人之兵數十萬衆，遂斬龍且，西鄉以報，〔八〕此所謂功無二於天下，略不世出者也。〔九〕今足下挾不賞之功，戴震主之威，歸楚，楚人不信；歸漢，漢人震恐。足下欲持是安歸乎？〔一〇〕夫勢在人臣之位，而有高天下之名，切爲足下危之。」信曰：「生且休矣，吾將念之。」〔一一〕

〔一〕師古曰：「黶音一點反。」
〔二〕師古曰：「言其迫窘逃亡，如鼠之藏竄。」
〔三〕師古曰：「鄗音呼各反。泜音祗，又音丁計反。」
〔四〕師古曰：「過猶誤也。」
〔五〕師古曰：「令句踐致霸功也。伯讀曰霸。」
〔六〕師古曰：「殫，盡也，音單。」
〔七〕師古曰：「說讀曰悅。」
〔八〕師古曰：「且音子餘反。鄉讀曰嚮。」
〔九〕師古曰：「言其計略奇異，世所希有。」
〔一〇〕師古曰：「安，焉也。此下亦同。」
〔一一〕師古曰：「念猶思也。」

數日，通復說曰：「聽者，事之候也；〔一〕計者，存亡之機也。夫隨廝養之役者，失萬乘之權；守儋石之祿者，闕卿相之位。〔二〕計誠知之，而決弗敢行者，百事之禍也。故猛虎之猶與，不如蜂蠆之致蠚；〔三〕孟賁之狐疑，不如童子之必至。〔四〕此言貴能行之也。夫功者難成而易敗，時者難值而易失。『時乎時，不再來。』〔五〕願足下無疑臣之計。」信猶與不忍背漢，又自以功多，漢不奪我齊，遂謝通。〔六〕通說不聽，惶恐，乃陽狂爲巫。

〔一〕師古曰：「謂能聽善謀也。」

〔二〕應劭曰：「齊人名小甖爲儋，受二斛。」晉灼曰：「石，斗石也。」師古曰：「儋音都濫反。或曰，儋者，一人之所負擔也。」

〔三〕師古曰：「與讀曰預。蠆，蝎也。蠚，毒也。蠆音丑界反。蠚音呼各反。」

〔四〕師古曰：「孟賁，古之勇力士。賁音奔。」

〔五〕師古曰：「此古語，歎時之不可失。」

〔六〕師古曰：「告令罷去。」

天下既定，後信以罪廢爲淮陰侯，謀反被誅，臨死歎曰：「悔不用蒯通之言，死於女子之手！」高帝曰：「是齊辯士蒯通。」乃詔齊召蒯通。通至，上欲亨之，曰：「若教韓信反，何也？」〔一〕通曰：「狗各吠非其主。當彼時，臣獨知齊王韓信，非知陛下也。且秦失其鹿，〔二〕天下共逐之，高材者先得。天下匈匈，爭欲爲陛下所爲，顧力不能，〔三〕可殫誅邪！」〔四〕上乃赦之。

〔一〕師古曰：「若，汝也。」
〔二〕張晏曰：「以鹿喻帝位。」
〔三〕師古曰：「顧，念也。」
〔四〕師古曰：「殫，盡也。」

至齊悼惠王時，曹參爲相，禮下賢人，請通爲客。

初，齊王田榮怨項羽，謀舉兵畔之，劫齊士，不與者死。〔一〕齊處士東郭先生、梁石君在劫中，强從。及田榮敗，二人醜之，〔二〕相與入深山隱居。客謂通曰：「先生之於曹相國，拾遺舉過，顯賢進能，齊國莫若先生者。先生知梁石君、東郭先生世俗所不及，何不進之於相國乎？」通曰：「諾。臣之里婦，與里之諸母相善也。里婦夜亡肉，姑以爲盜，怒而逐之。婦晨去，過所善諸母，語以事而謝之。〔三〕里母曰：『女安行，〔四〕我今令而家追女矣。』〔五〕卽束緼請火於亡肉家，〔六〕曰：『昨暮夜，犬得肉，爭鬭相殺，請火治之。』〔七〕亡肉家遽追呼其婦。〔八〕故里母非談說之士也，束緼乞火非還婦之道也，然物有相感，事有適可。臣請乞火於曹相國。」乃見相國曰：「婦人有夫死三日而嫁者，有幽居守寡不出門者，足下卽欲求婦，何取？」曰：「取不嫁者。」通曰：「然則求臣亦猶是也，彼東郭先生、梁石君，齊之俊士也，隱居不嫁，未嘗卑節下意以求仕也。願足下使人禮之。」曹相國曰：「敬受命。」皆以爲上賓。

〔一〕師古曰：「劫而取之，不從則殺也。」

〔二〕師古曰：「自恥從亂，以爲醜惡也。」

〔三〕師古曰：「謝謂告辭也。」

〔四〕師古曰：「安，徐也。」

〔五〕師古曰：「而，亦汝。」

〔六〕師古曰：「緼，亂麻，音於粉反。」

〔七〕師古曰：「治謂燖治死犬。燖音似廉反。」

〔八〕師古曰：「遽，速也。」

通論戰國時說士權變，亦自序其說，凡八十一首，號曰雋永。〔一〕

〔一〕師古曰：「雋音字兗反。雋，肥肉也。永，長也。言其所論甘美，而義深長也。」

初，通善齊人安其生，安其生嘗干項羽，羽不能用其策。而項羽欲封此兩人，兩人卒不肯受。

伍被，楚人也。〔一〕或言其先伍子胥後也。被以材能稱，爲淮南中郎。是時淮南王安好術學，折節下士，招致英雋以百數，被爲冠首。〔二〕

〔一〕師古曰：「被音皮義反。」
〔二〕師古曰：「最居其上也。」

久之，淮南王陰有邪謀，被數微諫。〔一〕後王坐東宮，召被欲與計事，呼之曰：「將軍上。」被曰：「王安得亡國之言乎？昔子胥諫吳王，吳王不用，乃曰『臣今見麋鹿游姑蘇之臺也。』〔二〕今臣亦將見宮中生荆棘，露霑衣也。」於是王怒，繫被父母，囚之三月。

〔一〕師古曰：「私諫之。」
〔二〕張晏曰：「吳臺名也。」師古曰：「吳地記云因山爲名，西南去國三十五里。」

王復召被曰：「將軍許寡人乎？」(對)〔被〕曰：「不，臣將爲大王畫計耳。臣聞聽者聽於無聲，明者見於未形，〔一〕故聖人萬舉而萬全。文王壹動而功顯萬世，列爲三王，所謂因天心以動作者也。」王曰：「方今漢庭治乎？亂乎？」被曰：「天下治。」王不說，〔二〕曰：「公何以言治也？」被對曰：「被竊觀朝廷，君臣父子夫婦長幼之序皆得其理，上之舉錯遵古之道，〔三〕風俗紀綱未有所缺。重裝富賈周流天下，道無不通，交易之道行。南越賓服，羌、僰貢獻，東甌入朝，〔四〕廣長榆，〔五〕開朔方，匈奴折傷。雖未及古太平時，然猶爲治。」王怒，被謝死罪。

〔一〕師古曰：「言智慮通達，事未形兆，皆預見之。」

〔二〕師古曰：「說讀曰悅。」
〔三〕師古曰：「錯音千故反。」
〔四〕師古曰：「僰，西南夷也，音蒲北反。」
〔五〕如淳曰：「廣謂斥大之也。長楡，塞名，王恢所謂樹楡以爲塞者也。」師古曰：「長楡在朔方，卽衞青傳所云楡谿舊塞是也。或謂之楡中。」

王又曰：「山東卽有變，漢必使大將軍將而制山東，公以爲大將軍何如人也？」被曰：「臣所善黃義，從大將軍擊匈奴，言大將軍遇士大夫以禮，與士卒有恩，衆皆樂爲用。騎上下山如飛，材力絕人如此，數將習兵，未易當也。及謁者曹梁使長安來，言大將軍號令明，當敵勇，常爲士卒先；須士卒休，乃舍；穿井得水，乃敢飲；軍罷，士卒已踰河，乃度。皇太后所賜金錢，盡以賞賜。雖古名將不過也。」王曰：「夫蓼太子〔一〕知略不世出，非常人也，以爲漢廷公卿列侯皆如沐猴而冠耳。」被曰：「獨先刺大將軍，乃可舉事。」

〔一〕服虔曰：「淮南太子也。」文穎曰：「食采於此，或言外家姓也。」師古曰：「蓼自地名，而王之太子豈以食地爲號？文言外家姓，近爲得之，亦猶漢之栗太子也。」

王復問被曰：「公以爲吳舉兵非邪？」被曰：「非也。夫吳王賜號爲劉氏祭酒，〔一〕受几杖而不朝，王四郡之衆，地方數千里，采山銅以爲錢，煑海水以爲鹽，伐江陵之木以爲船，國富民衆，行珍寶，賂諸侯，與七國合從，舉兵而西，破大梁，敗狐父，〔二〕奔走而還，爲越所禽，死於丹徒，〔三〕頭足異處，身滅祀絕，爲天下戮。〔四〕夫以吳衆不能成功者，何也？誠逆天違衆而不見時也。」王曰：「男子之所死者，一言耳。〔五〕且吳何知反？漢將一日過成皋者四十餘人。〔六〕今我令緩先要成皋之口，〔七〕周被下潁川兵塞轘轅、伊闕之道，陳定發南陽兵守武關。河南太守獨有雒陽耳，〔八〕何足憂？然此北尙有臨晉關、河東、上黨與河內、趙國界者通谷數行。〔九〕人言『絕成皋之道，天下不通』。據三川之險，招天下之兵，公以爲何如？」被曰：「臣見其禍，未見其福也。」

〔一〕應劭曰：「禮，飲酒必祭，示有先也，故稱祭酒，尊之也。」如淳曰：「祭祠時唯尊長者以酒沃酹。」師古曰：「如說是也。」

〔二〕師古曰：「在梁、碭之間也。父音甫。」

〔三〕師古曰：「即今潤州丹徒縣也。」

〔四〕師古曰：「天下之人皆共戮之。一曰天下之大戮也。」

〔五〕張晏曰：「不成即死，一言耳。」臣瓚曰：「或有一言，云以死報也。」師古曰：「二說死，並非也。言男子感氣，相許一言，不顧其死。或曰，一言之恨，不顧危亡，以此致死也。」

〔六〕師古曰：「言不知塞成皋口，而令漢將得出之，是不知反計也。」

〔七〕韋昭曰：「淮南臣名也。」師古曰：「緩者，名也，不言其姓。今流俗書本於緩上妄加樓字，非也。」

〔八〕師古曰：「如此計，則漢河南郡唯有雒陽在耳，餘皆不屬。」

〔九〕如淳曰：「言此北向嶮阻，其谿谷可得通行者有數處。」

後漢逮淮南王孫建，繫治之。王恐陰事泄，謂被曰：「事至，吾欲遂發。天下勞苦有間矣，〔一〕諸侯頗有失行，皆自疑，我舉兵西鄉，必有應者；〔二〕無應，即還略衡山。勢不得不發。」被曰：「略衡山以擊(盧)〔廬〕江，有尋陽之船，守下雉之城，〔三〕結九江之浦，絕豫章之口，彊弩臨江而守，以禁南郡之下，東保會稽，南通勁越，屈彊江淮間，〔四〕可以延歲月之壽耳，未見其福也。」王曰：「左吳、趙賢、朱驕如皆以爲什八九成，〔五〕公獨以爲無福，何？」被曰：「大王之羣臣近幸素能使衆者，皆前繫詔獄，餘無可用者。」王曰：「陳勝、吳廣無立錐之地，百人之聚，起於大澤，奮臂大呼，天下嚮應，〔六〕西至於戲而兵百二十萬。今吾國雖小，勝兵可得二十萬，公何以言有禍無福？」被曰：「臣不敢避子胥之誅，願大王無爲吳王之聽。往者秦爲無道，殘賊天下，殺術士，燔詩書，滅聖迹，棄禮義，任刑法，轉海濱之粟，致于西河。〔七〕當是之時，男子疾耕不足於糧饟，〔八〕女子紡績不足於蓋形。遣蒙恬築長城，東西數千里。暴兵露師，常數十萬，死者不可勝數，僵尸滿野，流血千里。於是百姓力屈，〔九〕欲爲亂者十室而五。又使徐福入海求仙藥，多齎珍寶，童男女三千人，五種百工而行。〔一〇〕徐福得平原大澤，止王不來。於是百姓悲痛愁思，欲爲亂者十室而六。又使尉佗踰五嶺，攻百越，〔一一〕尉佗知中國勞極，止王南越。〔一二〕行者不還，往者莫返，於是百姓離心瓦解，欲爲亂者十室而七。興萬乘之駕，作阿房之宮，收太半之賦，發閭左之戍。〔三〕父不寧子，兄不安弟，〔四〕政苛刑慘，民皆引領而望，傾耳而聽，悲號仰天，叩心怨上，〔五〕欲爲亂者，十室而八。客謂高皇帝曰：『時可矣。』高帝曰：『待之，聖人當起東南。』間不一歲，陳、吳大呼，〔六〕劉、項並和，天下嚮應，〔七〕所謂蹈瑕釁，因秦之亡時而動，百姓願之，若枯旱之望雨，故起於行陳之中，以成帝王之功。今大王見高祖得天下之易也，獨不觀近世之吳楚乎！當今陛下臨制天下，壹齊海內，氾愛蒸庶，〔八〕布德施惠。口雖未言，聲疾雷震；令雖未出，化馳如神。心有所懷，威動千里；下之應上，猶景嚮也。〔九〕而大將軍材能非直章邯、楊熊也。王以陳勝、吳廣論之，被以爲過矣。〔一〇〕且大王之兵衆不能什分吳楚之一，天下安寧又萬倍於秦時。願王用臣之計。臣聞箕子過故國而悲，作麥秀之歌，〔一一〕痛紂之不用王子比干之言也。故孟子曰，紂貴爲天子，死曾不如匹夫。是紂先自絕久矣，非死之日天去之也。今臣亦竊悲大王棄千乘之君，將賜絕命之書，爲羣臣先，〔一二〕身死于東宮也。」〔一三〕被因流涕而起。

〔一〕如淳曰：「言天下勞苦，人心有間隙，易動亂。」師古曰：「此說非也。有間，猶言中間已有也。故謂此者乃爲間也。」

〔二〕師古曰：「鄉讀曰嚮。」

〔三〕孟康曰：「下雉，江夏縣名。」師古曰：「雉音羊氏反。」

〔四〕師古曰：「屈音具勿反。」

〔五〕師古曰：「吳、賢、驕如，王之三臣也。」

〔六〕師古曰：「呼音火故反。嚮讀曰響。」

〔七〕師古曰：「瀕，涯也。海濱謂緣海涯之地。瀕音頻，又音賓。」

〔八〕師古曰：「餽亦饋字也。」

〔九〕師古曰：「屈，盡也，音其勿反。」

〔一〇〕師古曰：「五種，五穀之種也。」

〔一一〕師古曰：「五嶺解在張耳傳。」

〔一二〕師古曰：「南越傳云南海尉任囂謂趙佗曰『聞陳勝等作亂，豪桀叛秦相立』，即被佗書行南海尉事。囂死後，佗始自爲王。今此乃言尉佗先王，陳勝乃反，此蓋伍被一時對辭，不究其實也。」

〔一三〕師古曰：「閭左解在食貨志。」

〔一四〕師古曰：「言不能相保。」

〔一五〕師古曰：「叩，擊也。」

〔一六〕師古曰：「中間不經一歲也。呼音火故反。」

〔一七〕師古曰：「和音胡(計)〔臥〕反。嚮讀曰響。」

〔一八〕師古曰：「氾，普也。蒸亦衆也。氾音敷劍反。」

〔一九〕師古曰：「言如影之隨形，響之應聲。嚮讀曰響。」

〔一〇〕師古曰：「過，誤也。」

〔一一〕張晏曰：「箕子將朝周，過殷故都，見麥及禾黍，心悲，乃作歌曰：『麥秀之漸漸兮，黍苗之繩繩兮，彼狡童兮，不與我好兮。』狡童謂紂也。」

〔一二〕師古曰：「在羣臣先死。」

〔一三〕如淳曰：「王時所居也。」

後王復召問被：「苟如公言，不可以徼幸邪？」〔一〕被曰：「必不得已，被有愚計。」王曰：「柰何？」被曰：「當今諸侯無異心，百姓無怨氣。朔方之郡土地廣美，民徙者不足以實其地。可爲丞相、御史請書，〔二〕徙郡國豪桀及耐罪以上，以赦令除，家產五十萬以上者，皆徙其家屬朔方之郡，〔三〕益發甲卒，急其會日。〔四〕又僞爲左右都司空上林中都官詔獄書，〔五〕逮諸侯太子及幸臣。〔六〕如此，則民怨，諸侯懼，即使辯士隨而說之，黨可以徼幸。」〔七〕王曰：「此可也。雖然，吾以不至若此，專發而已。」〔八〕後事發覺，被詣吏自告與淮南王謀反（縱）〔蹤〕跡如此。天子以伍被雅辭多引漢美，欲勿誅。張湯進曰：「被首爲王畫反計，罪無赦。」遂誅被。

〔一〕師古曰：「徼，要也。幸，非望之福也。」

〔二〕師古曰：「謂詐爲此文書，令徙人也。」

〔三〕師古曰：「以赦令除，謂遇赦免罪者。」

〔四〕師古曰：「促其期日。」
〔五〕晉灼曰：「百官表宗正有左右都司空，上林有水司空，皆主囚徒官也。」師古曰：「中都官，京師諸官府。」
〔六〕師古曰：「追對獄。」
〔七〕師古曰：「黨讀曰儻。」
〔八〕師古曰：「言不須爲此詐，直自發兵而已。」

江充字次倩，趙國邯鄲人也。〔一〕充本名齊，有女弟善鼓琴歌舞，嫁之趙太子丹。齊得幸於敬肅王，爲上客。

〔一〕師古曰：「倩音千見反。」

久之，太子疑齊以己陰私告王，與齊忤，〔二〕使吏逐捕齊，不得，收繫其父兄，按驗，皆棄市。齊遂絕迹亡，西入關，更名充。詣闕告太子丹與同產姊及王後宮姦亂，交通郡國豪猾，攻剽爲姦，〔三〕吏不能禁。書奏，天子怒，遣使者詔郡發吏卒圍趙王宮，收捕太子丹，移繫魏郡詔獄，與廷尉雜治，法至死。

〔二〕師古曰：「言相乖。」
〔三〕師古曰：「剽，劫也，音頻妙反。」

趙王彭祖，帝異母兄也，上書訟太子丹，言「充逋逃小臣，苟爲姦譎，激怒聖朝，〔一〕欲取必於萬乘以復私怨。〔二〕後雖亨醢，計猶不悔。臣願選從趙國勇敢士，〔三〕從軍擊匈奴，極盡死力，以贖丹罪。」上不許，竟敗趙太子。〔四〕

〔一〕師古曰：「譌，古訛字也。」

〔二〕師古曰：「取必，謂必取勝也。復，報也，音扶目反。」

〔三〕師古曰：「選取勇敢之士(已)〔以〕自隨。」

〔四〕張晏曰：「雖遇赦，終見廢也。」

初，充召見犬臺宮，〔一〕自請願以所常被服冠見上。〔二〕上許之。充衣紗縠禪衣，〔三〕曲裾後垂交輸，〔四〕冠禪纚步搖冠，飛翮之纓。〔五〕充為人魁岸，容貌甚壯。〔六〕帝望見而異之，謂左右曰：「燕趙固多奇士。」既至前，問以當世政事，上說之。

〔一〕晉灼曰：「黃圖上林有犬臺宮，外有走狗觀也。」師古曰：「今書本犬臺有作太壹字者，誤也。漢無太壹宮也。」

〔二〕師古曰：「被音皮義反。」

〔三〕師古曰：「紗縠，紡絲而織之也。輕者為紗，縐者為縠。禪衣，制若今之朝服中禪也。漢官儀曰武賁中郎將衣紗縠禪衣。禪音單，字從衣。次下亦同。」

〔四〕張晏曰：「曲裾者，如婦人衣也。」如淳曰：「交輸，割正幅，使一頭狹若燕尾，垂之兩旁，見於後，是禮深衣『續衽鉤邊』。賈逵謂之『衣圭』。」蘇林曰：「交輸，如今新婦袍上挂全幅繒角割，名曰交輸裁也。」師古曰：「如、蘇二說皆是也。」

〔五〕服虔曰：「冠禪纚，故行步則搖，以鳥羽作纓也。」蘇林曰：「析翠鳥羽以作蕤也。」臣瓚曰：「飛翮之纓，謂如蟬翼者也。」師古曰：「服說是也。纚，織絲爲之，卽今方目紗是也。纚音山爾反。搖音（戈）〔弋〕招反。」

〔六〕師古曰：「魁，大也。岸者，有廉棱如崖岸之形。」

充因自請，願使匈奴。詔問其狀，充對曰：「因變制宜，以敵爲師，事不可豫圖。」上以充爲謁者，使匈奴還，拜爲直指繡衣使者，督三輔盜賊，禁察踰侈。貴戚近臣多奢僭，充皆舉劾，奏請沒入車馬，令身待北軍擊匈奴。〔一〕奏可。充卽移書光祿勳中黃門，逮名近臣侍中諸當詣北軍者，移劾門衞，禁止無令得出入宮殿。於是貴戚子弟惶恐，皆見上叩頭求哀，願得入錢贖罪。上許之，令各以秩次輸錢北軍，凡數千萬。上以充忠直，奉法不阿，所言中意。〔二〕

〔一〕文穎曰：「令貴戚身待於北軍也。」

〔二〕師古曰：「中，當也。」

充出，逢館陶長公主行馳道中。〔一〕充呵問之，公主曰：「有太后詔。」充曰：「獨公主得行，車騎皆不得。」〔二〕盡劾沒入官。〔三〕

〔一〕師古曰：「武帝之姑，卽陳皇后母也。」

〔二〕師古曰：「從公主之車騎也。」

〔三〕如淳曰：「令乙，騎乘車馬行馳道中，已論者，沒入車馬被具。」

後充從上甘泉，〔一〕逢太子家使〔二〕乘車馬行馳道中，充以屬吏。〔三〕太子聞之，使人謝充曰：「非愛車馬，誠不欲令上聞之，以教敕亡素者。〔四〕唯江君寬之！」充不聽，遂白奏。上曰：「人臣當如是矣。」大見信用，威震京師。

〔一〕師古曰：「甘泉在北山，故言上也。他皆類此。」

〔二〕師古曰：「太子遣人之甘泉請問者也。使音山吏反。」

〔三〕師古曰：「屬音之欲反。」

〔四〕師古曰：「言素不教敕左右。」

遷爲水衡都尉，宗族知友多得其力者。久之，坐法免。

會陽陵朱安世告丞相公孫賀子太僕敬聲爲巫蠱事，連及陽石、諸邑公主，賀父子皆坐誅。語在賀傳。後上幸甘泉，疾病，充見上年老，恐晏駕後爲太子所誅，因是爲姦，奏言上疾祟在巫蠱。〔一〕於是上以充爲使者治巫蠱。充將胡巫掘地求偶人，〔二〕捕蠱及夜祠，視鬼，染汙令有處，〔三〕輒收捕驗治，燒鐵鉗灼，强服之。〔四〕民轉相誣以巫蠱，吏輒劾以大逆亡道，坐而死者前後數萬人。

〔一〕師古曰：「祟謂禍咎之徵也，音息遂反。故其字從出從示。示者，鬼神所以示人也。」

〔二〕張晏曰：「胡者，言不與華同，故充任使之。」

〔三〕張晏曰：「充捕巫蠱及夜祭祠祝詛者，令胡巫視鬼，詐以酒醊地，令有處也。」師古曰：「捕夜祠及視鬼之人，而充遣巫汙染地上，爲祠祭之處，以誣其人也。」

〔四〕師古曰：「以燒鐵或鉗之，或灼之。鉗，鑷也。灼，炙也。鉗音其炎反。」

是時，上春秋高，疑左右皆爲蠱祝詛，有與亡，莫敢訟其寃者。充既知上意，因言宮中有蠱氣，先治後宮希幸夫人，以次及皇后，遂掘蠱於太子宮，得桐木人。〔一〕太子懼，不能自明，收充，自臨斬之。罵曰：「趙虜！亂乃國王父子不足邪！〔二〕乃復亂吾父子也！」太子繇是遂敗。〔三〕語在戾園傳。〔四〕後武帝知充有詐，夷充三族。

〔一〕師古曰：「三輔舊事云充使胡巫作而薶之。」

〔二〕師古曰：「乃，汝也。」

〔三〕師古曰：「繇讀與由同。」

〔四〕師古曰：「卽武五子傳也，其中敍戾太子，後加謚，置園邑，故云戾園。」

息夫躬字子微，河內河陽人也。少爲博士弟子，受春秋，通覽記書。〔一〕容貌壯麗，爲衆所異。

〔一〕師古曰：「傳記及諸家之書。」

哀帝初卽位，皇后父特進孔鄉侯傅晏與躬同郡，相友善，躬繇是以爲援，交游日廣。〔一〕先是，長安孫寵亦以游說顯名，免汝南太守，〔二〕與躬相結，俱上書，召待詔。是時哀帝被疾，始即位，而人有告中山孝王太后祝詛上，太后及弟宜鄉侯馮參皆自殺，其罪不明。是後無鹽危山有石自立，開道。〔三〕躬與寵謀曰：「上亡繼嗣，體久不平，關東諸侯，心爭陰謀。今無鹽有大石自立，聞邪臣託往事，以爲大山石立而先帝龍興。〔四〕東平王雲以故與其后日夜祠祭祝詛上，欲求非望。〔五〕而后舅伍宏反因方術以醫技得幸，出入禁門。霍顯之謀將行於杯杓，〔六〕荆軻之變必起於帷幄。事勢若此，告之必成；發國姦，誅主讎，取封侯之計也。」躬、寵乃與中郎右師譚，〔七〕共因中常侍宋弘上變事告焉。上惡之，下有司案驗，東平王雲、雲后謁及伍宏等皆坐誅。〔八〕上擢寵爲南陽太守，譚潁川都尉，弘、躬皆光祿大夫左曹給事中。是時侍中董賢愛幸，上欲侯之，遂下詔云：「躬、寵因賢以聞，封賢爲高安侯，寵爲方陽侯，躬爲宜陵侯，食邑各千戶。賜譚爵關內侯，食邑。」丞相王嘉內疑東平獄事，〔九〕爭不欲侯賢等，語在嘉傳。嘉固言董賢泰盛，寵、躬皆傾覆有佞邪材，恐必撓亂國家，〔一〇〕不可任用。嘉以此得罪矣。

〔一〕師古曰：「繇讀與由同。」

〔二〕師古曰：「爲太守免而歸也。」

〔三〕服虔曰：「山開自成道也。」張晏曰：「從石立之下道徑自通也。」

〔四〕師古曰：「言邪人有此私議。」

〔五〕師古曰：「言求帝位也。」

〔六〕師古曰：「杓，所以抒挹也，字與勺同，音上灼反。」

〔七〕張晏曰：「右師，姓。譚，名也。」

〔八〕師古曰：「謁者，后之名也。」

〔九〕師古曰：「疑不實也。」

〔10〕師古曰：「撓，攪也。撓音呼高反。」

躬既親近，數進見言事，論議亡所避。衆畏其口，見之仄目。〔一〕躬上疏歷詆公卿大臣，〔二〕曰：「方今丞相王嘉健而蓄縮，不可用。〔三〕御史大夫賈延墮弱不任職。左將軍公孫祿、司隸鮑宣皆外有直項之名，內實騃不曉政事。〔四〕諸曹以下僕遬不足數。〔五〕卒有彊弩圍城，長戟指闕，〔六〕陛下誰與備之？如使狂夫嘄謼於東崖，〔七〕匈奴飲馬於渭水，邊竟雷動，四野風起，〔八〕京師雖有武蠭精兵，未有能窺左足而先應者也。〔九〕軍書交馳而輻湊，羽檄重迹而押至，〔10〕小夫愞臣之徒憒眊不知所爲。〔11〕其有犬馬之決者，仰藥而伏刃，〔12〕雖加夷滅之誅，何益禍敗之至哉！」

〔一〕師古曰：「仄，古側字也。」

〔二〕師古曰：「詆謂毀訾也，音丁禮反。」

〔三〕師古曰：「蓄縮，謂恐於事也。」

〔四〕師古曰：「騃，愚也，音五駭反。」

〔五〕師古曰：「僕遬，凡短之貌也。僕音步木反。遬，古速字。」

〔六〕師古曰：「卒讀曰猝。」

〔七〕師古曰：「東崖謂東海之邊也。嘄，古叫字。謼音火故反。」

〔八〕師古曰：「竟讀曰境。」

〔九〕蘇林曰：「窺音跬。」師古曰：「跬，半步也，言一舉足也，音口婢反。」

〔一〇〕文穎曰：「押音狎習之狎。」師古曰：「押至，言相因而至也。羽檄，檄之插羽者也，解在高紀。」

〔一一〕師古曰：「憒，心亂也。眊，目闇也。憒音工內反。眊音莫報反。」

〔一二〕師古曰：「仰藥，仰首而飲藥。」

躬又言：「秦開鄭國渠以富國彊兵，今爲京師，土地肥饒，可度地勢水泉，廣溉灌之利。」〔一〕天子使躬持節領護三輔都水。躬立表，欲穿長安城，引漕注太倉下以省轉輸。議不可成，乃止。

〔一〕師古曰：「度音徒各反。」

董賢貴幸日盛，丁、傅害其寵，孔鄉侯晏與躬謀，欲求居位輔政。會單于當來朝，遣使言病，願朝明年。躬因是而上奏，以爲「單于當以十一月入塞，後以病爲解，〔一〕疑有他變。烏孫兩昆彌弱，卑爰疐强盛，〔二〕居彊煌之地，〔三〕擁十萬之衆，東結單于，遣子往侍。如因表彊之威，循烏孫就屠之迹，〔四〕舉兵南伐，并烏孫之勢也。烏孫并，則匈奴盛，而西域危矣。可令降胡詐爲卑爰疐使者來上書曰：『所以遣子侍單于者，非親信之也，實畏之耳。唯天子哀，〔五〕告單于歸臣侍子。願助戊己校尉保惡都奴之界。』因下其章諸將軍，令匈奴客聞焉。則是所謂『上兵伐謀，〔六〕其次伐交』者也。」〔七〕

〔一〕師古曰：「自解說云病。」

〔二〕蘇林曰：「疐音㰦嚏之嚏。」晉灼曰：「音詩『載疐其尾』之疐。」師古曰：「以字言之，晉音是，音竹二反。而匈奴傳服虔乃音獻捷之捷，既已失之。末俗學者又改疐字爲疌，以應服氏之音，尤離眞矣。」

〔三〕臣瓚曰：「是其國所都地名。」

〔四〕孟康曰：「烏孫先王也。」

〔五〕師古曰：「謂閔念之。」

〔六〕服虔曰：「謀者，舉兵伐解之也。」師古曰：「此說非也。言知敵有謀者，則以事而應之，沮其所爲，不用兵革，所以爲貴耳。」

〔七〕師古曰：「知敵有外交連結相援者，則間誤之，令其解散也。」

書奏，上引見躬，召公卿將軍大議。左將軍公孫祿以爲「中國常以威信懷伏夷狄，躬欲逆詐造不信之謀，不可許。且匈奴賴先帝之德，保塞稱蕃。今單于以疾病不任奉朝賀，遣使自陳，不失臣子之禮。臣祿自保沒身不見匈奴爲邊竟憂也。」〔一〕躬掎祿曰：〔二〕「臣爲國家計幾先，謀將然，〔三〕豫圖未形，〔四〕爲萬世慮。而左將軍公孫祿欲以其犬馬齒保目所見。臣與祿異議，未可同日語也。」上曰：「善。」乃罷羣臣，獨與躬議。

〔一〕師古曰：「竟讀曰境。」
〔二〕師古曰：「掎，從後引之也，謂引躡其言也，音居綺反。」
〔三〕張晏曰：「幾音冀。」師古曰：「先謀將然者，謂彼欲有其事，則爲謀策以壞之。」
〔四〕師古曰：「圖，謀也，未有形兆而謀之。」

因建言：「往年熒惑守心，太白高而芒光，又角星茀於河鼓，〔一〕其法爲有兵亂。是後訛言行詔籌，經歷郡國，天下騷動，恐必有非常之變。可遣大將軍行邊兵，敕武備，〔二〕斬一郡守以立威，震四夷，因以厭應變異。」〔三〕上然之，以問丞相。丞相嘉對曰：「臣聞動民以行不以言，應天以實不以文。下民微細，猶不可詐，況於上天神明而可欺哉！天之見異，所以敕戒人君，〔四〕欲令覺悟反正，推誠行善。民心說而天意得矣。〔五〕辯士見一端，或妄以意傅著星曆，〔六〕虛造匈奴、烏孫、西羌之難，謀動干戈，設爲權變，非應天之道也。守相有辠，〔七〕車馳詣闕，交臂就死，恐懼如此，而談說者云，動安之危，〔八〕辯口快耳，〔九〕其實未可從。夫議政者，苦其諂諛傾險辯慧深刻也。〔一〇〕諂諛則主德毀，傾險則下怨恨，辯慧則破正道，深刻則傷恩惠。昔秦繆公不從百里奚、蹇叔之言，〔一一〕以敗其師，〔一二〕悔過自責，疾詿誤之臣，

思黃髮之言，〔一三〕名垂於後世。唯陛下觀覽古戒，反覆參考，無以先入之語為主。」〔一四〕

〔一〕師古曰：「茀讀與孛同。」
〔二〕師古曰：「敕，整也。行音下更反。」
〔三〕師古曰：「厭音一涉反。」
〔四〕師古曰：「見謂顯示也。」
〔五〕師古曰：「說讀曰悅。」
〔六〕師古曰：「傅讀曰附。著音治略反。」
〔七〕鄧展曰：「郡守、諸侯相。」
〔八〕師古曰：「之，往也，言搖動安全之計，往就危殆也。」
〔九〕師古曰：「苟快聽者之耳。」
〔一〇〕師古曰：「讇，古諂字。」
〔一一〕師古曰：「繆讀曰謬。」
〔一二〕師古曰：「謂敗於殽。」
〔一三〕師古曰：「語在秦誓。」
〔一四〕師古曰：「先入，謂躬先為此計入於帝耳。」

上不聽，遂下詔曰：「間者災變不息，盜賊眾多，兵革之徵，或頗著見。〔一〕未聞將軍惻然深以為意，簡練戎士，繕修干戈。〔二〕器用盬惡，〔三〕孰當督之！〔四〕天下雖安，忘戰必危。將軍與中二千石舉明習兵法有大慮者各一人，將軍二人，詣公車。」〔三〕就拜孔鄉侯傅晏爲大司馬衞將軍，陽安侯丁明爲大司馬票騎將軍。

〔一〕師古曰：「謂玄象。」

〔二〕師古曰：「繕，補也。」

〔三〕鄧展曰：「盬，不堅牢也。」師古曰：「音公戶反。」

〔四〕師古曰：「督，視察也。」

〔五〕師古曰：「堪爲將軍者，凡舉二人。」

是日，日有食之，董賢因此沮躬、晏之策。後數日，收晏衞將軍印綬，而丞相御史奏躬辠過。上繇是惡躬等，〔一〕下詔曰：「南陽太守方陽侯寵，素亡廉聲，有酷惡之資，毒流百姓。左曹光祿大夫宜陵侯躬，虛造詐諼之策，〔二〕欲以詿誤朝廷。皆交遊貴戚，趨權門，爲名。其免躬、寵官，遣就國。」

〔一〕師古曰：「繇讀與由同。」

〔二〕師古曰：「諼，詐辭也，音虛遠反。」

躬歸國，未有第宅，寄居丘亭。〔一〕姦人以爲侯家富，常夜守之。〔二〕躬邑人河內掾賈惠往過躬，教以祝盜方，以桑東南指枝爲匕，〔三〕畫北斗七星其上，躬夜自被髮，立中庭，向北斗，〔四〕持匕招指祝盜。〔五〕人有上書言躬懷怨恨，非笑朝廷所進，（侯）〔候〕星宿，視天子吉凶，與巫同祝詛。上遣侍御史、廷尉監逮躬，繫雒陽詔獄。欲掠問，躬仰天大謼，〔六〕因僵仆。吏就問，云咽已絕，〔七〕血從鼻耳出。食頃，死。黨友謀議相連下獄百餘人。〔八〕躬母聖，坐祠竈祝詛上，大逆不道。聖棄市，妻充漢與家屬徙合浦。躬同族親屬素所厚者，皆免，廢錮。〔九〕哀帝崩，有司奏：「方陽侯寵及右師譚等，皆造作姦謀，罪及王者骨肉，雖蒙赦令，不宜處爵位，在中土。」皆免寵等，徙合浦郡。

〔一〕張晏曰：「丘亭，野亭名。」師古曰：「此說非也。丘，空也。」
〔二〕師古曰：「謂欲盜之，伺其便。」
〔三〕師古曰：「桑東南出之枝。」
〔四〕師古曰：「被音皮義反。」
〔五〕師古曰：「或招或指，所以求福排禍也。」
〔六〕師古曰：「謼，古呼字，音火故反。」
〔七〕師古曰：「咽，喉嚨，音一千反。」
〔八〕師古曰：「親黨及朋友。」
〔九〕師古曰：「終身不得仕。」

初，躬待詔，數危言高論，自恐遭害，著絕命辭曰：「玄雲泱鬱，將安歸兮！〔一〕鷹隼橫厲，鸞俳佪兮！〔二〕矰若浮猋，動則機兮！〔三〕叢棘棧棧，曷可棲兮！〔四〕發忠忘身，自繞罔兮！冤頸折翼，庸得往兮！〔五〕涕泣流兮萑蘭，〔六〕心結愲兮傷肝。〔七〕虹蜺曜兮日微，〔八〕孽杳冥兮未開。〔九〕痛入天兮鳴謼，冤際絕兮誰語！〔一〇〕仰天光兮自列，招上帝兮我察。〔一一〕秋風爲我唫，浮雲爲我陰。〔一二〕嗟若是兮欲何留，〔一三〕撫神龍兮擥其須。〔一四〕游矌迥兮反亡期，〔一五〕雄失據兮世我思。」〔一六〕後數年乃死，如其文。

〔一〕師古曰：「泱鬱，盛貌。泱音烏朗反。」

〔二〕師古曰：「厲，疾飛也。鸞，神鳥也，赤靈之精，赤色，五采，雞形，鳴中五音。俳佪，謂不得其所也。」

〔三〕師古曰：「矰，弋射矢也。猋，疾風也。言繒弋張設，其疾若風，動則機發。猋音必遙反。」

〔四〕師古曰：「棧棧，衆盛貌，音仕巾反。」

〔五〕應劭曰：「雖冤頸折翼，庸得不往也。」張晏曰：「陷於讒人之網，何用得去也。」師古曰：「冤，屈也。張說是。」

〔六〕張晏曰：「萑蘭，草名也，蔓延於地，有所依憑則起。躬怨哀帝不用己爲大臣以(置)〔致〕治也。」臣瓚曰：「萑蘭，泣涕闌干也。」師古曰：「瓚說是。萑音完。」

〔七〕師古曰：「結愲，亂也。」孟康曰：「愲音骨。」

〔八〕張晏曰：「虹蜺，邪陰之氣，而有照曜，以蔽日月。云讒言流行，忠良浸微也。」

〔九〕如淳曰：「虹蜺覆日光明謂之孽。」師古曰：「孽，邪氣也，音牛列反。」

〔一〇〕張晏曰：「躬自以被讒枉而與君絕也。」師古曰：「鳴謼者，以鳥自喻也。誰語，言無所告語也。謼音火故反。語音牛助反。」

〔一〕張晏曰：「上帝，天也。招，呼也。」師古曰：「列謂陳列其本心。」
〔二〕師古曰：「唫，古吟字。」
〔三〕師古曰：「言變故如是，何用久留而生。」
〔四〕師古曰：「攬與擥同，謂執持之。」
〔五〕師古曰：「言一死不可復生。」
〔六〕師古曰：「雄謂君上也。據謂尊位也。言上失所據，乃思我耳。」

贊曰：仲尼「惡利口之覆邦家」，〔一〕蒯通一説而喪三儁，〔二〕其得不亨者，幸也。伍被安於危國，身爲謀主，忠不終而詐讎，〔三〕誅夷不亦宜乎！書放四罪，〔四〕詩歌青蠅，〔五〕春秋以來，禍敗多矣。昔子翬謀桓而魯隱危，〔六〕欒書搆郤而晉厲弒。〔七〕豎牛奔仲，叔孫卒；〔八〕郈伯毁季，昭公逐；〔九〕費忌納女，楚建走；〔一〇〕宰嚭譖胥，夫差喪；〔一一〕李園進妹，春申斃；〔一二〕上官訴屈，懷王執；〔一三〕趙高敗斯，二世縊；〔一四〕伊戾坎盟，宋痤死；〔一五〕江充造蠱，太子殺；息夫作姦，東平誅：皆自小覆大，繇疏陷親，可不懼哉！可不懼哉！〔一六〕

〔一〕應劭曰：「事具論語。」
〔二〕應劭曰：「亨酈食其，敗田横，驕韓信也。」
〔三〕李奇曰：「詐爲王畫策，而讎見納也。」師古曰：「讎讀曰（集）〔售〕。謂被初忠於漢，而不能終，爲王畫詐僞之策，而見納用也。」

〔四〕師古曰：「謂流共工，放驩兜，竄三苗，殛鯀也。事見虞書。」

〔五〕師古曰：「小雅青蠅之詩也。其首章曰：『營營青蠅，止於樊，愷悌君子，無信讒言。』蓋蠅之爲蟲，毀汙白黑，以喻佞人變亂善惡。」

〔六〕應劭曰：「公子翬謂隱公曰：『吾將爲君殺桓公，以我爲太宰。』公曰：『爲其少故，今將授之矣。』翬懼，反譖隱公而殺之。」

〔七〕應劭曰：「欒書使楚公子茂語厲公曰：『鄢陵之戰，郤至以爲必敗，欲奉孫周以代君也。』公信之而滅三郤。欒書因是反，弒厲公。」

〔八〕張晏曰：「牛，叔孫穆子之孽子也。仲，正妻子也。牛讒仲，叔孫怒而逐之，奔齊。叔孫病，牛餓殺之。」

〔九〕張晏曰：「郈昭伯毀季平子於昭公，昭公伐平子不勝，因出奔齊。」

〔一〇〕應劭曰：「楚平王爲太子建娶於秦。無忌曰秦女美甚，勸王自納之，因而構焉，云其怨望，今將畔，令王殺之。」

〔一一〕應劭曰：「吳將伐齊，子胥諫之。宰嚭曰：『伍員自以先王謀臣，心常鞅鞅，臨事沮大衆，冀國之敗。』夫差大怒，賜之屬鏤之劍。其明年越滅吳。」

〔一二〕張晏曰：「李園，春申君之舍人也，進其妹於春申君。已有身，使妹謂春申君曰：『楚王無子，百年之後，將立兄弟。君用事日久，多失禮於王之兄弟。兄弟誠立，禍將及身。今妾有子，人莫知。若進妾於王，後若生男，則君之子爲王也。』春申君乃言之王，召入之，遂生男，立爲太子。後（孝）〔考〕烈王薨，李園害春申君之寵，乃刺殺之。」

〔一三〕張晏曰：「屈平忠而有謀，爲上官子蘭所譖，見放逐。後秦昭誘懷王會於武關，遂執以歸，卒死於秦。」

〔四〕張晏曰：「趙高譖殺李斯而代其位，乃使其壻閻樂攻二世於望夷宮，乞爲黔首，不聽，乃縊而死。」

〔五〕李奇曰：「伊戾爲太子傅，無寵，欲敗太子，言與楚客盟謀宋，詐歃血加盟書以證之，公以故殺痤。」師古曰：「痤音在戈反。」

〔六〕師古曰：「覆音芳福反。繇與由同。」

校勘記

二五九頁七行　以復其怨而成其(功)名。　景祐、殿本都無「功」字，史記張耳陳餘傳同。

二五九頁一一行　先下君而君不利〔之〕，　景祐本有「之」字。

二六六頁八行　(對)〔被〕曰：　景祐、殿本都作「被」。

二七一頁四行　略衡山以擊(盧)〔廬〕江，　景祐、殿本都作「廬」。王先謙說此誤。

二七三頁一五行　和音胡(計)〔臥〕反。　景祐、殿本都作「臥」，此誤。

二七四頁一一行　被詣吏自告與淮南王謀反(縱)〔蹤〕跡如此。　景祐、殿本都作「蹤」，此誤。

二七六頁五行　選取勇敢之士(已)〔以〕自隨。　景祐、殿本都作「以」。

二七六頁一四行　(績)〔續〕袵鉤邊。　殿本作「續」。王先謙說作「續」是。按景祐本作「續」。

二七七頁二行　搖音(戈)〔弋〕招反。　景祐、殿本都作「弋」，此誤。

二八六頁一六行　(侯)〔候〕星宿，　景祐、殿、局本都作「候」，此誤。

二一八八頁一〇行　以〔置〕〔致〕治也。殿本作「致」。王先謙說作「致」是。

二一八九頁一五行　讎讀曰〔集〕〔售〕。景祐、殿、局本都作「售」，此誤。

二一九〇頁一六行　後〔孝〕〔考〕烈王薨，王先謙說「孝」當作「考」。

漢書卷四十六

萬石衞直周張傳第十六

萬石君石奮，其父趙人也。趙亡，徙溫。〔一〕高祖東擊項籍，過河內，時奮年十五，爲小吏，侍高祖。高祖與語，愛其恭敬，問曰：「若何有？」〔二〕對曰：「有母，不幸失明。家貧。有姊，能鼓瑟。」高祖曰：「若能從我乎？」曰：「願盡力。」於是高祖召其姊爲美人，以奮爲中涓，受書謁。〔三〕徙其家長安中戚里，〔四〕以姊爲美人故也。

〔一〕師古曰：「溫，河內之縣。」

〔二〕師古曰：「若，汝也。有何戚屬？」

〔三〕師古曰：「中涓，官名，主居中而涓潔者也。外有書謁，令奮受之也。涓音鐲。」

〔四〕師古曰：「於上有姻戚者，則皆居之，故名其里爲戚里。」

奮積功勞，孝文時官至太中大夫。無文學，恭謹，舉無與比。〔一〕東陽侯張相如爲太子太傅，免。選可爲傅者，皆推奮爲太子太傅。及孝景卽位，以奮爲九卿。迫近，憚之，〔二〕徙奮爲諸侯相。奮長子建，次甲，次乙，次慶，〔三〕皆以馴行孝謹，〔四〕官至二千石。於是景帝曰：「石君及四子皆二千石，人臣尊寵乃舉集其門。」凡號奮爲萬石君。〔五〕

〔一〕張晏曰：「舉朝無比也。」師古曰：「舉，皆也。」

〔二〕張晏曰：「以其恭敬履度，故難之。」

〔三〕師古曰：「史失其名，故云甲乙耳，非其名。」

〔四〕師古曰：「馴，順也，音巡。」

〔五〕師古曰：「集，合也。凡，最計也。總合其一門之計，五人爲二千石，故號萬石君。」

孝景季年，萬石君以上大夫祿歸老于家，以歲時爲朝臣。〔一〕過宮門闕必下車趨，見路馬必軾焉。〔二〕子孫〔謂〕〔爲〕小吏，來歸謁，萬石君必朝服見之，不名。子孫有過失，不誚讓，爲便坐，〔三〕對案不食。然後諸子相責，因長老肉袒固謝罪，改之，乃許。子孫勝冠者在側，雖燕必冠，申申如也。〔四〕僮僕訢訢如也，〔五〕唯謹。〔六〕上時賜食於家，必稽首俯伏而食，如在上前。其執喪，哀戚甚。〔七〕子孫遵教，亦如之。萬石君家以孝謹聞乎郡國，雖齊魯諸儒質行，皆自以爲不及也。〔八〕

〔一〕師古曰：「豫朝請。」

〔二〕師古曰：「路馬，天子路車之馬。軾謂撫軾，蓋爲敬也。」

〔三〕師古曰：「便坐於便側之處，非正室也。」

〔四〕師古曰：「申申，整敕之貌。」

〔五〕晉灼曰：「許慎云古欣字也。」師古曰：「晉說非也。此訢讀與誾誾同，謹敬之貌也，音牛巾反。」

〔六〕師古曰：「唯以謹敬爲先。」

〔七〕師古曰：「執喪，猶言持喪服也。禮記曰『執親之喪』。」

〔八〕師古曰：「質，重也。」

建元二年，郎中令王臧以文學獲罪皇太后。〔一〕太后以爲儒者文多質少，今萬石君家不言而躬行，乃以長子建爲郎中令，少子慶爲內史。

〔一〕張晏曰：「竇太后。」

建老白首，萬石君尚無恙。〔一〕每五日洗沐歸謁親，〔二〕入子舍，〔三〕竊問侍者，取親中帬廁牏，身自澣洒，〔四〕復與侍者，不敢令萬石君知之，以爲常。建奏事於上前，即有可言，屏人乃言極切；〔五〕至廷見，如不能言者。〔六〕上以是親而禮之。

〔一〕師古曰：「恙，憂病。」

〔二〕文穎曰：「郎官五日一下。」

〔三〕師古曰：「入諸子之舍，自其所居也，若今言諸房矣。」

〔四〕服虔曰：「親身之衣也。」蘇林曰：「牏音投。賈逵解周官云『牏，行清也』。」孟康曰：「廁，行清；牏，中受糞函者也。東南人謂鑿木空中如曹謂之牏。」晉灼曰：「今世謂反門小袖衫爲侯牏。」師古曰：「親謂父也。中帬，若今言中衣也。廁牏者，近身之小衫，若今汗衫也。蘇晉晉說是矣。洒音先禮反。」

〔五〕師古曰：「有可言，謂有事當奏諫。」

〔六〕師古曰：「廷見，謂當朝而見時。」

萬石君徙居陵里。〔一〕內史慶醉歸，入外門不下車。萬石君聞之，不食。慶恐，肉袒謝請罪，不許。舉宗及兄建肉袒，萬石君讓曰：〔二〕「內史貴人，入閭里，里中長老皆走匿，而內史坐車中自如，固當！」〔三〕乃謝罷慶。〔四〕慶及諸子入里門，趨至家。

〔一〕師古曰：「茂陵邑中之里。」

〔二〕師古曰：「讓，責也。」

〔三〕師古曰：「此深責之也，言內史貴人，正固當爾。」

〔四〕師古曰：「告令去。」

萬石君元朔五年卒，建哭泣哀思，杖乃能行。歲餘，建亦死。諸子孫咸孝，然建最甚，甚於萬石君。

建爲郎中令，奏事下，〔一〕建讀之，驚恐曰：「書『馬』者與尾而五，〔二〕今乃四，不足一，獲譴死矣！」其爲謹愼，雖他皆如是。

〔一〕師古曰：「建有所奏上而被報下也。下音胡亞反。」

〔二〕服虔曰：「作馬字下曲者而五，建時上書誤作四。」師古曰：「馬字下曲者爲尾，并四點爲四足，凡五。」

慶爲太僕，御出，〔一〕上問車中幾馬，慶以策數馬畢，舉手曰：「六馬。」慶於兄弟最爲簡易矣，然猶如此。出爲齊相，齊國慕其家行，不治而齊國大治，〔二〕爲立石相祠。

〔一〕師古曰：「爲上御車而出。」

〔二〕師古曰：「不治，言無所治罰。」

元狩元年，上立太子，選羣臣可傅者，慶自沛守爲太子太傅，七歲遷御史大夫。元鼎五年，丞相趙周坐酎金免，制詔御史：「萬石君先帝尊之，子孫至孝，其以御史大夫慶爲丞相，封牧丘侯。」是時漢方南誅兩越，東擊朝鮮，北逐匈奴，西伐大宛，中國多事。天子巡狩海內，修古神祠，封禪，興禮樂。公家用少，桑弘羊等致利，王溫舒之屬峻法，兒寬等推文學，九卿更進用事，〔一〕事不關決於慶，慶醇謹而已。〔二〕在位九歲，無能有所匡言。嘗欲請治上近臣所忠、九卿咸宣，〔三〕不能服，反受其過，贖罪。

〔一〕師古曰：「更，互也，音工衡反。」

〔二〕師古曰：「醇，專厚也，音純。」

〔三〕服虔曰：「咸音減損之減。」師古曰：「治所忠及咸宣〔三〕〔二〕人。」

元封四年，關東流民二百萬口，無名數者四十萬，〔一〕公卿議欲請徙流民於邊以適之。〔二〕上以爲慶老謹，不能與其議，〔三〕乃賜丞相告歸，而案御史大夫以下議爲請者。慶慙不任職，上書曰：「臣幸得待罪丞相，疲駑無以輔治。城郭倉廩空虛，民多流亡，罪當伏斧質，上不忍致法。願歸丞相侯印，乞骸骨歸，避賢者路。」

〔一〕師古曰：「名數，若今戶籍。」

〔二〕師古曰：「適讀曰謫。」

〔三〕師古曰：「與讀曰豫。」

上報曰：「間者，河水滔陸，〔一〕泛濫十餘郡，隄防勤勞，弗能陻塞，〔二〕朕甚憂之。是故巡方州，〔三〕禮嵩嶽，通八神，以合宣房。〔四〕濟淮江，歷山濱海，〔五〕問百年民所疾苦。惟吏多私，徵求無已，〔六〕去者便，居者擾，故爲流民法，以禁重賦。〔七〕乃者封泰山，皇天嘉況，神物並見。〔八〕朕方答氣應，未能承意，〔九〕是以切比閭里，知吏姦邪。〔一〇〕委任有司，然則官曠民愁，盜賊公行。〔一一〕往年覲明堂，赦殊死，無禁錮，咸自新，與更始。今流民愈多，計文不改，〔一二〕君不繩責長吏，而請以興徙四十萬口，搖蕩百姓，〔一三〕孤兒幼年未滿十歲，無罪而坐率，〔一四〕朕失望焉。今君上書言倉庫城郭不充實，民多貧，盜賊衆，請入粟爲庶人。〔一五〕夫懷知民貧而請益賦，〔一六〕動危之而辭位，〔一七〕欲安歸難乎？〔一八〕君其反室！」〔一九〕

〔一〕晉灼曰：「滔，漫也。」師古曰：「高平曰陸。漫音莫干反。」

〔二〕師古曰：「陻，塡也，音因。」

〔三〕張晏曰：「四方之州也。」師古曰：「東方諸州。」

〔四〕孟康曰：「八神，郊祀志八神也，於宣房宮合祀之。」師古曰：「此說非也。自言致禮中嶽，通敬八神耳。合宣房者，於宣房塞決河也，事見溝洫志。」

〔五〕師古曰：「濱海者，循海涯而行也。濱音賓，又音頻。」

〔六〕師古曰：「惟，思也。已，止也。」

〔七〕師古曰：「言百姓去其本土者則免於吏徵求，在舊居者則見煩擾，故朝廷特為流人設法，又禁吏之重賦也。一曰，去者，謂吏出使而侵擾居人以自便也。」

〔八〕師古曰：「況，賜也。見，顯示也。」

〔九〕師古曰：「言自修整，以報瑞應，恐未承順上天之意。」

〔一〇〕師古曰：「比，校考也，音頻寐反。」

〔一一〕師古曰：「曠，空也。人不舉職，是空其官。」

〔一二〕蘇林曰：「校戶口文書不改減也。」如淳曰：「郡上計文書，自文飾，不改正也。」師古曰：「如說是。」

〔一三〕師古曰：「蕩，動也。」

〔一四〕服虔曰：「率，坐刑法也。」如淳曰：「率，家長也。」師古曰：「幼年無罪，坐為父兄所率而并徙，如說近之。」

〔一五〕服虔曰：「慶自以居相位不能理，請入粟贖己罪，退為庶人。」

〔一六〕師古曰：「懷此(志)〔心〕。」

〔一七〕師古曰：「搖動百姓，使其危急，而自欲去位。」

〔八〕師古曰：「以此危難之事，欲歸之於何人。」

〔九〕師古曰：「若此自謂理當然者，可還家。」

慶素質，見詔報反室，自以爲得許，欲上印綬。掾史以爲見責甚深，而終以反室者，醜惡之辭也。或勸慶宜引決。〔一〕慶甚懼，不知所出，遂復起視事。

〔一〕師古曰：「令自殺。」

慶爲丞相，文深審謹，無他大略。後三歲餘薨，謚曰恬侯。中子德，慶愛之。上以德嗣，後爲太常，坐法免，國除。慶方爲丞相時，諸子孫爲小吏至二千石者十三人。及慶死後，稍以罪去，孝謹衰矣。

衛綰，代大陵人也，以戲車爲郎，事文帝，〔一〕功次遷中郎將，醇謹無它。〔二〕孝景爲太子時，召上左右飲，而綰稱病不行。〔三〕文帝且崩時，屬孝景曰：「綰長者，善遇之。」及景帝立，歲餘，不孰何綰，〔四〕綰日以謹力。〔五〕

〔一〕服虔曰：「力士能扶戲車也。」應劭曰：「能左右超乘。」師古曰：「二說皆非也。戲車，若今之弄車之技。」

〔二〕師古曰：「無它餘志念也。」

〔三〕張晏曰：「恐文帝謂豫有二心事太子。」

〔四〕服虔曰：「不問也。」李奇曰：「孰，誰也。何，呵也。」師古曰：「何即問也。不誰何者，猶言不借問耳。」

〔五〕師古曰：「自勉力爲謹慎，日日益甚。」

景帝幸上林，詔中郎將參乘，還而問曰：「君知所以得（驂）〔參〕乘乎？」〔一〕綰曰：「臣代戲車士，幸得功次遷，待罪中郎將，不知也。」上問曰：「吾爲太子時召君，君不肯來，何也？」〔二〕對曰：「死罪，病。」上賜之劍，綰曰：「先帝賜臣劍凡六，不敢奉詔。」上曰：「劍，人之所施易，獨至今乎？」〔三〕綰曰：「具在。」上使取六劍，劍常盛，未嘗服也。〔四〕

〔一〕師古曰：「言何以得參乘？」

〔二〕師古曰：「言以此特識之。」

〔三〕如淳曰：「施讀曰移。言劍者人所好，故多數移易貿換之也。」師古曰：「施讀曰貤。貤，延也，音弋豉反。」

〔四〕師古曰：「盛謂在削室之中也。盛音成。削音先召反。」

郎官有譴，常蒙其罪，〔一〕不與它將爭；有功，常讓它將。上以爲廉，忠實無它腸，〔二〕乃拜綰爲河間王太傅。吳楚反，詔綰爲將，將河間兵擊吳楚有功，拜爲中尉。三歲，以軍功封綰爲建陵侯。

〔一〕師古曰：「蒙謂覆蔽之。」

〔二〕師古曰：「心腸之內無他惡。」

明年，上廢太子，誅栗卿之屬。〔一〕上以綰爲長者，不忍，乃賜綰告歸，而使郅都治捕栗氏。既已，上立膠東王爲太子，召綰拜爲太子太傅，遷爲御史大夫。五歲，代桃侯舍爲丞相，〔二〕朝奏事如職所奏。〔三〕然自初宦以至相，終無可言。〔四〕上以爲敦厚可相少主，尊寵之，賞賜甚多。

〔一〕師古曰：「太子廢爲臨江王，故誅其外家親屬。」

〔二〕師古曰：「劉舍。」

〔三〕師古曰：「言守職分而已。」

〔四〕師古曰：「不能有所興建及廢罷。」

爲丞相三歲，景帝崩，武帝立。建元中，丞相以景帝病時諸官囚多坐不辜者，而君不任職，〔一〕免之。後薨，謚曰哀侯。子信嗣，坐酎金，國除。

〔一〕師古曰：「天子不親政，則丞相當理之，而縮不申其冤。」

直不疑，南陽人也。爲郎，事文帝。其同舍有告歸，誤持其同舍郎金去。已而同舍郎覺，亡意不疑，〔一〕不疑謝有之，〔二〕買金償。後告歸者至而歸金，亡金郎大慙，以此稱爲長者。稍遷至中大夫。朝，廷見，人或毀不疑〔三〕曰：「不疑狀貌甚美，然特毋柰其善盜嫂何也！」〔四〕不疑聞，曰：「我乃無兄。」然終不自明也。

〔一〕師古曰：「（謚）〔疑〕其盜取。」

〔二〕師古曰：「告云實取。」

〔三〕師古曰：「當於闕廷大朝見之時，而人毀之。」

〔四〕師古曰：「盜謂私之。」

吳楚反時，不疑以二千石將擊之。景帝後元年，拜爲御史大夫。天子修吳楚時功，封不疑爲塞侯。〔一〕武帝卽位，與丞相綰俱以過免。

〔一〕師古曰：「塞音先代反。」

不疑學老子言。其所臨，爲官如故，唯恐人之知其爲吏迹也。不好立名，稱爲長者。薨，謚曰信侯。傳子至孫彭祖，坐酎金，國除。

周仁，其先任城人也。以醫見。〔一〕景帝爲太子時，爲舍人，積功遷至太中大夫。景帝初立，拜仁爲郎中令。

〔一〕師古曰：「見於天子。」

仁爲人陰重不泄。〔一〕常衣弊補衣溺袴，期爲不潔清，〔二〕以是得幸，入臥內。於後宮祕戲，仁常在旁，終無所言。〔三〕上時問人，〔四〕仁曰：「上自察之。」然亦無所毀，如此。〔五〕景帝再自幸其家。家徙陽陵。上所賜甚多，然終常讓，不敢受也。諸侯羣臣賂遺，終無所受。武帝立，爲先帝臣重之。〔六〕仁乃病免，以二千石祿歸老，子孫咸至大官。

〔一〕服虔曰：「質重不泄人之陰謀也。」張晏曰：「陰重不泄，下溼，故溺袴，是以得比宦者，得入後宫也。」仁有子孫，先未得此疾時所生也。」師古曰：「張、服二說皆非也。陰，密也。爲性密重不泄人言也。霍去病少言不泄，亦其類也。」

〔二〕師古曰：「故爲不絜清之事而弊敗其衣服也。溺讀曰尿。尿袴者，爲小袴。以藉其尿。」

〔三〕師古曰：「是不泄也。」

〔四〕師古曰：「問以他人之善惡。」

〔五〕師古曰：「雖知其惡，不欲言毀之，故云上自察之。」

〔六〕師古曰：「重謂敬難之。」

張歐字叔，〔一〕高祖功臣安丘侯說少子也。〔二〕歐孝文時以治刑名侍太子，〔三〕然其人長者。景帝時尊重，常爲九卿。至武帝元朔中，代韓安國爲御史大夫。歐爲吏，未嘗言按人，剸以誠長者處官。〔四〕官屬以爲長者，亦不敢大欺。上具獄事，有可卻，卻之；〔五〕不可者，不得已，爲涕泣，面而封之。〔六〕其愛人如此。

〔一〕孟康曰：「歐音驅。」

〔二〕師古曰：「說讀曰悅。」

〔三〕師古曰：「劉向別錄云申子學號曰刑名。刑名者，循名以責實，其尊君卑臣，崇上抑下，合於六經。說者云，刑，刑家，名，名家也，即太史公所論六家之(一)〔二〕也。此說非。」

〔四〕師古曰：「剸與專同，又音之兗反。」

〔五〕師古曰：「退令更平番之。」

〔六〕如淳曰：「不正視，若不見者也。」晉灼曰：「面對四讀而封之，使其聞見，死而無恨也。」師古曰：「二說皆非也。面謂偝之也，言不忍視之，與呂馬童面之同義。」

老篤，請免，天子亦寵以上大夫祿，歸老于家。家陽陵。子孫咸至大官。

贊曰：仲尼有言「君子欲訥於言而敏於行」，〔一〕其萬石君、建陵侯、塞侯、張叔之謂與？〔二〕是以其教不肅而成，不嚴而治。至石建之澣衣，周仁爲垢汙，君子譏之。

〔一〕師古曰：「論語載孔子之言也。訥，遲也。敏，疾也。」

〔二〕師古曰：「與讀曰歟。」

校勘記

二二九四頁九行 子孫(謂)〔爲〕小吏，景祐、殿、局本都作「爲」。

二二九七頁一三行 治所忠及咸宣(三)〔二〕人。景祐、殿本都作「二」，此誤。

二二九九頁一六行 懷此(志)〔心〕。景祐、殿本都作「心」。

二三〇一頁二行 君知所以得(驂)〔參〕乘乎？殿本作「參」。王先謙說作「參」是。

二二〇二頁一四行　〔諡〕〔疑〕其盜取。景祐、殿本都作「疑」，此誤。

二二〇五頁一行　即太史公所論六家之〔一〕〔二〕也。景祐、殿本都作「二」。王先謙說作「二」是。